[英]安德鲁·罗宾逊（Andrew Robinson） 著
曲云英 译

大地的呼啸：
地震、国家与文明

Earth-Shattering Events
Earthquakes, Nations and Civilization

上海社会科学院出版社

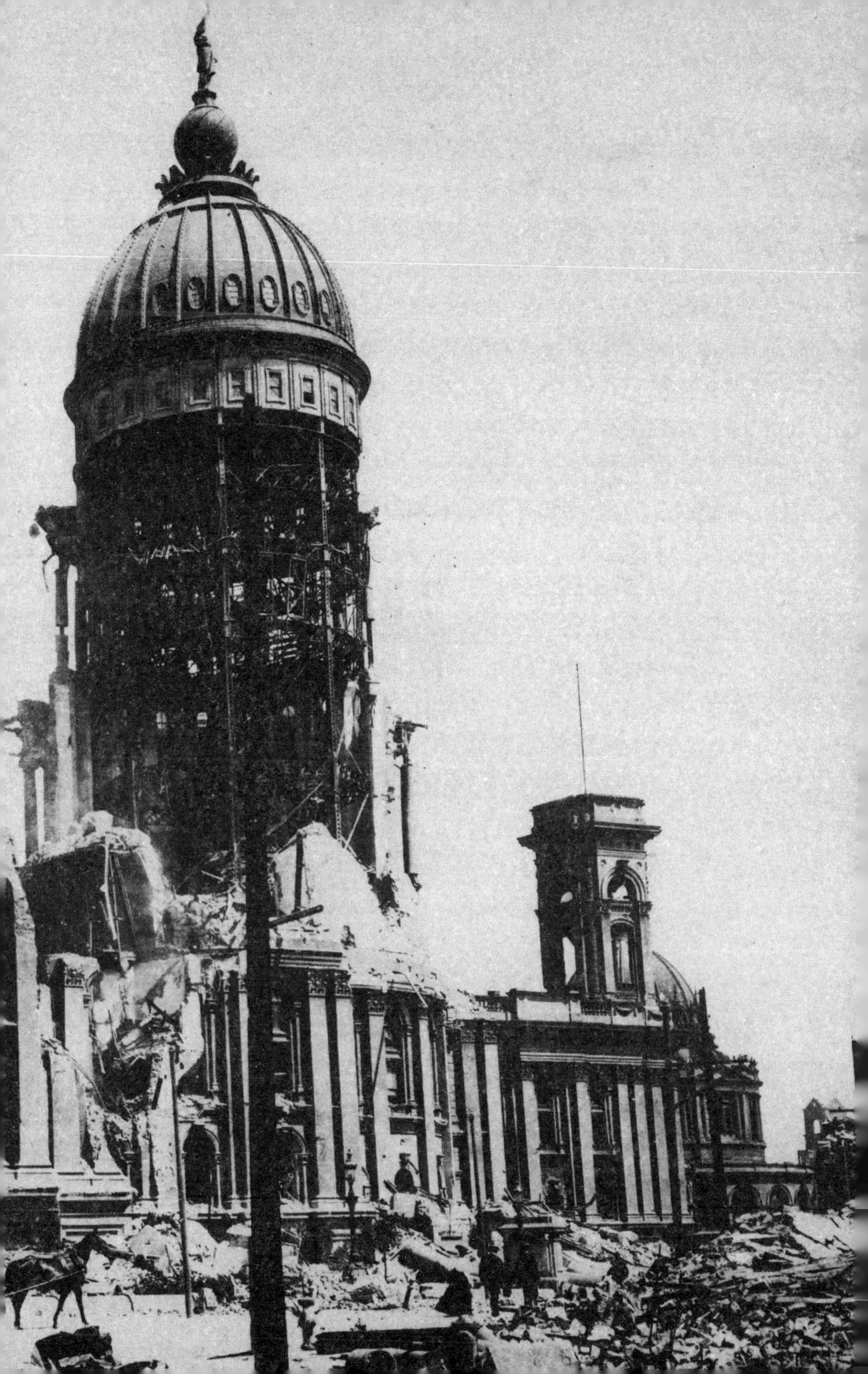

目 录

引言　地震与历史	6
1　地震学之前的地震	22
2　地震年：伦敦(1750)	40
3　上帝的愤怒：里斯本(1755)	54
4　民族的诞生：加拉加斯(1812)	70
5　地震学开始：那不勒斯(1857)	84
6　弹性回跳：旧金山(1906)	100
7　日本浩劫：东京和横滨(1923)	116
8　甘地故土：古吉拉特邦的悲伤与成长(2001)	132
9　海啸带来的战争与和平：印度洋(2004)	146
10　熔毁之后：日本福岛(2011)	162
卷尾语　地震、国家与文明	178
附录　地震年表	202
注释和参考文献	204
参考书目	214
致谢	220
插图来源	220
索引	221

引言

地震与历史

罗马圆形大剧场，约一半的外墙在 1349 年前后的一场地震中被毁。

加利福尼亚拥有著名的圣安德烈斯断层，曾是"美国的地震之都"[1]，但近来已被俄克拉荷马赶超，《科学》杂志主编兼地球物理学家及2015年美国地质调查局（USGS）前局长忧虑地提出此问题。

2000年以前，地震，哪怕是小地震在俄克拉荷马都并不常见。确实，长期以来人们普遍认为该州地质稳定，不存在大的断层。但到了2008年，俄克拉荷马州每年平均都要经历一两次3.0级或以上的地震，也就是说足以产生震感。（相比之下，2001年纽约双子塔坍塌记录的震级为2.1到2.3级）。而2009年这样的地震发生了20起，2010年42起。接下来的一年，5.6级的地震造成俄克拉荷马州布拉格镇2人受伤，至少16幢房屋以及附近肖尼县历史上著名的某大学建筑塔楼遭到损坏。2014年，3.0级或以上的地震数量增加到585起，几乎是加利福尼亚增速的3倍，相当于正常俄克拉荷马州一百多年的地震总和。一场4.2级地震袭击了库欣市，这里是原油的主要贸易枢纽，被视为"全球的石油管道十字路口"，地下存储原油5 400万桶。无疑，俄克拉荷马州脚下正酝酿着史无前例、具有潜在危险性的活动。大自然是否在为俄克拉荷马准备"一场大戏"？

广大科学家很快就认识到，俄克拉荷马州的地震不像加利福尼亚地震那样属于自然事件，而是非自然的，是诱发的，换句话说就是人为的。

地质学家和地震学家了解到，20世纪60年代初在科罗拉多州丹佛附近发生过一系列地震，那里迄今为止自然地震活动强度一直很低。1962年4月到1963年9月间，丹佛附近的地震台记录有700多个震中区域震级达到4.3级。1964年间地震活动强度急剧下降。1965年又有一系列地震活动发生。原来，美军把丹佛东北部落基山兵工厂生产武器时产生的污水注入了一口挖掘的深井中，深度大约在3 660米（12 000英尺）。注水始于1962年3月，止于1963年9月，持续一年时间。1964年9月又恢复注水，最后在1965年停止注水。恐慌的丹佛居民成功阻止了部队的这种污水处理方法，也使地震停了下来。

有了这场偶然的实验获取的信息,美国地质调查局于1969年在科罗拉多州西部兰杰利(Rangely)的一处废弃油田设计了一场实验。利用既有的油井,将水注入井中或从井中抽出,然后测量地壳岩石的孔隙压力(即岩石吸收流体的压力),同时在该区域专门安装一系列地震仪来监测地震活动。结果表明增加的孔隙流体压力和增强的地震活动强度之间存在着极大的相关性。

向油气钻井孔中注入流体的过程就是目前众所周知的"水力压裂法",即通过向岩层中注水,混以化学品和沙子,使页岩发生水力裂解,从而释放出其中的天然气。

事实证明水力压裂能够产生微震(太小而无法感知)和一些可感地震。但在俄克拉荷马,水力压裂却绝非元凶,地震的罪魁祸首在于对井中的原油进行"脱水"——20世纪90年代时,由于消耗巨大而遭废弃,但后来随着油价的上涨又开始重新启动。问题在于:对于每桶脱水原油,这些油井会产生平均大约10桶的盐水,也就是1 600升(350加仑)。这些大量的废水又以重新注回地下的方式进行了处理,进入了大量未知的地质断层,频繁地引发地震。注水的深度越深,就越容易诱发地震。类似污水处理井的问题在其他州也有所报道:阿肯色州、科罗拉多州、堪萨斯州、俄亥俄州以及得克萨斯州。除美国外,加拿大、中国以及英国的油气生产商也报道了类似的诱发地震活动,同时还有德国、瑞士和其他地区地热活动引发的地震。包括俄克拉荷马州地质调查局(OGS)1名科学家在内的12名科学家,在2015年联合发表的一篇论文中称:"很大程度上,大陆中部的地震增速是由现代能源生产中使用的流体注入活动造成的。"[2]与此同时,俄克拉荷马州立大学的相关地质学教授告诉《纽约客》(*New Yorker*)杂志:"身为科学家,我们知道'黑色风暴'(风沙侵蚀,Dust Bowl)会发生,那绝非一场突袭,其实是可以避免的,但科学家未能将其所知有效地传达给人们,我不希望这样的悲剧再次重演。"[3] 2015年,美国地质调查局首次在地震灾害地图中涵盖了

引言：地震与历史

诱发性地震活动,覆盖了俄克拉荷马及周边各州。

尽管科学共识日渐增强,但实际上,俄克拉荷马在废液处理井钻探方面依然没有管制。俄克拉荷马州合作委员会没有以地震活动为由拒发某钻井的挖掘许可证,现存4600多个注入流体的油井也未像美国其他州那样削减或关闭。2014年,俄克拉荷马州议会正式审查地震问题并从当地科学家那里取证时,其报告也忽略了诱发性地震活动的证据以及诸多其他石油产地发布的科学证据,而偏向于引用当地立法委员的推测,称地震活动可能是由该州的干旱所致。俄克拉荷马地质调查局甚至在其官方声明中也未承认"有足够证据证明地震活动与废液处理井有关"的说法,而是宣称针对地震活动与流体注入数据最佳拟合的解释就是"自然因素"。[4] 直到2015年,压倒性的科学证据才最终迫使州政府对位于地震群或发生4.0级或更大地震位置10千米以内(6英里)的钻井深度和注入量提出限制条件。

这种对科学的故意视而不见无疑和俄克拉荷马州石油及天然气产业的产能和影响力有关,据悉,石油和天然气产业为该州直接或间接提供五分之一的就业机会,更不用说100多年前是"勘探者"发现了喷油井,从而让他们创造了从赤贫到巨富的神话。2011年布拉格地震,家园损毁时,房屋业主也拒绝站出来说话,就是出于对当地众人景仰的一家能源公司的敬意之情。

油气业不仅对该州的经济发展至关重要,同时很大程度上也为教育、体育及文化提供了资金支持,比如说俄克拉荷马大学。俄克拉荷马州地质调查局就位于该大学15层的地球科学楼的地下。《自然》科学杂志的采访记者注意到,该楼的其他地方都有雕像,附近还有修剪整齐的花园,都是为了纪念石油天然气产业"勘探者"的辉煌业绩。[5] 2013年在俄克拉荷马大学的一次非公开会议中,该大学校长连同亿万富翁油商哈罗德·哈姆(Harold Hamm)亲自向俄克拉荷马州地震局的地震学家施压,不能对地震和油气产业之间的科学联系给予公开支持。哈罗德·哈姆是俄克拉荷马州一位佃农的第 13 个孩子,他的公司向这所大学捐助了 3 000 多万美元。哈姆的观点是:"地震和油气作业活动当然没有关系。"[6]正如他在 2014 年美国国会意见听证会之后所述。

但这个故事不单单是科学、商业和政府之间的冲突,它和近来美国对气候变化的恶意争论实属同类。俄克拉荷马州的地质状况既创造了以石油和天然气为形式的财富,同时也带来了诱发性地震的灾难。很多俄克拉荷马人,不管其收入水平如何,似乎都将此视为值得冒地震风险的经济发展契机。

他们这种与地震之间浮士德式的现代交易,这种情况下,即人为的地震,在人类与地震活动漫长而迷乱的历史中只是一段小插曲。美国两位知名的地震学家苏珊·霍夫（Susan Hough）和罗杰·比尔汉姆（Roger Bilham）在他们的历史调查《地震之后》（*After the Earth Quakes*）中指出:"人们不喜欢地震,却一再地选择居住于地震易发区。"[7]对于古希腊、罗马、希伯来和波斯、中国和日本、玛雅和印加以及许多其他民族来说,地震是他们已然接受的生活的一部分。从远古至当今,在任何一个大陆,文明社会已经主观接受了周期性地震破坏的风险。

19 世纪中期,随着地震研究慢慢成为一门科学,最初以地质学家而成名的伟大的英国自然学家查尔斯·达尔文（Charles Darwin）乘坐其皇家海洋舰艇贝格尔号（*Beagle*）环航时,在智利海岸经历了一次强震。在他经典的航行日记,即广为人知的《贝格尔号航行日记》（*The Voyage of the Beagle*）中,达尔文将此次地震及其冲击列为他五年航行中所见的"有趣至极"的景观。

对于达尔文来说,他生长在地质稳定的英格兰,这是他初遇地球的摇摆不定。1835 年在目睹了智利康塞普西翁城的严重破坏后,达尔文作出悲观的沉思:

> 单独一场地震就足以摧毁任何国家的繁荣。倘若,比如说,英

格兰脚下当前不活跃的地下力量发挥它们在前地质时代所切实发挥的效力,那么国家的整个现状将如何彻底改变!高大的房屋、密集的城市、大型的工厂、美丽的公共和私人建筑将何去何从?若新的动乱时期首先以夜深人静的一场大地震开始,那么这种大屠杀的方式将是何等"绝妙"!英格兰马上就濒临崩溃,所有文件、记录和记载从那一刻起都将不复存在。政府无从收税,也无法再维持权威,暴力和掠夺之手将会失控。任何一个大型城镇都将宣告饥荒的消息,随之而来的就是瘟疫和死亡。[8]

谢天谢地,大不列颠还从未经历过达尔文想象的这种地震的严酷考验。但并不等于说英国,包括其首都伦敦在内就一直没有发生过地震。就在2008年,据国家媒体报道,一起5.2级地震毁坏了烟囱、屋顶以及院墙,并造成一人重伤。据查尔斯·戴维森(Charles Davison)的《英国地震史》(*A History of British Earthquakes*)记载,几百年来,英国也先后发生了几十起地震。

一次是在1248年,地震掀掉了威尔士大教堂(Wells Cathedral)的拱形天花板。一次是1580年,致使多佛白崖的一部分掉入英吉利海峡,伦敦两名儿童丧生,震响了威斯敏斯特宫的大钟。据称也影响了威廉·莎士比亚的戏剧《罗密欧与朱丽叶》。当时朱丽叶的乳媪回忆起难忘的一天:

> 自从地震那一年到现在,已经十一年啦;
> 那时候她已经断了奶,我永远不会忘记,
> 不先不后,刚巧在那一天。[9]

最严重的一次是在1884年,古罗马科尔切斯特城内及周围的房屋遭到损毁,教堂倒塌。等待开往伦敦的特快列车,火车司机从驾驶室被甩到站台。地震也波及伦敦。英国国会大厦威斯敏斯特宫内,摸不着头脑的国会议员突然就地站起,随墙壁摇晃,感到文件和公文包在手中剧烈震颤。[10]官员立刻被派到威斯敏斯特宫地下室,调查是否可能是

盖伊·福克斯①式爆炸袭击,以为是那些臭名昭著的炸弹杀手所为。当时由于爱尔兰民族主义活动,他们正遭警察起诉。所幸的是,摇晃仅持续 5 秒,预计强度达 4.6 级。

但英国历史上最著名的地震无疑是所谓的"地震年"1750 年的几起,地震袭击了伦敦和英国的其他地区。尽管地震在民众间引发了常见的恐慌和宗教传道士的正义,但它们也标志着对地震进行客观研究的崭新开始,正如皇家学会研究员们详细报告和分析的那样。皇家学会当时大概是欧洲首屈一指的科研机构。说来奇怪,地震科学在英国也是始于 1750 年。因此,这些地震虽然破坏性不是很强,但在这样一本关于地震的书中依然值得占据一章的位置(见第 2 章)。

当然,英国没有哪起地震强度可以和欧洲大陆国家所遭遇的地震相比,特别是希腊、意大利、葡萄牙和罗马尼亚,以及更远的国家如阿尔及利亚、加勒比岛、智利、中国、哥伦比亚、印度、印度尼西亚、伊朗、以色列、日本、墨西哥、摩洛哥、尼泊尔、新西兰、巴基斯坦、秘鲁、俄罗斯、土耳其,当然还有美国,不仅在太平洋西海岸(旧金山和洛杉矶附近),在阿拉斯加,同时也在大西洋东海岸(波士顿和查尔斯顿周边),甚至大陆中部地区——密苏里在 1812 年经历过一场地震,强度大到短时间内密西西比河的河道就发生了逆转。

在智利,康塞普西翁自 1550 年建立以来经历过大约 10 次地震袭击。最近的一次是 2010 年的 8.8 级地震,这是地震仪记录的强度排名第 6 的地震。由于地震的震级是按对数排列,而非线性排列,因此震级较高的地震释放的能量要远大于人们根据震级数字所预期的结果。因此 8 级地震所释放的能量大约是 7 级地震释放能量的 32 倍,是 6 级地震释放能量的 32 的平方倍(大约 1 000 倍)。史上记载的最强震是 1960 年的智利大地震,强度 9.5 级,比 1940 年广岛原子弹爆炸释放的

---

① 企图在国会大厦炸死英王詹姆士一世"火药阴谋"的策划者。——译者注

能量高20 000倍,相当于自20世纪初以来地球释放地震总能量的大约四分之一,沿智利海岸线断层破裂1 000千米(650英里)。1960年的地震大到"震动了整个地球",也使地震学家开始思考如何制定一个全球适用的震级(本书全书使用了该震级标准)来代替"里氏"震级。里氏震级是20世纪30年代地震学家查尔斯·里克特(Charles Richter)用一种特殊的旧式的地震仪测量加利福尼亚南部的中强度地震而设计的。[11]只用地震等级和释放的能量来衡量的话,南美洲西部被列入"世界上地震最活跃的地区"。[12]

  达尔文关于地震多发区经济就脆弱的说法对吗?考虑到上述所列国家中很多都保持长期繁荣时,答案显然不对。当前,美国是世界上最大的经济体,中国第二,日本第三。无论如何衡量地震活跃强度,是根据现代的地震仪监测,还是历史上的地震记载,还是地震灾难的次数,中国和日本都位于世界上地震最活跃的国家之列。世界范围内震级在6.0级或以上的地震大约有22%都发生在日本。

  据此,我们甚至可以认为毁灭性地震,尽管恐怖骇人,长期看来却可以促进经济增长。一百年前号称"地震学之父"的约翰·米尔恩(John Milne)就谈到"地震可以开创很多商业"。[13]

  确实,1906年旧金山的毁灭性地震和大火带来了经济的增长(见第6章)。经过一段时期重建,旧金山继续蓬勃发展,20世纪50年代在旧金山东南圣安德烈斯断层区域诞生了高科技产业区,如今以硅谷著称。历史学家凯文·罗萨里奥(Kevin Rozario)在其《灾难的文化:灾难与现代美国的形成》(*The Culture of Calamity: Disaster and Making of Modern America*)中写道:"以完全消极的角度看待灾难是符合传统习惯的,也没有什么不妥之处,但灾难也常常会为我们提供很多机会。美国人,尤其是那些有权势和影响力的人,常常视灾难为道德、政治和经济复兴的源泉"。[14]

  社会活动家娜奥米·克莱恩(Naomi Klein)在《休克主义:灾难资本

主义的兴起》(The Shock Doctrine：The Rise of Disaster Capitalism)中提到自然灾害的确可以成为企业和自由市场利益的有力推动者,她特别提到了2004年印度洋地震引发的海啸。有些思想家甚至认为地震乃祸中之福。1775年里斯本遭遇毁灭性地震后,哲学家伊曼努尔·康德(Immanuel Kant)宣称:"好比我们抱怨不合时宜的过量降雨,却忘记雨水补给了我们经济发展中必需的溪水河流。因此我们谴责地震,而不去思考地震是否也能给我们带来哪些好处。"[15] 1848年,约翰·斯图亚特·穆勒(John Stuart Mill)在其《政治经济学原理》(Principles of Political Economy)中预言了这种灾难所能带来的长远利益,因为它们毁灭了旧的库存,促进制造商在生产过程中引进增效节支的办法。从宗教和政治角度看,圣雄甘地(Mahatma Gandhi)认为1934年印度北部和尼泊尔大地震乃提醒种姓印度教徒不要落入贱民身份(Untouchability)的罪中。甘地公开宣称"干旱、洪涝及地震等灾害的造访,虽看似只有物理根源,在我看来却和人的道德存在某种联系"[16]。

自史前时代,人类社会就与地震活动在"致命的诱惑"中(地球物理学家詹姆斯·杰克逊[James Jackson]所说的唤起阶段)同栖共生,因为与地震相伴的利远大于弊。[17]世界最大的城市中有一半以上,多达60个都位于主要地震活动区域的板块边界地带,如圣安德烈斯断层带。这些城市包括安卡拉、雅典、北京、开罗、加拉加斯、德里、香港、伊斯坦布尔、雅加达、卡拉奇、里斯本、利马、洛杉矶、马尼拉、墨西哥城、那不勒斯、大阪、罗马、旧金山、圣地亚哥、上海、新加坡、台北、德黑兰以及东京。其中有些城市,特别是加拉加斯、里斯本、利马、洛杉矶、马尼拉、墨西哥城、那不勒斯、旧金山、德黑兰和东京在过去的两三百年中都遭遇过地震的毁灭性灾难。

板块交界处往往与海岸线和群岛恰好重叠,一直以来为人类的定居提供物资丰饶的环境,如加利福尼亚、智利、希腊、印度尼西亚、意大利和日本。目前,绝大多数智利人口都居住在西至太平洋海岸东至安第斯山脉之间的狭长肥沃地带,这里从地质上讲是非常危险的俯冲带,其中东太平洋的纳斯卡板块向东推进并下潜——俯冲到静止的南美洲板块之下,以此引发大地震,地面隆起形成了安第斯山脉。在古代,尽管爱琴海地区和意大利半岛多发地震,但古希腊和罗马人均创建了殖民地、帝国统治及不朽的丰碑,其中罗马圆形大剧场(Colosseum)创建于公元1世纪末期,在意大利的一场地震(大约是1349年的一场强震)中有一半损毁。在史前时代,大约200万年前,巴勒斯坦死海断层系统的板块运动在干旱的荒漠中产生了富饶怡人的山谷,吸引人类走出非洲,成为最早的移民。他们最终创建了城市,如世界上最古老的城市之一——耶利哥城(Jericho),这要追溯到公元前7 000年。

受地震和继发性火灾摧毁的重要城市都显示出非凡的复原能力,而不像村庄,往往遭到废弃或迁移。事实上,耶利哥城就证实了这一观点。《圣经》中有名的一章记载,约书亚(Joshua)及他的百姓不知道用了什么办法穿过了洪水淹没的约旦河,包围了耶利哥,并且在第七日吹响羊角,百姓大声呼喊之后,城墙突然塌陷,夺取了该城。几乎可以肯定,约书亚是一场地震连同山体滑坡的受惠者,在他们和约旦河之间筑起了一道大坝并摧毁了耶利哥城。对耶利哥城原址的考古挖掘表明该地在多个世纪以来遭遇过多次地震破坏。据记载,历史时期约旦河谷在公元1160年、1267年、1534年、1546年、1834年和1927年均发生过类似的山体滑坡。公元前31年发生在耶利哥的一场地震破坏了希律王(Herod the Great)的宫殿,迫使希律王安抚军心,说此乃自然成因而非神旨。耶利哥最近的一次地震发生在1927年,几乎彻底摧毁了这座现代城市。但每一次地震洗礼之后,耶利哥城都得以恢复重建。

古典时期的庞贝靠近地震多发的那不勒斯,在公元62年或63年经历了地震的严重破坏。罗马皇帝尼禄(Nero)视察该城后认为地震破坏如此之大,应当放弃庞贝古城,但庞贝还是得以重建,只是赶上了公元79年维苏威(Vesuvius)火山喷发,遭遇了永久的毁灭。土耳其东南地中海沿岸的贸易和娱乐之城安条克(现代的安塔基亚)在公元115年、458年、526年和528年均遭到地震重创,罗马帝国皇帝图拉真(Trajan)在115年的那场地震中受伤,被迫在城市的圆形广场避难。安条克在当时被视为可与雅典、罗马、亚历山大和君士坦丁堡媲美的城市,其人口数量在公元一二世纪大致有50万,曾一度重建,在过去的2 300年中重建多达15次。在波斯/伊朗,德黑兰所在位置在公元前4世纪、公元855年、958年、1177年和1830年均受到地震破坏或彻底摧毁。

在现代时期,1755年震后的里斯本得以重建。东京和横滨在1923年关东大地震之后也经历了重建。在中美洲,危地马拉古都安提瓜自1586年起,不到300年时间里经历了四次毁灭与重建。尼加拉瓜首都马那瓜在不到200年里重建10次。实际上,在有文字可考的历史上,没有哪个城市由于一场大地震而遭废弃,除了牙买加的罗亚尔港(Port Royal,又称皇家港口)。1692年震后,该港市的三分之二都滑入了加勒比海,2.5万名罗亚尔港居民在深海和泥沙中窒息或溺亡。

因此地震多发城市,包括很多首都在内,通常都会从地震灾难中复苏并频频走向繁荣。那么社会和国家呢?这里历史记载并非完全一致,难免产生不同诠释及争议。

一方面是出自历史学家威尔·杜兰特(Will Durant)被广泛引用的言论:"文明的存在是得到了地质的准许,如有变动,不另行通知"。[18]另一方面则是科学家和地理学家,《枪炮、病菌与钢铁:人类社会的命运》(Guns, Germs and Steel: The Facts of Human Societies)以及《崩溃:社会如何选择成败兴亡》(Collapse: How Societies Choose to Fail or Succeed)两本书的作者贾雷德·戴蒙德(Jared Diamond)颇具影响力的观点。在后一本书中,戴蒙德几乎忽略了自然灾害的影响,完全忽视了地震和火山。在我看来,杜兰特和戴蒙德都过于极端。虽然社会和国家无疑更可能因为战争或建立帝国等人类活动而走向成败兴亡，但也可能被洪水或地震等巨大自然力量破坏稳定或由它们带来发展。另外，在某种程度上，地震学等学科也可以在成功对抗自然力方面起到扭转局势的关键作用。本书的问题以及主题当然是正确理解人的能动作用如何在短期以及长远的历史角度同大地震之间相互作用。

细想一下古代备受争议的一个例子。公元前1200年左右，地中海东部附近包括希腊大陆的迈锡尼（希腊本岛）、克诺索斯（克里特岛）、特洛伊（安纳托利亚）和阿尔马盖敦（黎凡特）在内，令人难以置信的47个考古遗址出现了一场灾难性的、似乎同时发生的青铜时代文化的瓦解。继希腊青铜时代文明之后就是黑暗时代（Dark Age），显然是蒙昧的时代。这个时代持续了大约4个世纪，直到公元前8世纪《荷马史诗》和希腊字母的出现才告一段落。

地震是否是青铜时代瓦解的罪魁祸首？或许是。地震学家确定著名的狮门（Lion Gate）正下方的迈锡尼外墙就是建在断层崖之上的，那必然是大地震中形成的。在克诺索斯，考古发掘队长阿瑟·埃文斯（Arthur Evans）自1900年起直到1941年去世一直从事考古工作，在挖掘过程中经历了克里特岛当地的一次地震。1912年，特洛伊的发掘现场也经历了一次大地震的摇晃。埃文斯和20世纪30年代特洛伊的一个主要发掘者卡尔·布雷根（Carl Blegen）对从地震角度解释米诺斯（Minoan）和特洛伊考古证据深表赞同。

然而，当前很多考古学家对此表示怀疑。由于没有接受过地质训练，考古学家往往容易漏掉地震破坏的证据。即使地震证据非常明显，无法忽视，他们也倾向于忽略地震事件的深远影响。大多数人都喜欢将古代社会的衰落或瓦解归咎于战争、侵略、社会压迫、经济腐败、环境破坏等，而非自然灾害这种"天灾"。自然灾害有时也与人类力量通力合作，如耶利哥附近可能遭遇地震和山体滑坡以及约书亚随后夺取了耶利哥城，考古学家认为这种观点是"一种屈从，一种弱势理论的迹象，必须要有不太可能的巧合来支撑",地球物理学家和古地震学家阿莫斯·努尔(Amos Nur)在《天启:地震、考古学和上帝的愤怒》(*Apocalypse：Earthquakes，Archaeology，and the Wrath of God*)中如是说。[19]

相反,按照努尔的观点,"若某地很多相似朝向的墙体朝同一方向倒塌",如在耶利哥、迈锡尼和特洛伊,"特别是倒塌时掩埋了粮食、黄金和其他贵重物品时,就不太可能是军队行动的原因"。[20]虽然努尔充分认识到针对古代地震的地质学、考古学以及文学方面的证据有时含混不清,包括希腊古典戏剧(特别是欧里庇得斯[Euripides]的戏剧)以及《圣经》中多次提到地震(《圣经》中耶稣基督在十字架受难日和复活之日均伴有地震发生),但他对这些证据的重要性也做出了充分的解释。

实际上,单纯地震本身或侵略本身都无法解释公元前1200年左右青铜时代的瓦解。有关自然与人类之间一种貌似有理但可能无法完全让人满意的解释可能是这样,如古典学家埃里克·克莱因(Eric Cline)在《公元前1177年:文明崩塌之年》(*1177 B.C.：The Year Civilization Collapsed*)中提到的:首先,所有这些古代社会(迈锡尼、克诺索斯、特洛伊、阿尔马盖敦等)都不是被某一场大地震及其余震削弱的,而是被公元前1225年—前1175年间由一场地震引发另一场,这样长期接二连三的地震削弱的。这种可能性被努尔等人冠以"地震风暴"的名字,公元4世纪中叶地中海区域东部爆发的大地震,已经得到历史印证,可以为此提供支撑:如西西里岛、君士坦丁堡和耶路撒冷/佩特拉古城在公元363年不同月份均受到地震袭击。另外,在20世纪期间,地中海区域东部表现出异常高的地震活动强度,如根据1900年至1980年左右地震仪所测数据,单纯土耳其就经历了32次6.0级以上的地震。随后在地震风暴期间和之后,克莱因提到,被削弱的青铜时代社会最终被人类活动摧毁,包括各路掠夺者的海上入侵,考古学家将之定名为海上民族。

现代时期以前的地震,历史证据较为匮乏,这部分将在书中第1章讲述。接下来是现当代时期(第2—10章),包括1750年后地震科学的

引言：地震与历史

发展(第2、5和6章)，这段时期的历史记载相对充分。事实上，尽管地震没有能力对国家和文明进行破立，但有时也会改变历史进程、决定国家命运。

让我们回顾一下过去250年中的几场大地震。

1775年葡萄牙首都里斯本遭遇的毁灭性地震(见第3章)加速了该国在欧洲以及殖民世界的长期衰落，这是由于其过于依赖源自巴西殖民地的黄金收入以及耶稣会士宗教正统观念的不良影响。尽管耶稣会信徒遭到驱逐，里斯本逐渐从庞巴尔(Pombal)侯爵近乎独裁的专制统治下得以重建，着实令人震惊，但国家的经济还是遭到了削弱，特别是1822年巴西获得独立之后。在整个欧洲，政治、宗教、哲学和科学思想因伏尔泰充满创痛的有关里斯本地震的作品而大大改变。努尔提到："在教会和国家之间以及科学与宗教之间有着特别微妙的权利平衡之时，地震袭击，打破了这种天平的平衡，使整个世界的社会发生了改变。"[21]

在拉美，1812年委内瑞拉的一场地震(见第4章)摧毁了整个国家包括首都加拉加斯在内的大部分建筑。不巧在西蒙·玻利瓦尔新近宣告成立的委内瑞拉第一共和国所控制的区域破坏最为严重，而支持西班牙殖民统治者的地区破坏程度较轻，这一真相即刻被当地支持西班牙的天主教当局借机利用。玻利瓦尔自己也承认，地震直接导致四个月后西班牙军队进攻，委内瑞拉第一共和国的覆亡，玻利瓦尔被俘并遭流放。但始料未及的是他在那里竟然领导了更广泛的独立运动，比地震之前在委内瑞拉所领导的独立运动范围还广。因此可以说1812年的地震也间接导致了19世纪20年代玻利瓦尔将玻利维亚、哥伦比亚、厄瓜多尔、秘鲁和委内瑞拉从西班牙的统治中解放出来。

在日本，1923年的关东大地震(见第7章)在午餐时间爆发，持续5分钟，造成严重后果。地震引发的风暴大火使三分之二的东京和五分之四的横滨化为灰烬，至少夺去了14万人的生命，包括很多被日本街头黑帮屠杀的朝鲜移民。为控制混乱场面，政府开始实施军事管制，赋予军队新的权力等级。1923年至1930年间城市重建的巨额花费给国家造成了巨大的经济压力和金融恐慌。这些事件共同为1927年更加独裁的帝国政府的出现创造了环境，该政府赞成对中国进行军事侵略。1931年日本入侵中国（满洲地区），加上20世纪30年代世界范围内经济萧条，导致日本社会到处渗透着军国主义，最终致使日本在1941年卷入第二次世界大战。

21 在印度，2001年靠近普杰的古吉拉特邦地震摧毁了城市和乡镇（见第8章），导致该邦首席部长因未能开展有效重建，在地震9个月后被迫辞职。下一任首席部长是印度的民族主义者纳伦德拉·莫迪，没有经过选举而直接任命。他应对灾难的方法是在地震影响的古吉拉特邦西部区域卡奇县发起迅速而势不可挡的工业化。在巩固莫迪权力基础的同时，这种经济振兴似乎也为印度其他邦的发展提供了模式。2014年，在印度国家大选期间，备受争议的莫迪轻而易举地当选印度总理，很大程度上是基于他在受地震破坏的古吉拉特邦所创下的经济成效，使人们的期望值倍增。

在印度洋，2004年苏门答腊岛沿岸一场巨大的海底地震引发海啸（见第9章），造成印度洋周围沿岸混乱不堪，死难人数大约有23万人。受灾最严重的国家是印度尼西亚和斯里兰卡，特别是苏门答腊岛亚齐省以及斯里兰卡北部和东部海岸，泰米尔人占绝大多数的地区。在这两个地区都有当地的武装叛乱，中央政府与之进行了长期斗争。但在亚齐，海啸灾难直接带来了自由亚齐运动（Free Aceh Movement）与印度尼西亚政府间长久的和平协定，而在斯里兰卡，结果却迥然不同：灾难巩固了科伦坡僧伽罗民族主义政府的控制力，并于2009年集中兵力在岛的北部一举歼灭了由泰米尔猛虎（Tamil Tigers）领导的分离主义运动组织。

22 2011年的东日本（日本东北部）大地震（见第10章）和摧毁日本福岛第一核电站的海啸灾难被时任日本首相称为自第二次世界大战结束

后日本经历的"最大危机"。[22]其长期影响现在定论还言之过早。但地震引发的日本政治体制的震荡已经清晰可见,出现了民族主义中央政府,同时日渐强大的地方政府特别是在受海啸影响的东北地区开始崛起,还有蓬勃发展的国家志愿者运动。核能工业在世界范围内都产生了回响,缘于日本政府着力解决泄漏核电站的清理工作,而这个过程预计需要数十年。

因此,整体上讲,历史表明,大地震有时确实在社会的衰落、瓦解和再生中扮演着重要的角色。达尔文在1835年唤起人们注意地震的巨大威力是完全正确的。但他提到19世纪中期英格兰拥有强大的政府和丰富的工业及财政资源,而且还有大范围的殖民帝国,假如受到这样地质方面的袭击想要复兴也要苦苦挣扎,这种观点则可能是错误的。出于同样的原因,20世纪旧金山和东京从毁灭性地震中复苏的速度就相对较快。对比2010年两场大地震的影响,虽不及1906年旧金山地震和1923年东京大地震那样惨烈,但破坏性依然极大。其中一场地震为7.1级,在新西兰爆发,震中位置距克赖斯特彻奇市40千米,但未造成任何伤亡。另一场为海地地震,震级7.0级,震中位置距首都太子港25千米(16英里),造成大约8.5万至31.6万人遇难。这个较大的数字是海地政府估计的人数,但国际救援机构对此持有争议。赖斯特彻奇和太子港地震的死难人数相差如此悬殊,最重要的原因在于新西兰的建筑是加固工程,相比之下,海地的建筑没有经过加固施工,当然这也取决于新西兰和海地在政治、经济及科技发展方面完全不同的程度。在政府弱小,资源匮乏之地,达尔文的悲观情绪或许就是无可非议的。

大地震的长期影响取决于震中、震级和地震爆发的时间,同时还有人为因素,即某一区域历史所特有的政治、经济、社会、思想、宗教及文化资源。正如我们可以看到,所有地震爆发的社会都有自己特定的经验教训,但综合起来,这样震天动地的事件却对整个世界有着重要的共同影响。

1

地震学之前的地震

1855年左右的日本版画《鹿岛明神居眠》(Kashima Deity Napping)。恶作剧的地下鲇鱼(namazu)趁明神不备就会引发地震或大火。

从时间上讲,越往前回溯,就越难探明地震及其特点。让人失望的是,从公元前3000年起,约3500年的古埃及铭文和莎草纸文献中几乎就没有关于地震活动的详述,只因埃及地震活动较弱。虽然古中国的《竹书纪年》(Bamboo Annals)曾记载公元前1831年山东省泰山发生地震,但在中国,首次可靠的地震报道只能追溯到公元前780年,在希腊可追溯至公元前464年,意大利公元前461年,日本公元599年,而在美洲直到1567年(在墨西哥)才首次出现关于地震的可靠记录。

考古学为早期地震提供了更多的证据,但准确性有待商榷。古吉拉特邦的朵拉维腊(Dholavira)遗址,属印度河文明,可追溯到公元前3000年末,显示出截面断层滑动和结构特征的位移,随后由镇上的居民进行了修缮,这表明古代曾发生过地震。距克诺索斯不远,克里特岛阿尼莫斯皮里亚的米诺斯神庙于公元前1700年左右毁于一场大火,挖掘中发现两具骨骼,大概是祭司和他的女辅祭。在神庙的祭坛上,侧身躺着一具青年男子的骨骼,当时可能是绑着手脚的,在他的骸骨上还放着一把很长的青铜刀。法医对烧过的骨骼进行鉴定,结果表明男子的血液是从骨骼为白色的上半部分流出,而非变成黑色的下半部分。显然,他是在地震爆发过程中被祭司杀死,挖掘者坚定地推断这可能是前震时供奉给神明的祭品,力图避免更大的震灾。

同样具有重要意义但更加无法确证的要属神话传说。神话传说可能传播了更早的地震经验。绝大多数有关地震形成的神话都涉及动物。墨西哥的阿兹特克人(Aztecs)认为美洲豹向太阳跳跃引发地震;当今的索西族(Tzotzil)玛雅人认为美洲虎倚着世界支柱挠痒引发地震。在英属哥伦比亚,海达印第安人(Haida Indians)想象雷鸟大战鲸鱼,鲸鱼从雷鸟的爪子中掉入太平洋而引发地震和海啸。在印度,印度教徒认为八只大象支撑着大地,其中一只总是时不时疲倦,大象头一低,就会产生惊世大地震。在蒙古,喇嘛想象一只巨蛙把地球驮在背上,会产生间歇性的颤动。在日本,地震神话最为复杂,可能也不足为奇。开始是用龙来象征地震,然后变成一条巨型鱼,最后又变成恶作剧的大鲇鱼,也称为鲇(namazu),生活在地下的泥土里。鲇通常由神明控制,用一块巨大的岩石镇住鲇的头部就会防止日本发生地震。在距东京约 100 千米的鹿岛(Kashima)就能看到那块所谓的岩石[①],所以鹿岛这地方就很少发生地震。但鹿岛的神明偶尔也会打盹或离岗去和其他神交谈,这时会允许鲇鱼抽动触须,来回扭动,普通的恶作剧就会对地面的人类造成灾难性的后果。这个神话被出色而幽默地描画在彩色板绘中,以鲇绘(namazu-e)著称,1855 年江户(现代东京)附近发生大地震后首次创作。在一幅版画中,江户娱乐区的所有居民都对躁动不安的鲇鱼进行攻击,只有木匠和工匠除外,因他们必然可以从地震灾害中谋利。如今,鲇鱼的形象出现在日本地震应急预备方案中,如日本气象局地震早期预警系统的标识。

尽管如此,在某些文化中地震也采用人形。印度尼西亚某岛的居民把地震归咎于魔鬼,在没有祭品供奉以慰邪灵时,魔鬼就会愤怒颤抖。新西兰毛利人(Maori)有一位地震之神——罗奥摩柯(Ruaumoko),他还是婴儿时被母亲不小心压入了地下。历史上著名的基切(Quiché)玛雅人,其现代后裔定居在危地马拉,他们的古代创世之作《波波武经》(Popol Vuh,又译《波波尔·乌》)中有一个邪恶的角色——卡布拉冈(Cabracan),这个名字在传统和现代基切人中都有地震之意。他的腿为大地提供支柱(或多个支柱),他一动就会发生地震。在古希腊,海神波塞冬(Poseidon),通常被称为震地之神。他愤怒时,挥动三叉戟锤击地面就会产生震荡。在特洛伊战争中,波塞冬加入希腊一方对战伊利昂(特洛伊),荷马的《伊利亚特》中记述:"震地神波塞冬在下面抖动,广阔无垠的丰饶大地和所有高耸险峻的峰峦,一切都颤动不止,泉源丰富

---

① 要石。——译者注

的伊达山的脊背和根基,特洛伊亚城郭"①。[1]

但首先提出用自然而非神话来解释地震的乃希腊思想家。如泰勒斯(Thales)于公元前580年左右写道:他认为地球是漂在海上的,而水的运动就是地震的成因。相比之下,同样生活在公元前6世纪的阿那克西米尼(Anaximenes)提出岩体在地球内部落下时,会碰撞到其他岩石,产生回响。修昔底德(Thucydides)写到公元前426年发生在爱琴海的海啸,认为这种冲击可以击退海水,再猛烈反冲,淹没土地。同一世纪的阿那克萨哥拉(Anaxagoras)认为火灾至少引发了某些地震的产生。4世纪的亚里士多德认为地穴的"中心之火"发出火焰、浓烟和热气强烈地冲破地表岩石,导致火山喷发。随着地下火烧毁岩石,地下洞穴坍塌而引发地震。亚里士多德甚至根据人类和建筑结构的摇晃方向,是垂直还是倾斜,以及是否与溢出蒸汽有关等,将地震分为不同类型。

在《圣经》成书的最后阶段,对地震的自然与超自然解读紧密交织在一起。《圣经》中的地震到底是比喻性的,还是在某些情况下可能指代圣地确实发生过的地质学上的地震? 在努力将《圣经》事件与历史事实联系在一起时,答案总是充满争议。

《新约》中,耶稣受难时,"耶稣又大声喊叫,气就断了。忽然,殿里的幔子从上到下裂为两半,地也震动,磐石也崩裂,坟墓也开了"。《马太福音》中的描述,灵感可能来自公元前31年的那场地震,损坏了耶路撒冷的圣殿和耶利哥的希律王宫殿。耶稣从坟墓中复活时,"忽然,大地震动,因为有主的使者从天上下来,把石头滚开,坐在上面"。[2]虽然现实的地震摇晃也可能以自然的方式使墓碑移动,但这里的超自然元素明显占上风。

《旧约》中提到地震的地方多半都是与上帝的愤怒有关。但在《列

---

① 参照《伊利亚特》王焕生译本。——译者注

王记》中的一段,先知以利亚站在何烈山上,希望在遭到以色列人背弃后死去,但《圣经》作者的解读更加含糊不清:

> 那时,耶和华从那里经过,在他面前有烈风大作,崩山碎石,耶和华却不在风中;风后地震,耶和华却不在其中;地震后有火,耶和华也不在火中;火后有微小的声音。[3]

这大概是说风、地震和火纵然可怕,却是自然现象,而"上帝是无声中的微小声音",地球物理学家阿莫斯·努尔(Amos Nur)评论道。[4]

在《创世记》中,所多玛(Sodom)和蛾摩拉城(Gomorrah)的毁灭臭名昭著,被视为道德犯罪的惩罚:"所多玛人在耶和华面前罪大恶极。"[5]不管怎样,可能至少在某种程度上也提到了一场地震。尽管没有明确提及,但下面的叙述似乎暗示了一场地震和大火:"当时,耶和华将硫磺与火,从天上耶和华那里,降与所多玛和蛾摩拉,把那些城和全平原,并城里所有的居民,连地上生长的都毁灭了。"亚伯拉罕清早起来向所多玛和蛾摩拉与平原的全地望去,看到"那地方烟气上腾,如同烧窑一般"。[6]

当然,这并不能证明所多玛和蛾摩拉城真正存在过。但公元前1世纪,著名的古希腊地理学家斯特拉波(Strabo)出版了著作,在有关死海区域和所多玛的叙述中,他强烈暗示了这些地方是真实存在的:

> 在马萨达附近可见怪石嶙峋,已被烧焦。还有,很多地方都是裂缝和灰土,光滑的峭壁上滴着沥青,沸腾的河水散发着恶臭,很远都能闻到,到处都是破坏的定居点;人们也就信了当地居民反复说的话:此地当时有13座人居城市,其中所多玛是重要的中心……地震、大火、带有沥青和硫磺的热水造成湖水决堤,大火包围了岩石。而那些城,有些被吞没了,其他的也被死里逃生的人遗弃了。[7]

此外,斯特拉波认定死海西南端的某些遗址就是《圣经》中的所多玛。

到目前为止，考古学家还尚未确定所多玛遗址的确切位置，他们在死海周围指出了《圣经》中所多玛城的各种可能位置。但地质学家几乎达成了重要的共识，认为地震最有可能成为所多玛城毁灭的罪魁祸首。据地球物理学家阿瑞·本-梅纳海姆（Ari Ben-Menahem）称，那场地震可能发生在公元前 2100 年左右，强度至少达 6.8 级。断层运动也可能导致裂缝释放石油和硫磺气体，再加上闪电或地震活动自发着火——从而解释了《圣经》中提到的硫磺和大火。1857 年特琼堡（Fort Tejon）地震时，这类火灾在洛杉矶北部圣盖博山（San Gabriel Mountains）侧面的油苗中也出现过。

《旧约》中还有另一个著名的城市毁灭片段，即约书亚在军队的号角声中夺取了耶利哥城。《圣经》历史学家传统上认为这要上溯到公元前 1400 年至前 1250 年，其中也同样没有明确谈及地震。我们暂且先不论神迹，地震干预的可能性似乎比在所多玛和蛾摩拉城中更大，如引言中所述。对庞大的耶利哥废丘（Tel Jericho）进行的考古挖掘表明该城的破坏多达 22 层，城墙的修补和彻底重建不少于 16 次。有些破坏几乎可以肯定是地震造成的，因为耶利哥城或附近在历史上无疑发生过灾难性地震。第一层中，在倒塌的墙下，挖掘者发现一个装满粮食（已经被大火烧成碳）的储物罐，可上溯到公元前 1600 年至前 1550 年。正常情况下，若非地震摧毁城墙，把粮食罐埋在底下，居民离开时就会把珍贵的粮食带走，或者说入侵者也会把它们抢光或吃掉。另一层，可上溯到公元前 1400 年左右，被倒塌建筑挤压在一起的两具人骨特别能说明问题。其中一具骸骨在随后的地质断层运动中已经断了头，很明显断层运动是在躯干和头部之间，产生了地裂。他们到底是否是地震的受害者？

对于耶利哥废丘的挖掘，没有哪一层可以判断有约书亚的进攻。要想判断几乎也是不太可能，尤其是地震（以及考古学家）对遗址已造成了大面积破坏，但也没有完全令人信服的解释来说明缘何《圣经》叙述中并没有提到"地震"。最可能的假设就是一场地震形成了堤坝阻挡了约旦河,同时摧毁了耶利哥的城墙,如前所述。因此,"约书亚来到此地就发现显然上帝已经为他夺取了耶利哥城",努尔提到。"绕城七次,呼喊声和号角声的修饰只是使故事在讲述时更具戏剧性,因为故事是通过多年流传下来的。"[8]

一两百年后,大约在公元前1200年,出现了引言中讨论的地中海东部青铜时代文明的瓦解。除了一些晦涩难懂的碑文外,几乎没有找到任何类似《圣经》一样的文学史料,只有考古证据表明有47处破坏遗址,从克里特岛的克诺索斯以及希腊本土的迈锡尼和皮洛斯到安纳托利亚的特洛伊、米利都和哈图沙什,到叙利亚的卡赫美士、阿勒颇和乌加里特,黎凡特的美吉多(又称阿尔马盖敦)、莱基和亚实基伦,到塞浦路斯岛上四处不太知名的遗址,如恩科米。在某些遗址,如克诺索斯和特洛伊,最早的发掘者认为毁灭的罪魁祸首是地震,但在哈图沙什和皮洛斯等地并非如此。针对某处遗址的后续研究也难以始终得出一致的结论。努尔甚至也承认人手就像地震一样,可以轻易地破坏遗址。但他指出,由于该地存在地震活动乃不争的历史事实,比如1912年特洛伊爆发的7.4级地震,最早的发掘者弗兰克·卡尔弗特(Frank Calvert)之前的住房就被这场地震摧毁,故"摒除地震,不予认真考虑是站不住脚的"。[9]

持怀疑态度的考古学家问道:若地震摧毁了城市,为何没有重建?其他的古代地震,震后重建已然成为一种定律,古典派的罗伯特·德鲁斯(Robert Drews)在《青铜时代的终结》(*The End of the Bronze Age*)中评论道。"因此人们也不愿去相信公元前1200年左右,地中海东部很多要地因地震袭击而永远无法恢复。"[10]对于这些地震怀疑论者,他们更倾向于用海上民族(Sea Peoples)的入侵来解释青铜时代的瓦解。对于海上民族的存在,古埃及的编年史中曾有过暗示,但一直没有实际说明。海上民族在哈布城拉美西斯三世(Ramesses III)陵庙中是用埃及象形文字以神秘的族称记载的(被描述为俘虏):佩莱斯特人(Peleset)、阐卡尔人(Tjekker)、谢克莱什人(Shekelesh)、夏达纳人(Shardana)、达努纳人(Danuna)和万舍斯人(Weshesh)。这些碑文讲述了海上民族如何横扫当时大国,包括赫梯、迈锡尼、迦南、塞浦路斯等地,直到最终在埃及被阻断,首先是公元前1207年麦伦普塔赫法老(Merneptah),之后是公元前1177年拉美西斯三世本人打败了海上民族的入侵。但事实证明,海上族人的身份和他们的发端几十年来就像海神波塞冬(希腊人把地震和如今我们所谓的海啸都归罪于海神波塞冬的愤怒)一样难以捉摸。自某考古学家首次使用"海上民族"一词一个半世纪以后,依然没有确凿的考古证据指出他们是谁,从哪里来,征服了哪些土地。人们猜测夏达纳与撒丁岛有关,而佩莱斯特人与《圣经》记载的源自克里特岛定居在巴勒斯坦的非利士人(Philistines)有关,但没有证据对这些关联进行证实。很大的可能是"海上民族"这个群体从来就不曾存在过。

公元前464年左右,一场地震袭击了斯巴达(斯巴达同迈锡尼和皮洛斯一样位于伯罗奔尼撒半岛),是古代地震中得到颇为可靠报道的为数不多的一场地震。修昔底德在同一世纪写出《伯罗奔尼撒战史》(*History of the Peloponnesian War*),指出地震导致斯巴达所统治的民族——拉科尼亚和麦西尼亚的希洛人(Helots)奋起反抗。后来希腊的历史学家狄奥多罗斯·西库路斯(Diodorus Siculus)赞同了这一观点,称此次地震是"一场巨大的、令人难以置信的灾难",构成了该地区地震史的一部分(狄奥多罗斯大概想到了之前6世纪的一场大地震,据西塞罗[Cicero]称那次地震可能是自然哲学家阿那克西曼德[Anaximander]预测到的,除此之外再没有其他证据了)。如今,一条10—12米高、约20千米长的断层崖从仅有几千米的古斯巴达遗址穿行而过。狄奥多罗斯(Diodorus)最先称,由于长时间"城市破坏,房屋塌陷",斯巴达有2万多公民死于地震中的墙壁倒塌。但现代史学家认为如此之高的斯巴达伤亡人数存在夸张成分。不过,斯巴达人在一定时候也不得不招募非斯巴达公民加入军队的重装步兵,这些人甚至都不完全赞同以严格而著称的斯巴达军法。

毋庸置疑,在斯巴达与雅典间伯罗奔尼撒战争的缘起中,地震是一方面因素。这场战争从前460年开始断断续续,一直持续到前5世纪末。当时臣服的希洛人眼见大部分斯巴达人已经灭亡,"就没把余下的少数幸存者放在眼里",[11]狄奥多罗斯写道。他们利用地震时机开始反抗斯巴达人。斯巴达请求雅典援助。雅典回应,派出了一支约4 000人组成的重装步兵,由雅典与波斯战争中的战斗英雄西蒙(Cimon)率领。但他们的出现却扰乱了斯巴达政府。据修昔底德称,斯巴达贵族担心雅典士兵会与希洛人联合,所以重装步兵又被送回雅典,这种羞辱也永远损伤了斯巴达与雅典之间的关系。

尽管斯巴达在前404年的伯罗奔尼撒战争中胜出,但很快在公元前4世纪,和雅典相比便已经开始走向衰落。亚里士多德指出,如今斯巴达的非公民人口已远远超过公民人口。由公元前480年的8 000斯巴达居民降到公元前371年的1 000多点儿。到了前250年,斯巴达只能召集700名重甲步兵进行自我防御。这种公民人口下降在多大程度上是由于地震,而非斯巴达长期与波斯和雅典斗争造成的公民人力损失,又在多大程度上受制于斯巴达的社会结构依然存有争议。但"对于公元前464年左右的大量希洛人起义和它对斯巴达国内外政策的影响以及之前刚发生过的地震之间所存在的因果联系是没有怀疑余地的",研究斯巴达的重要历史学家保罗·卡特利奇(Paul Cartledge)写道。"而有疑问的是地震的规模……以及它所带来的长期影响。"[12]

说来也怪,巧的是古罗马最早记录的地震日期和古希腊的地震几乎同时发生。公元前461年,史学家李维(Livy)在公元前1世纪的最后十年写道:"大地开始剧烈震动。"[13]另一场地震在前83年,破坏了罗马的公共建筑和房屋,并被视为内战的前兆。纵观罗马历史,直至今日,该城及统治者都饱受了各种大小地震的摧残,"罗马因历史记载时间较长,对这些事件的记录在世界上也是数一数二",三位科学家在《罗马七丘:永恒之城的地质之旅》(*The Seven Hills of Rome: A Geological Tour of the Eternal City*)中写道。[14]公元443年和484年发生了两场地震,破坏了古罗马圆形大剧场,这在建筑入口附近的碑上可以一目了然,也要感谢德西乌斯·马里乌斯·贝南蒂乌斯·巴西利乌斯(Decius Marius Venantius Basilius)的慷慨资助,使建筑得以修复。1349年的另一场大地震极有可能又毁坏了圆形大剧场,到了难以修复的程度,使城市"一蹶不振",诗人彼特拉克(Petrarch)1350年走访罗马时如是说。[15]1349年的地震大概也致使某些30吨重的卡拉拉大理石块(Carrara marble)发生旋转,这些大理石块互相堆叠,形成了公元2世纪42米高的马可·奥勒留圆柱(Marcus Aurelius)。大约10厘米的错位使圆柱上浮雕雕刻的胜利女神像(winged Victory)和几个罗马士兵的头也发生断裂。但附近的图拉真柱(column of Trajan)却完好无损地保存下来,它的地基更加坚固,目前依然可见。"圆形大剧场中有些大裂缝……以及广场圆柱大理石柱身的裂隙……都证明摧毁它们的并非哥特人之手,而是地震的冲击力,"开拓性的地震学家罗伯特·马利特(Robert Mallet)在权衡了1857年那不勒斯大地震的灾难性后果后走访罗马时如是说。[16]2000年,为庆祝新千年,罗马的纪念碑终于得到翻修,可以经得住日后的地震来袭了。

也就是说,与斯巴达不同,罗马还没有哪场地震严重到足以摇撼国家的稳定。自始至终,意大利其他地区经历的地震都要多于首都。比如,公元64年那不勒斯发生地震,据历史学家苏维托尼乌斯(Suetonius)称,当时罗马皇帝尼禄(Nero)正在主剧场演出。观众刚离场,"剧场就塌了,所幸没有人员伤亡",塔西佗在《编年史》(*Annals of Tacitus*)中如此记载。[17]大约同一时期,那不勒斯碑文中记录了几处公共建筑的修复,其中地震是用拉丁语的复数形式"terrae motibus"表示,被称为"大地的运动"。公元 79 年那不勒斯附近维苏威(Vesuvius)火山喷发,摧毁了庞贝古城和赫库兰尼姆,小普林尼(Pliny the Younger)在描述此次火山的著名文字中写道:火山喷发之前的地颤并没有使民众警觉或惊慌,"在坎帕尼亚,这些微震非常频繁"。[18]

事实上,在发生这场灾难性事件几年前,庞贝古城和赫库兰尼姆就已经遭遇过一次严重的地震,发生在 62 年(据塔西佗记载)或 63 年(按尼禄的家庭教师辛尼卡[Seneca]所述)。尼禄建议放弃庞贝,但古城大部分在公元 1 世纪 60 至 70 年代均得以重建,而且最初并没有罗马的财政支援。尚无确凿的历史证据表明城市的人口有所减少,也没有同时代的辛尼卡或其他人指出地震或是维苏威火山麻烦的不祥之兆。"若有人逃跑,也是出于地震的威胁,而不是因为预感到维苏威火山的隐患。"近年大英博物馆有关庞贝古城和赫库兰尼姆的出版物中提到。[19]

比如说,在庞贝古城对银行家卢修斯·凯基利乌斯·吉恭达斯(Lucius Caecilius Jucundus)的宅邸的发掘发现有关公元 62 年或 63 年地震的一个重要纪念物,就是两侧各有两座大理石浮雕的神龛。其中一个浮雕上的场景是广场的朱庇特神庙(temple of Jupiter)和附近一栋严重向左倾斜的建筑,旁边立着女祭司供奉的动物祭品(大概是震后进行献祭的)。另一个浮雕描绘了共负一轭的两头驴子,飞奔逃离该城位于跑马场附近的维苏威火山口。在赫库兰尼姆,标注日期为公元 75 年的铭文记录了维斯帕先皇帝(Emperor Vespasian)对公元 62 年或 63 年地震中坍塌(terrae motu conlapsum)的母神西布莉(Cybele)的玛格纳玛特神庙(Magna Mater)进行了修复。另一个记录显示维斯帕先派专员到庞贝古城来解决各种滥用问题,如震后的非法土地占用。总体看来,主要印象就是这里并不像一个衰落的城市。庞贝广场的很多建筑在公元 79 年维苏威火山造成第二次毁灭前都已经完全修复并且重新装修过。

与意大利半岛相比，东罗马帝国经历了更大的地震，特别是在土耳其。我们知道那里的地震活动可能极大地促成了某些地方青铜时代文明的瓦解，如特洛伊、米利都和哈图莎什。细想一下古典时期安提阿（Antioch）的历史。倘若安提阿没有遭遇过很多大地震，该城可能就会像罗马一样，成为其古典过去的真实具现。

公元前300年，亚历山大大帝之前的手下大将塞琉古一世（Seleucus I）创建了安提阿，到公元前1世纪落入了罗马统治之下，公元前64年成为古罗马叙利亚行省的省会。尤利乌斯·凯撒（Julius Caesar）在罗马内战期间经过安提阿，修建了包括一座圆形广场在内的宏伟建筑，后来由奥古斯都（Augustus）、希律（Herod）和提比略（Tiberius）进行了扩建。马克·安东尼（Mark Antony）和克莉奥佩特拉（Cleopatra①）公元前36年或37年就是在那里结为夫妻（几乎可以肯定）。到了4世纪中期，爱德华·吉本（Edward Gibbon）在其《罗马帝国衰亡史》（*Decline and Fall of the Roman Empire*）中提到：

> 追求时髦是仅有的生活原则，寻欢作乐是人生的唯一目标。安提阿市民的身份全依据华丽服饰和家具加以区别，讲求奢华挥霍的本领才能获得荣誉，诉诸阳刚气概的德行反倒引来讪笑。歧视女性的谦卑与长者的年龄，成为东方首府普遍的堕落现象。[20]②

公元362年至363年，苦行的异教徒、号称叛教者尤里安（Julian the Apostate）的罗马皇帝在安提阿停留了9个月，之后他发动了对波斯的决定性的一战（并在此次战役中阵亡），他失去了整个民族的支持，上到钟爱奢华、对宗教仪式毫无兴趣的政府要员，下到渴望占有土地、

---

① 以埃及艳后著称。——译者注
② 参照席代岳译本。——译者注

因其将公地赠予富人而出离愤怒的穷苦人民。城市的基督徒群体自然而然都鄙视尤里安。他自360年成为罗马皇帝后，不仅放弃了帝王前辈君士坦丁的基督教信仰，也丢弃了安提阿始于公元1世纪的荣耀，耶稣的门徒被称为基督徒就是从安提阿起首的。圣徒保罗和巴拿巴在安提阿街头传播福音，保罗设计布道行程，据说使徒圣马太在撰写福音书，而使徒圣彼得也被视为安提阿的第一主教。继其之后不久，根据基督教传说，伊格内修斯（Ignatius）主教从安提阿被押送至罗马，在斗兽场活活被野兽吃掉，以死殉道。他的残骸被同伴运回至安提阿，葬在城门外。

安提阿首次有记录的地震时间为公元前148年，接下来另一场是公元前130年。公元115年，罗马帝国达到鼎盛时期，安提阿遭遇了一场非常严重的地震。死亡人数众多，包括一名罗马执政官在内，他在罗马皇帝图拉真视察期间遇难。图拉真也不幸负伤，视察结束前剩余日子都露宿在圆形广场。公元458年的一场地震几乎毁掉了安提阿的所有建筑，城市后来得到重建，但526年的另一场地震之后是一年半的余震，在528年的第二次地震中达到顶峰，结果却是灾难性的。大约25万人死于526年的地震和大火——其中大概很多人都是周边村庄前来庆祝耶稣升天节的，而且君士坦丁改信基督教后所建的八角形大教堂也在地震中被毁。在君士坦丁堡，拜占庭（东罗马）皇帝查士丁一世（Justin I）公开对安提阿灾难表示痛惜。他和后来继任的查士丁尼大帝（Justinian the Great）都努力对教堂和城市进行了重建，并将其重新命名为塞奥波里斯（Theopolis，意为"上帝之城"）。

最终，导致安提阿被废弃的并非6世纪20年代的地震，而是派系斗争和暴乱（围绕圆形竞技场上的战车比赛）、宗教冲突、黑死病的爆发以及公元540年、573年和610年波斯人对城市的劫掠，这些因素共同结束了安提阿的辉煌。到了637年阿拉伯军队占领安提阿时，该城除了边塞地区,所剩无几,阿拉伯人遂将其改名为安塔基亚(Antakya)。

几乎同一时期,另一个赫赫有名的近东城市——约旦的"玫瑰红城"佩特拉(Petra)也遭弃城,其中也涉及一场或多场大地震。佩特拉乃香料贸易中心城市,与中国、埃及、希腊和印度都有贸易往来,是纳巴泰人(Nabataeans)的首都。纳巴泰是阿拉伯部落,从公元前3世纪初,亚历山大时代后到公元106年一直统治着周边地区。后来图拉真将纳巴泰并到罗马的阿拉伯行省,此时佩特拉依然持续蓬勃发展,直到贸易路线变更,其商业发展才江河日下。佩特拉很多有名的建筑都要追溯到前罗马的纳巴泰时期。纳巴泰人在亚历山大工匠的帮助下用当地的砂岩进行创作。他们雕刻出精美的、带有古典主义元素的岩凿建筑,如今成为著名的卡兹尼神殿(俗称"国库",Treasury)和代尔修道院(Monastery)、列柱大街和很多其他建筑,其中一些如今依然屹立,而另一些则隐藏在保存异常完好的废墟中。对这些废墟,特别是倒塌的圆形石柱进行分析,表明它们是在一场大地震中倒塌的。地震可能发生在公元363年——据悉这一年有场地震破坏了邻国的耶路撒冷,该城的一间罗马住宅内发现了一具压碎的女性骨骼,她腰包里的硬币就是证据,这些硬币是354年罗马货币改革以后铸造的。但我们还尚不清楚363年的这场地震如何破坏了佩特拉的适居性。另外,以黎巴嫩为中心,发生在551年后罗马时代的另一场地震可能进一步破坏了该城。像之前的安提阿一样,佩特拉在公元7世纪被伊斯兰军队占领,直到1812年瑞士探险家重新发现它的惊人废墟,这座在欧洲被遗忘多年的城市才终于重见天日。

到佩特拉衰落时,中国已经开始了最早的地震测量尝试,为中国与地震活动的独特关系定下了基调。虽然中国人长期饱受大地震的灾难,包括世界历史上一些极为惨重的地震,但中国人并没有创造任何地震神话,这和日本人形成了鲜明的对照。从人与地震关系的伊始,中国知识界就对地震采取了一种务实的态度,认为地震从根本上讲是自然现象而非神迹奇事。让中国引以为豪的是,中国不仅拥有最早的地震记录(公元前 780 年),同时也拥有最早的地震测量仪器。

世界上第一个地震仪是公元 132 年中国朝廷的天文学家、数学家张衡发明的。他发明的仪器有 8 个中空的龙头,分别对着罗盘的 8 个主要方位,装在一个带有装饰的容器外面。这个容器就像一个直径约两米的酒樽。在容器底部的周围,龙头正下方蹲着 8 只张着嘴的蟾蜍。地震发生时,龙口就会张开吐出铜球,落到蟾蜍嘴里发出"当啷"的声响。地震发生在哪个方向,哪个方向的龙口就会吐出铜球。若掉下的铜球不止一个,说明发生的地震就更加复杂。地动仪的内在机制无人知晓,因此 19 世纪和 20 世纪的地震学家开始猜测,一些人还创建了操作模型。不管精确的配置如何,这种机制肯定含有某种类型的钟摆,作为主要传感元件,再以某种方式与杠杆装置相连,致使铜球落下。即便如此,要解释这种装置如何充分解析地震震动以确定远处地震的准确方向,就算可能,也是困难重重。

尽管如此,据中国史书《后汉书》记载,相传公元 138 年,张衡的地动仪预测出了陇西发生的一场大地震。陇西位于东汉首都洛阳西北方向 650 千米。两三天之后有人快马来报证明那里前几天果然发生了地震。他的预测显然使那些怀疑这个奇异的仪器是否灵验的人恢复了信心,并且朝廷专门派大臣去监测地动仪的反应。张衡地动仪存在的时间为四百年。

中国人对地震的科学态度似乎延续到了实际的、正式的灾难应对方面。不同于洪水等其他自然灾害,在过去两三千年中,大地震从未威胁到中国封建朝廷的存在。甚至在 1556 年明代的那场大地震后也是如此。那场地震估计强度在7.9级,陕西和周边九省共83万人罹难;创下了单次地震死亡人数最高的世界纪录。受难者多半是农民及家属,他们住在精心打造的洞穴中,传统上被称为窑洞,是在从戈壁滩上吹来的尘土中凿出来的,覆盖了大部分中原地区。

日本地震尽管伤亡较少,但对日本历史的影响要比中国地震对中国历史的影响更加深远,可能是因为日本疆域较小。有关日本地震最早、最可靠的报道(公元599年)出现在公元720年编纂的编年史《日本书纪》(Nihon Shoki)中。但实际上关于日本地震的最早的罗列统计仅仅是在1 000多年前。这份统计可追溯到公元900年,记录了公元887年以前的700场地震。日本的地震考古学也是严重受限的,不像欧洲和中东那样,日本的古建筑很少会出现在考古记录中,因其建筑方式非常容易受损,房屋建在敲打出的地基平台上,抹灰篱笆墙,屋顶用木质承重柱支者。而砖块,无论是烧结砖还是免烧砖,都是到19世纪才在日本投入使用。

在这个传统时期,摧毁江户(东京)的最大地震发生在1703年和1855年。1703年的地震夺去了大约2 300人的生命,随即地震引发的海啸又造成约10万人死亡。1855年的地震,号称安政大地震,致使前文提到的鲇绘大量涌现。虽然此次地震强度相对较低,估计在6.9级到7.1级之间,但震源较浅,且震中在市中心附近,造成了巨大的人员伤亡和财产损失,这主要是由火灾造成的:江户市区和周边死难人数在7 000—10 000人之间,至少14 000栋建筑被毁。地震之后连续9天余震多发,每天多达80起。

但从长远来看,1855年的安政大地震所造成的精神影响要远大于它的物质影响。地震袭击首都时正值日本统治阶级政治停滞时期。后期的德川幕府(Tokugawa Shogunate)与美国海军准将马修·佩里(Matthew Perry)和他的舰队在1853年和1854年的两次来访有着充满不祥预兆的密切关系:这就是炮舰外交的一个著名例子,它敲开了日本闭关锁国的大门,使之向西方贸易和势力开放。1855年的某些鲇绘甚至用图像和文字直接将地震和佩里的来访联系到一起,概括了日本人对美国入侵者既排斥又好奇的矛盾心理。

在一幅版画中,鲇鱼变成了一头令人恐惧的黑鲸,喷吐着硬币。但硬币并非从它的喷水孔喷出,而是从轮船的烟囱里喷出。因此,这头鲸旨在象征佩里的"黑船"。站在岸上的日本人召唤着创造财富的鲸鱼再靠近一点。在另一幅木刻版画中有两个人,一个是屈膝的鲇鱼,穿着和服,被赋予了人形(脚边放着建筑工人的泥铲,还露出可疑的尾巴),另一个是马修·佩里(脚边放着一杆步枪)——两人正在进行拔河比赛,不相上下,日本裁判正在评判。没有哪一方胜出,但鲇鱼似乎比美国军官略胜一筹,裁判在给鲇鱼加油时,美国军官被拽到前面一点。在随附的大量文字说明中包含佩里和鲇鱼之间的对话,这段对话把管理高效、志在必得的美国与德川幕府统治下低效、封建的日本作对比,意味着日本人民不得不求助于慈悲的神明(如控制鲇鱼的鹿岛)。事实上,引发地震的鲇鱼在具体呈现时,在某种程度上是对日本有利的。"对江户居民来说,1855年的地震是世界革新(yonaoshi)的行动,或者说是'世界整改'。"日本地震史学家格雷戈里·史密茨(Gregory Smits)写道。这样看来,"安政大地震事实上对这个日渐自满、失衡和病态的社会进行了重组"。[21]若说安政大地震应对日本的社会不满和接下来的现代化运动乃至最终德川幕府被推翻以及1868年的明治天皇复位负主要责任有点过分,但这场地震无疑扮演着重要角色,尤其是透过鲇绘所包含的颠覆性信息发挥了重要作用。"江户匿名版画家认为江户城下的地震摇醒了整个日本,一点不假。"史密茨总结称。[22]

1868年后,日本的现代化运动团体开始满腔热忱地接受西方科学和旅居日本的西方科学家,包括地震学的新兴学科。几十年之内,日本已经发展出一个强有力的本土地震学流派。到了1923年东京的关东大地震,鲇鱼的地震神话已经不再有什么影响。但若要了解这些发展,我们首先必须要回到欧洲以及回顾欧洲的某些地震——首先是1750年英国的那些地震,然后是1755年葡萄牙的那场地震——对18世纪启蒙时代的影响。

2
地震年:伦敦(1750)

版画描写了1750年伦敦市中心地震恐慌的场景,说的是"那些蠢人和罪人,因害怕再爆发地震而纷纷落荒而逃"。

1750年间,英国发生了5次明显地震,其中两次分别在2月8日和3月8日袭击了伦敦及英国东南部地区;第三次是3月中旬,发生在朴茨茅斯和南部沿海怀特岛;第四次在4月初,发生在英格兰西北和威尔士东北部;第五次9月底袭击了英格兰中部,北安普敦郡及周边国家。一年之内发生这么多地震在英国也是史无前例的。

牧师威廉·斯蒂克利(William Stukeley)是皇家学会会员,如今最著名的身份或许是苹果落地和万有引力经典故事的最初来源。这个故事是好友艾萨克·牛顿爵士(Isaac Newton)向他讲述的。12月在向伦敦聚集的特别会员讲到"地震哲学"时,斯蒂克利宣称:

> 1750年可……称为地震年……因地震首先始于伦敦,据我所知,在亚、欧、非和美洲很多地区也都出现过,同样也再次造访我们岛上的很多郡。最后,去年9月30日,在经历过当代所见最大范围的震动后,地震就此作别(但愿如此)。[1]

事实上,在世界范围内,总体来说,1750年对地震来说根本算不上不同凡响的一年;斯蒂克利被人误导了。但他提到英国的部分是完全无误的,问题在于他所提出的"地震年"的叫法上。

英国发生的这些地震中,虽然2月8日正午刚过半的第一场地震强度较小,据现今英国地质调查局(British Geological Survey)估计只有2.6级,但震源深度较浅且集中在首都脚下,似乎在伦敦桥附近。因此城市震动也相当明显。当时,大法官和王座法庭及大法官法庭等全体审判人员正坐在威斯敏斯特大厅。一时间,大家都以为大厦将要在头顶坍塌。在林肯律师学院广场(Lincoln's Inn Fields),纽卡斯尔宅邸(Newcastle House)剧烈摇晃,公爵派仆人向邻居——物理学家戈温·奈特①探个究竟。仆人发现奈特正忙于检查自己住处的干扰迹象:壁炉动了,火铲也翻了,甚至床也错位了。在格雷律师学院(Gray's Inn),灯

---

① [Gowin Knight],后来成为大英博物馆第一任主管馆员。

夫险些从梯子上掉下来。据称威尔士亲王的宅邸莱斯特府（Leicester House）也出现了地基下沉。在整个伦敦城和威斯敏斯特，人们都感觉桌子倾斜，椅子摇晃，门砰地关上，窗户咯吱作响，架上的白镴器皿和陶器也哗啦哗啦。东印度公司所在的利德贺街（Leadenhall Street）有一处烟囱部分倒塌。在泰晤士河南部的萨瑟克，某带有干草棚的屠宰场坍塌。泰晤士河沿岸地区的地震强度似乎最大。

起初人们无法接受地震的说法——伦敦还能发生地震似乎是天方夜谭。上一次伦敦真正发生地震是在1692年，大概是那场震中穿过低地国家的英吉利海峡、摧毁加勒比海罗亚尔港的大地震在远距离外的一场余震。地震强度估计5.7级，造成了伦敦的恐慌，混乱的人群涌向街头。但到了1750年，因时间太过久远，此事已被人遗忘，反而有人推测是加农炮和弹药库爆炸。后来，在伦敦地震这个概念坐实之后，据称牛顿在1727年临终前曾预测木星将在1750年靠近地球，从而使地球发生震动。英国作家、议会成员霍勒斯·沃波尔（Horace Walpole）在临近2月末时写信给朋友霍勒斯·曼（Horace Mann）爵士称："你知道我们有过一场地震，我听说艾萨克·牛顿爵士预言1750年气候会发生巨变，他希望能够活着看到那一幕。我认为木星使我们往靠近太阳的方向转了3度。"[2]但关于地震，沃波尔似乎只说了这么多。显然，两三周后，人们已经开始忘记这场奇特的经历。

紧接着，刚好在第一次地震四周后，3月8日凌晨5点半第二次地震来袭。这次比第一次震感更加明显（估计强度为3.1级），波及范围更大，覆盖了五倍的区域：粗略估计方圆覆盖面直径达63千米，震中位于伦敦桥以北3—5千米。白教堂（Whitechapel）的两间房屋坍塌，伦敦各地若干烟囱倒塌，威斯敏斯特教堂新塔楼上的石块也发生脱落。

当时，沃波尔正在伦敦市中心的家中睡觉。三天后他向同一朋友详细地讲了此事：

> 突然间，我感到枕头把头顶起来了；还以为有人在床底下，但

2 地震年:伦敦(1750)

很快就发现是强震,持续大约半分钟,伴有剧烈的震动和巨大的轰鸣声。我按铃;仆人来了,他已经吓丢了魂儿;霎时间,我们听到附近窗户被震飞的声音。我起身看到人们冲上大街,没见什么损毁;但也有一些;两幢老房子倒了,还有几个烟囱和一些瓷器被毁。几座房子内都响起了钟声。[3]

实际上,地震的平均持续时间估计只有5.4秒。当时的皇家学会会长、古文物研究者马丁·福克斯(Martin Folkes)也在伦敦市中心的家中睡觉。当天在向学会报告时,他提到震动和噪音不可能像很多人比喻的那样,像通过一辆马车或客运汽车,因为一大早到处都是一片寂静。他还提到伦敦以北的市郊也存在震感:

> 大约7点,我送仆人出去。他遇到一个同乡,从海格特那边拉一车干草过来,地震发生时他还在小镇的另一端;他说当时正驾着马车,没有感觉到地震;但海格特镇的人都异常震惊,称房子晃得非常厉害,有些家的椅子也被掀得到处都是。[4]

甚至,在伦敦西部的霍兰德官邸(Holland House)附近,作战部长亨利·福克斯①的农场主管家正在数羊,眼见干硬的土地像沼泽和流沙一样移动,造成动物恐慌,有些乌鸦开始在附近树上筑巢。在伦敦及周围地区,"猫也惊跳,狗也狂叫,羊到处乱跑,马不饮水,水面翻滚,池塘的鱼也跳出水面四处逃窜",查尔斯·戴维森(Charles Davison)在《英国地震史》(*A History of British Earthquakes*)中提到。[5]

此时此刻,城市居民也开始真的慌了。沃波尔对大地震的威胁并没有严肃看待,他以讽刺和蔑视的口吻对接下来几周人们的反应进行了评论。"有些人准备出城,因为伦敦十英里外便没地方可去:他们说,不是害怕,而是天气这么好,'啊!真是不由得想去乡下!'"他在3月11日说道。[6]

---

① [Henry Fox],后来成为第一代霍兰德男爵。

3月9日发生了一次微震,紧接着便是疯传的谣言,称4月7日到8日,恰好第二次震后一个月将会发生第三次地震,"这一次将吞没整个伦敦",波沃尔在4月2日不无讽刺地评论道。[7]谣言始于部队的一个士兵,他精神不太正常,最终被送进疯人院,就是伦敦的一家精神病院。到4月4日,世界末日莫名其妙地提前了几天,人们已经开始惶恐。"到处是人心惶惶,三天里,有人数过有730辆长途汽车经过海德公园角,全部都转移到了乡下",沃波尔从一线发来报道,"这是我从今天报纸上剪下的一则有用小广告:'周一就会出版下一期(价格为6便士)。因害怕余震已经离开或将要离开此地的所有贵族和上流人士都会被列入名单,真实、准确。'"他继续生动地说道:

> 几名女子把为地震准备的外衣都做好了;是保暖衣,今晚就可以穿上坐在外面,这些人是胆子比较大的。还有一个更英勇的女子,故意来到镇上,她说她所有的朋友都在伦敦,可她却救不了他们。但你怎么看凯瑟琳·佩勒姆(Catherine Pelham)夫人、弗朗西斯·阿伦德尔(Frances Arundel)夫人、高威(Galway)爵士及夫人今晚出城,去了10英里外的旅馆,在那玩勃莱格牌戏(一种传统的扑克牌游戏)直到凌晨5点才回来?我想他们回来,是要到废墟底下寻找丈夫及家人尸骨的吧。[8]

47 沃波尔说的这件事并没有夸大其词。《绅士杂志》(*Gentleman's Magazine*)月刊登出此事不久后,发表了4月的"历史纪事",这在其中得到了证实。关于4月4日,上面写道:

> 按精神失常的卫兵预测,今晚伦敦和威斯敏斯特将再次发生更具毁灭性的地震。又因距上次地震刚好四周时间,而上次地震距第一次也是四周时间,致使人心惶惶,众人都纷纷离家,来到田间,或彻夜躺在船上;附近村有头有脸的人物都坐在自家的四轮马车里直到天明;其他人则跑到更远的地方,所以道路不再拥挤,温

莎市住宿也是一房难求。迷信所生的恐惧抑或是做贼心虚才迫使他们远走他乡,甚至已经束手无策了。[9]

或许不用说,在所谓的世界末日,即4月5日那天,大地并没有摇晃。但6月在伦敦和诺维奇有一次"类似大炮一样的巨响",但没有任何震颤。[10]

至于恐慌,毫无疑问,部分责任要归咎于宗教传道士:"那些长期以来没有获得意外之财的神职人员",沃波尔评论道。[11]3月9日,第二场地震发生的第二天,不断发展的循道卫理运动的创始人之一查理·卫斯理(Charles Wesley)在他的第129篇布道《地震的成因及防治》("The Cause and Cure of Earthquakes")中告诉伦敦人民:"上帝自身是发起者,而罪是道德诱因。"[12]同时,他写了一首赞美诗,头两节和最后两节分别是:

> 住在地上的人有祸了,
> 也不惧怕全能上帝的不悦;
> 上帝显现他的愤怒时,
> 将审判降到世人身上。
>
> 于毁灭一切的震荡中,
> [你我]可观末日景象;
> 看啊!永恒的大地,
> 裂缝终将把我们吞进去。[13]

1777年,一场地震在曼彻斯特市造成恐慌后,约翰·卫斯理([John Wesley],查理·卫斯理的哥哥)无疑想起了1750年伦敦发生的一些事,并向朋友谈道:"上帝惩罚罪人的灾祸中,没有哪一种能像地震一样如此一视同仁"。[14]他认为唯一能做的当然就是悔改。

与此同时,接替牛顿充任剑桥大学卢卡斯数学教授的著名教士威廉·惠斯顿（William Whiston）也抓住机会宣扬他个人长期坚持的观点，他认为根据99种信号可预测世界末日已经近在咫尺。惠斯顿的第92个信号就是会发生一场可怕但于好人来说又是可喜的地震，这场地震将使某著名城市的十分之一陷入毁灭。2月8日的伦敦地震对惠斯顿来说简直是太大的诱惑，他在市里做了三次激情澎湃的演讲：第一次演讲涵盖了99种信号，第二次是关于它们的实现，第三次则是抨击当今时代的罪恶。第二次演讲正值3月8日，恰好赶上第二次大地震。三次演讲参加的人数都不多。牧师及后来的主教威廉·沃伯顿（William Warburton）——当时林肯律师学院的牧师，在一封私信中开玩笑道："迄今为止地震的最大破坏就是拓宽了老威廉·惠斯顿脑袋的裂缝。"[15]但鉴于惠斯顿身为神学家、《圣经》历史学家、天文学家、数学家和物理学家所享有的声誉，他的观点依然被人谈论，当然也助长了弥漫伦敦3月的隐忧。

另一位具有科学头脑的神学家、皇家学会会员罗杰·皮克林（Roger Pickering）牧师，是伦敦的一名非国教牧师，他对地震的看法比惠斯顿更加慎重。他建议众人不要恐慌，建议教徒留在伦敦。他4月1日布道的主题就是神无所不在。根据《诗篇》作者的话，皮克林提醒听道的信徒："我若展开清晨的翅膀，飞到海极居住，就是在那里，你的手必引导我；你的右手也必扶持我。"[16]换句话说，牧师说道，一个人不管走多远，速度多快，若是罪人，都躲不过神的惩罚；若为义人，则神必看护，哪怕走到最远的地方，以光速前进，比如说千分之一分钟，绕大半个地球。因此走出伦敦几英里来躲避一场地震，何益之有？相反，基督徒应当勇敢无畏，信靠上帝。

但1750年3月至4月初最引人注目的无疑还是伦敦主教托马斯·舍洛克（Thomas Sherlock）——剑桥大学前副校长给人们提出的警示。舍洛克所写的《就近期地震，致牧师、伦敦和威斯敏斯特人的一封信》

(*A Letter to the Clergy and People of London and Westminster ... on Occasion of the Late Earthquakes*)于 3 月 16 日出版,据沃波尔称两天内销量 1 万册。几经再版,据说不到半年销量 10 万余册,其中有 4 万册订阅下来免费发给了穷人。

《绅士杂志》对这封信的摘录让我们更好地了解到其中的文风。主教开篇说:

> 我有责任召唤你们,要仔细看仁慈的上帝向罪人发出的所有警告;这样的警告已经有过,就是两次强烈的地震;神的警告似乎直指这些大城市及周边城区;这些地方震感如此强烈,但偏远地方却几乎没有震感,若不听从神的召唤,不加以悔改,那就是愚昧固执,不可饶恕。

舍洛克后来也试图在那些自然哲学家(18 世纪对科学家的称呼)中进行宣传,比如说皇家学会的某些会员,这些人在解释时并没有充分考虑到上帝:

> 自私冷酷的罪人可能听不到这些召唤;少数略知一二的哲学家对自然起因知之甚少,却自以为知之甚多足以解释所发生的一切,无须求助上帝的特别眷顾,没有考虑过上帝创造了天地万物,一切都在他的掌控之中……[17]

和惠斯顿的布道有所不同,沃伯顿非常认可舍洛克的信函,称其"话语简洁,又不失水准"。[18] 但持怀疑态度的沃波尔期望从舍洛克那里看到更多理性,反而被激怒了并致信他的朋友曼(Mann):

> 从来没有读过这么荒谬无耻的东西!这场地震,没有造成任何伤害,发生在未曾有地震造成任何伤害的国家,按主教所言,此发地震就是为了惩罚淫秽出版物、淫秽书籍……赌博、饮酒(不,我认为是饮酒和贪欲,那些普遍接受的恶习就略去不提了)和其他一切罪恶,不管它是不是与生俱来。[19]

沃波尔的朋友理查德·本特利(Richard Bentley)和沃波尔的看法相似,他用自己匿名的小册子,以一封讽刺信的形式回应了舍洛克,据说描述了广为预测的第三次伦敦地震。20世纪大英博物馆的负责人肯德里克(T. D. Kendrick)在他1755年里斯本大地震的研究序言中涉及伦敦地震的部分概括总结道:

> 地震爆发时第一个沉陷的就是伦敦主教,若不是他忙着分发信件,大概也能逃过此劫。接着是纽卡斯尔(Newcastle)公爵,他消失的地方到处是零散的文件和官样的文章。然后是一长串伤亡的显要人物名单,还有新闻报道称惠斯顿先生步行出发前往多佛尔,再去耶路撒冷迎接千禧年。[20]

1750年4月初的尴尬结局使伦敦社会整体都陷于羞愧难当的氛围,特别是那些因害怕首都地震而逃之夭夭的人。而在短短数月内,伦敦人就已经把伦敦地震和他们的尴尬忘在脑后了。但全国的自然哲学家都开始迷上了这个话题。1750年间,"地震年"引发皇家学会的很多研究员开始思考地震活动的起因。到了年末,关于这个问题已经写成了近50篇文章和书信,并作为皇家学会《哲学会刊》(*Philosophical Transaction*)的附录迅速出版。虽然其中大部分"仅仅是个人叙述",戴维森提道,但却为历史学家评估地震的实际等级、程度及影响提供了极为宝贵的数据。[21]可以说开始认真研究地震也是始于皇家学会的这些记述。

2月的地震后,《绅士杂志》的一篇文章足够精准地评论称,迄今为止人们对地震还所知甚少:

> 关于这种可怕现象的成因,自然学家们众说纷纭,莫衷一是。有些人认为是水造成的,有些人认为是火造成的,还有人认为是空气造成的。但每种假设的基础应该都是认为地球内部充满了地下岩洞,特别是山脉的根系,有些充盈着水,有些是气,地球的某些部

分还充满硝石、硫磺、沥青和硫酸等。[22]

实际上,尽管有17世纪的科技革命及牛顿在理解太阳系方面所取得的成就,但到了1750年,地球科学,包括地震及火山在内,并没有比亚里士多德时代古希腊人的思想进步多少。此前,有些作家甚至从亚里士多德的类比中寻找线索。亚里士多德将造成地震的溶洞和人体内积压的气进行类比,甚至将地球表面拟人化,将其比作老人的脸,皮肤上有"肉赘、沟纹、褶皱和凹陷,乃年龄和疾病所致",暗示了地震就像是"集体的一阵颤抖",仿佛打了个"冷颤"。[23]

更受人尊重的科学理论还包括牛顿同时代的罗伯特·胡克(Robert Hooke)所提出的理论。他虽然性格乖僻,但才华横溢。17世纪60年代,胡克注意到山顶存在贝壳化石便反复试图说服皇家学会,使之相信地震是原始海洋洋底抬升、形成世界上主要的丘陵和山脉的原因。但因胡克和其他研究员都对《圣经》中有关地球的观点深信不疑,认为地球只存在了几千年,因此他们不得不假定短期内出现过巨大地震,但无法提供任何令人信服的机理。最终,胡克指出造成地球表面巨大变化的地震可能是由地球旋转轴突然移位引发的,因为地球不是严格的球形,但他无法说服皇家天文学家约翰·弗兰斯蒂德(John Flamsteed)相信地球旋转轴从古代开始确实发生过变化。

至于弗兰斯蒂德,在经历了1692年伦敦的那场大地震后,他提出了一套属于自己的、完全不同的地震理论。按照弗兰斯蒂德激进的观点,地震并非从地球内部发起,而是在空气中,由地下漏出的硝石和硫磺粒子在空气中爆炸所致。他的论点基本在于英国地下可能不存在适宜引发地震的溶洞,因为英国(比如说和地震多发的意大利相比)似乎鲜有火山活动的迹象。

虽然胡克和弗兰斯蒂德生前都没有发表过自己的地震理论(二人分别卒于1703年和1719年),但弗兰斯蒂德的理论后来复兴并于1750

年出版,一道的还有另一位牧师和自然哲学家斯蒂芬·黑尔斯(Stephen Hales)的相似理论。黑尔斯倾向于认为地震是硫磺气体以类似闪电的方式在空气中爆炸所致。由于弗兰斯蒂德和黑尔斯的理论,"'空震'(airquake)一词曾在通俗报刊中一度流行。"科学史学家法郎士·威尔茅斯(Frances Willmoth)评论道。[24]

黑尔斯提出的闪电具有重要意义。电这个新的概念在1750年开始流行。1749年秋,避雷针的发明者——"费城的富兰克林"(本杰明·富兰克林[Benjamin Franklin])进行了有趣的电实验,消息也传到了皇家学会。如今形成了一个以电学为基础的全新地震理论,同时也激起自然哲学家及公众的想象力。1750年5月,思想独特的沃波尔称:"我十分坚信,一个叫斯蒂克利的牧师已经用电学解释了地震——这种理由很时兴,一切都开始和电扯上了关系,就好像之前一切都用笛卡尔的涡流和艾萨克·牛顿爵士的万有引力来解释一样。"[25]

上文引用了斯蒂克利在"地震年"年末向皇家学会发表的12月演说,其中展示了他的推理,虽然没有任何令人信服的实质证据,但不乏一定的口才和逻辑。他反对"炽热的地下溶洞乃地震的成因"这种古希腊对地震的传统解释,理由如下:

> 我们发现,地震中的所见所感无法支撑地下火山喷发这个普通的答案。很难想象这种东西如何在这样巨大的空间内,在全世界,如此多、如此广的国家,以如此同样温和的方式,突然即刻运转而不造成任何破坏。
>
> 北安普敦郡的一个哲学调查者把目光专门放在这个问题上。他注意到所见的任何地方,地上都没有裂缝,也没有任何硫磺气味或火山喷发,来证实地球内部的震荡……
>
> 据悉之前发生在格兰瑟姆、斯伯丁、斯坦福德的地震(三个小镇呈三角形分布)所影响的区域范围大体在直径20英里范围之

内；震中位于那一片大沼泽地，号称迪平沼泽地（Deeping-Fen）。直径20英里中有14英里都被这片沼泽地覆盖；与电有关的印象大概最初就是从这里产生的。冬季迪平沼泽地的大部分都位于水下；下面完全是一片泥塘：现在很明显在这种土地上要想产生地下火会有多难。[26]

斯蒂克利更倾向于"电的影响"，至于证据，他引证了远距离中地震震动表现出来的即时性：

> 据我们所知，一场地震无法在不同地点同时发生，但这种强大的冲击完全是在同一时刻被感知，大约午后12点半左右。我认为这无法用任何自然力量，只能用电振动来解释，我们知道电振动是即时发生的……无需合理的时间过渡，也没有任何界限限制。[27]

即便如此，出于诚实，斯蒂克利也不得不承认他对前面所说的电流起源一无所知：

> 大气和地球是如何进入带电振动状态的，使它们发生主动或被动断裂以及震动，即我们所谓的地震，又是什么促使地震即刻发生，我们无法解释；就像我们无法解释磁力、引力、肌肉运动或自然界中上千种其他秘密的起因一样。[28]

这种结论无法站住脚，不出所料，面对18世纪中期科学上对电的无知，风行一时的电学解释开始式微，而斯蒂克利的理论也随之逐渐淡出。最终结果表明在皇家学会另一个牧师成员——剑桥大学的天文学家约翰·米歇尔（John Michell）出现之后，解释地震最有用的理论并非胡克的震动或弗兰斯蒂德的空震以及斯蒂克利的电学，而是牛顿力学。如今约翰·米歇尔最广为人知的身份是提出宇宙存在黑洞的第一人（在1783年）。

他对地震的兴趣始于1750年的地震活动。直接影响就是米歇尔接受分析目击报告的挑战，并从牛顿的学说角度来解释地震运动。但直到五年后的里斯本大地震,他才开始首次形成地震理论,在古希腊思想家观点基础上实现了一次真正的飞跃。在英国,1750年收集的数据中如今又补充了皇家学会在整个英国及西欧大陆收集的关于1755年里斯本大地震影响的数据。没过多久,米歇尔就创作了一篇虽然不尽完美但非常重要的地质学论文——《关于地震现象的成因及观察结果的猜想》,于1760年发表在皇家学会的《哲学会刊》上。

米歇尔得出的正确结论是地震为"地表以下岩体移动而产生的波动",但在解释这种移动时,他误认为这是地下水遇到地下火产生的蒸汽爆炸而造成的。[29]在海床下发生移动时,他的结论也是正确的,认为海床移动会产生海浪(海啸)及地震。米歇尔称地震波有两种,这又一次接近了真理:首先大地内部"发抖"震颤,接着很快是地表起伏。由此,他主张地震波的速度可利用它到达地表不同点的时间来确定。到达时间可在里斯本地震所波及的广泛地区中,由目击者报告估算得出,米歇尔据此算出其震波速度大约在每小时1 930千米(1 200英里)。虽然不够精确,也没有意识到地震波的速度随途经的岩石类型不同而不同,但他也是首位尝试此类计算的科学家。他进一步从理论上说明地震在地表的原点,即如今我们所谓的震中,可结合地震波在很多不同位置的到达时间计算得出。虽然米歇尔出奇地选择了一种与众不同且有失水准的方法,即根据海啸方向的报道来计算里斯本大地震的震中位置,但他确定震中位置的理论原则却为现今的方法奠定了基础。

米歇尔虽身为牧师,但在分析中却没有顾及上帝。忽略上帝在18世纪50年代自然哲学中依然不符合常态。斯蒂克利纵使对电学极为热衷,但在其1750年皇家学会演讲中也认真提到了上帝("自然的创造者");[30]其他大多数地震科学作家也是如此。沃波尔简明地总结道:"在对地震进行系统的解释之后,他们便竭尽全力使用任何有吸引力的自然理论使你相信地震无外乎还是一场审判。"[31]

主教舍洛克1750年那封畅销的牧函影响深远。甚至5年后,极具科学头脑的牧师沃伯顿等发现自己也是力争在不引出上帝的情况下来接受里斯本的灾难。"假如这些废墟是由于人类不敬而降下的天灾,那是一种可怕的反思,"沃伯顿向朋友吐露,"但若假设我们生活在一个绝望的、孤儿般的世界中,这种想法要可怕十倍。"[32]与1750年伦敦的微震有所不同,1755年葡萄牙首都的灾难性地震在政治、宗教、哲学和科学间都挑起了巨大的争端,其反响至今依然困扰着现代社会。

3 上帝的愤怒：里斯本(1755)

里斯本万人坑的一部分,里面是1755年地震的死难者,2004年在现今的里斯本科学院地下被发现。

要说1755年11月1日里斯本突如其来的毁灭对18世纪欧洲生活及思想所造成的影响和20世纪广岛、长崎被原子弹夷为平地一样深远也毫不夸张。到了19世纪，里斯本地震的图片已成了自然灾害的符号，可与维苏威火山喷发致庞贝古城和赫库兰尼姆毁灭相提并论。里斯本大地震成了"开启对自然起因进行怀疑、理性和自觉式现代探索的文化代名词"，近代历史学家黛博拉·科恩(Deborah Coen)提到。[1]

因此，1848年，伦敦成功举办了一场声势浩大的展出，以"移动油画"伴着扣人心弦的音乐方式，讲述了里斯本地震、海啸及火灾的故事。展出地点设在刚刚翻修的摄政公园圆形剧场。1850年的《伦敦新闻画报》(*Illustrated London News*)用传神的细节描述了观赏"里斯本圆形幻画"的经历感受。对开场部分，杂志这样写道：

> 呈现在我们面前的是风景秀丽、千变万化又令人叹为观止的特茹河(Tagus)，其动态展示给观众带来了一种奇特的感觉。坐在剧场就像坐着一艘顺流而下的大船，经过一道道风景——山岸、舰船、商人、小型三桅船(地中海战船)、尼姑庵、城堡、大厦、宫殿、各种修道院、领事馆，最后是有着宏伟的教会、公共和私人建筑的城市——而一切都终将面临突如其来的毁灭。最后一幕展现的是里斯本大广场，"这里有华丽的宫殿、壮观的街道、巨大的拱门、宏伟的阶梯、花瓶花艺和其他巨型装饰，还有美丽的雕塑和阿波罗喷泉"。

背景配乐包括名家的音乐节选，如贝多芬的《田园交响曲》、莫扎特的《唐·乔万尼》(《唐璜》)、门德尔松的《婚礼进行曲》、海顿的《地震》("Il Terremoto")，配上葡萄牙舞曲和巴西旋律，因在遭遇灭顶之灾前的半个世纪，正是在葡萄牙南美殖民地开采的巴西金矿为里斯本的扩张和建设提供了资金支持。音乐是由一架带有16个踏板和2 407根音管的巨大管风琴演奏而成。地震来袭时，出现的声音是来自"地下的咆哮"，紧接着就是"可怕的崩塌"，此间，舞台陷入一片黑暗。

灯光再次亮起时,杂志上这样描述了那可怕的场景:

后来我们看到的是船只在波涛中颠簸,注定要走向灭亡,低沉的天空又凸显着凶兆。到处是恐惧和绝望。但这时画面掠过,城市再一次出现,此时已完全覆盖在废墟之下。不久前我们还在审视建筑天才的辉煌成就,而这一切连同其中的3万余居民就在一场莫可名状的天灾中陷入了共同毁灭的境遇。

总的来说,《伦敦新闻画报》写道:"无法想象还有比这更为壮丽的绘画艺术奇观。"[2] 圆形剧场中里斯本大地震的"圆形幻画"广受赞誉,一直持续到19世纪50年代。确实,它可以和1851年伦敦万国博览会上展出的庞贝古城毁灭一争高下。

地震一百周年后不久,1858年,查尔斯·狄更斯(Charles Dickens)走访葡萄牙时感受到了这场灾难的魅惑。在他创办的杂志《家常话》(Household Words)中,狄更斯幻想出地震引发可怕的天堂末世场景:

那晚,透过布拉干萨(Bragança)酒店的窗户向外望去,波涛翻滚的海湾似乎化成一片银色,顺着上面的高速路可以一直望到贝伦,那是特茹河的守护口,我看着下面宁静的排房屋顶,静静地沐浴在月光之下。因人们故意用新月来象征伊斯兰教,我几乎可以想象自己已身回古老的摩尔城。看着看着,在布拉干萨露台的椅子上,我开始陷入遐思。纳皮尔(Napier)的《半岛战争》(Peninsular War)从手中滑落,我想象自己,在那个11月的早晨,站在那个安全的屋顶注视着宁静的城市。霎时间,周围的所有房屋开始摇颤震荡,就像暴风雨中的大海。在日光遮蔽的昏暗中我环顾四周远近的建筑,豁口的豁口、裂开的裂开,楼层在炮轰般的震动中垮塌。像经历了战争般的哀嚎和惨叫,不绝于耳。我能听到大海冲撞着码头,上涨的海浪又将地震的残余吞噬殆尽。整个一片天,在墙体和房梁倒塌中一片昏暗,乱石如雨,突发的大火烈焰翻滚,染红了那片天。模糊不清的街道上,死者和垂死者横卧街头,人群尖叫,密密麻麻,四处逃窜,好像被关进红色屠宰场的羊群。[3]

然而今天,不得不说里斯本的毁灭在很大程度上已被世人遗忘,这一点不同于庞贝古城。"受过良好教育又广泛游历的欧洲人中,十有八九对此都一无所知。"爱德华·佩斯(Edward Paice)在《上帝的愤怒》(Wrath of God)中承认。他这本引人入胜的地震描述,旨在面向一般读者,于2008年出版问世。[4]

那段时期的某些学术专家甚至也忽视了这场灾难。"这让人感到非常困惑",著名地理学家皮特·古尔德(Peter Gould)评论道,"这次毁灭性的自然事件,正好发生在启蒙运动的世纪中叶,但在很多传记作家和历史学家的权威著作中几乎都没留下任何痕迹。"倘若伏尔泰(Voltaire)没有写下关于1755年那场灾难的著名诗篇①,以及后来1759年他的小说《老实人》②,"我们不禁会想这场灾难是否会从人类的记忆中全部消失。"古尔德写道。[5]

或许这种出人意料的记忆缺失可以得到解释,至少在某种程度上。众所周知,考古学家在解释文化变迁时往往忽略了地震和其他自然灾害,而更喜欢寻找人类动因。历史学家也大致如此。这就是缘何广岛和长崎作为20世纪灾难的普遍象征可能永远不会被人遗忘,而东京和横滨,虽然地震引发的灾难堪比广岛、长崎,但全球反响却是少之又少。庞贝古城,在自然灾害中几乎独树一帜,依然被世人铭记。该城毁灭部分原因在于古城居民未能听从维苏威火山即将喷发的警告,这加剧了他们所陷入的困境。庞贝古城的灾难既有自然原因也有人为因素。里斯本大地震却相反,地震爆发时没有任何前震,城中没有一人会有丝毫的逃脱机会。

---

① 《里斯本的灾难》。——译者注
② Candide 又译《赣第德》。——译者注

此外，庞贝古城的废墟依然存在，吸引了数百万人围观，而里斯本的废墟，当时也有很多热衷于哥特式阴郁场景的游客前去探访，但这些遗迹最终都被清除，为的是建一座灿烂的新城。另外，葡萄牙作家在传记和通俗文学中也回避以这场地震作为主题，不仅在当时，在之后的几十年亦如此。伏尔泰写就了关于里斯本地震的诗篇，在葡萄牙并没有和它旗鼓相当的同类作品。至于这场地震对葡萄牙人生活造成的影响也没有留下任何值得纪念的当代记录，这一点不同于，比如说20世纪20年代，日本主要作家对东京关东大地震所作出的回应。

的确，关于1755年11月万圣节那天及接下来的日子里斯本所遭遇的一切，我们所了解的几乎全都是来自灾区外国人的可怕描述，而非来自葡萄牙本土居民。其中很多是定居在那里的英国商人，与葡萄牙之间进行获利丰厚的贸易。亲历地震的葡萄牙人饱受精神创伤，活动也在政府及宫廷、牧师和宗教法庭的监督之下，不愿纵情纸上，不敢妄言。

还有这样一种情况，就是如果1755年时葡萄牙是一个更具影响力的国家，或许今天里斯本大地震会被更好地铭记。但事实上，尽管里斯本积聚了不少金融财富且颇具规模——大概是欧洲第四大城市，位列伦敦、巴黎、那不勒斯之后——但葡萄牙的经济、政治和思想方面却被整个欧洲视为一潭死水。

它几乎没有制造业，几乎全部依赖进口，包括纺织品、玩具、手表、杂货、武器和枪弹等都要从英国进口。这些都是用17世纪90年代在巴西米纳斯吉拉斯州发现的黄金来支付的。到18世纪中叶，共计2 500余万英镑的黄金运到英国，伦敦成为世界首屈一指的金融市场。"地震发生时，葡萄牙是一个冷漠、骄奢、享乐、挥霍的国家，"肯德里克（T. D. Kendrick）在《里斯本地震》（*The Lisbon Earthquake*）中写道，"本应自己生产的东西却不得不去购买，很快就滑向了对伦敦和汉堡的财政依赖。"[6]

3 上帝的愤怒:里斯本(1755)

18世纪上半叶葡萄牙的统治者若昂五世(Joáo V)将巴西获得的巨额收益(黄金贸易的皇家税率)的五分之一都用于修建教堂、纪念碑和宫殿,比如说里斯本以北40千米处位于马夫拉的特别综合体,集宫殿、教堂、修道院于一身,坐落于高原之上,俯瞰整个大西洋。"他想过节,就命令举行一场宗教游行。他想要一座新建筑,就修建一座修道院;他想要一个情妇,就带走一个修女。"伏尔泰写道。[7]国王若昂五世唯一的实用工程就是修建了一条渡槽;尽管里斯本街头场面热闹,但这里没有俱乐部,娱乐设施也很少,还是效仿伦敦那样的设施。若昂五世被誉为欧洲最有钱的君主,因此很少需要召集他的王公大臣。葡萄牙议会(Cortes)在1698年至1820年间从没有召集过一次会议。若昂五世1742年生病后,国家事务落到了天主教教士的手中:红衣主教、神父,特别是耶稣会的国王告解神父。尽管葡萄牙有着卓越的海上历史,但武装力量却逐渐减少,而国王得到的是教会的有效庇护。

到1750年,该国不到300万的人口中神职人员大概就有20万,据葡萄牙及远东著名的历史学家博克塞(C. R. Boxer)所言:"这里受教士支配的现象比世界上任何其他地区都严重……"[8]在英国"地震年"那年,若昂五世去世,就在同一天,里斯本发生了一次轻微地震。若昂五世之子若泽一世(José I)继位,他热衷于骑马、打牌、去剧场和歌剧院以及敬拜上帝。

尽管1755年的大地震没有前震预兆,但里斯本和国家的其他地方之前都发生了一些不祥的自然现象。天气反常,这似乎是大地震前的常见情形。地震前一天,10月31日,对这个季节来说气温偏高,汉堡的领事有记录,他惊奇地发现有浓雾从海上滚滚而来,这通常是夏季才会看到的现象。之后气流又将雾气吹回海上,厚厚的浓雾让领事印象极深。大雾退却之后,他发觉听到了"海水在巨大的咆哮声中上涨"的声音。[9]

整个海岸线,晚潮都推迟了两个小时,谨慎的渔民把船拖到远离海滩的地方。与此同时，有人发现某村的喷泉已经几近干涸。在其他地方有口井也彻底干了。一位物理学家提到，几天来人们都在抱怨里斯本的自来水有股奇怪味道。在另一个地方，空气中也充斥着硫磺的味道。

动物也出现了异常行为，这也是大地震前和地震过程中常见的现象。狗、骡子，还有笼里的鸟都莫名地躁动。兔子和其他动物也离开巢穴。大量虫子爬出地面。

但这些都不能充分证明大地震即将来临。（事实上，时至今日也依然如此，我们在后面章节会看到。）记忆当中，里斯本之前曾遭遇过一次地震重创，是1531年，大约有3万人遇难。1724年也发生了强震，但破坏相对较小。1750年，又发生过一次地震（国王去世当天）。但最近的那次地震过于轻微，没有扰乱任何人的自满情绪，不像伦敦的地震。

1755年的强震始于11月1日上午9时30分左右。持续大约7到10分钟，相比之下，1750年伦敦地震持续了大约5秒钟，1923年东京的地震持续了4到5分钟。这次地震共有三次明显的地震波，之前间隔不超过1分钟，其中第二次最为强烈，根据破坏程度显示，后来估计震级在8.5—8.8级之间。短短的15分钟内，伟大的城市就"躺在了废墟当中"，英国领事记录道。[10] 余震持续了一天一夜，消停时间不超过一刻钟，最大的余震出现在一周之后的11月8日。在接下来的9个月里，据说有500多次余震。1761年，又发生了一次主震，城市摇晃了至少3分钟，也可能长达5分钟，在此期间，1755年的很多断壁残垣都最终崩塌。

因为11月1日是万圣节，地震发生时很多里斯本人正在城中诸多奢华的教堂里做弥撒。对于参加礼拜的人来说，这种巧合实在恐怖，很多教堂迅速崩塌，他们都被压在如雨般降落的碎石乱砖之下。宗教法庭的宫殿也倒了，新建的华丽剧院也塌了——原计划的夜场演出《特洛伊的毁灭》（*A Destruição de Troya*）也永远取消了。

其他人则在厨房火灾引起的大火中殒命。烈火在地震几乎一周后才彻底熄灭。大火如此猛烈以至于灾难17天后,商人和其他面临破产的人回去寻找自己的贵重物品时,发现废墟仍是一片炽热。

还有人在海啸中溺亡。每个看到水墙从特茹河冲进来的里斯本人都知道那是什么,因为他们都听说过1746年利马大地震后,秘鲁的卡亚俄港被海水淹没,死难者达1万人。

里斯本的海浪高达18米,也可能更高,淹没了滨海区180米范围内的街道、广场和花园,之后海浪又先后冲袭了两次。冲走了海关大楼前面河上新建的豪华码头,连同码头周围焦急等船的数百人一并冲走。在特茹河口,海浪将重达25吨的巨石甩到内陆约27米处。在葡萄牙南部港口阿尔加维,几处海床裸露在外,深达37米。除法鲁(有潟湖保护)外,破坏范围之大,到20世纪初都依然无法修复。在北非,海啸是有记录以来非洲沿岸最大的一次,高达16米,阿尔及尔和丹吉尔破坏严重,伤亡惨重。

里斯本的一名英国外科医生,理查德·沃尔福尔(Richard Wolfall),第一天从中午到半夜一直照顾伤员。他在11月18日写的一封信中努力唤起记忆中灾难的末日氛围,这封信一个月后才到达伦敦:

> 尸体触目惊心、半埋在废墟中的人哀嚎漫天,只有亲眼所见才能明白。根本无法用言语形容,人们惊恐万状,再果敢的人也不敢停留一会儿为他最爱的朋友挪走压在身上的几块石头,尽管很多人会因此而得救;但每个人想的都只有自救;空阔地和街道中间可能是最安全的地方。住在较高楼层的人一般要比那些夺门而逃的人更加幸运;因为夺门而逃的人和绝大多数行人一样都被废墟掩埋了;坐在马车里的人最有可能逃脱,但拉车的牲口和驾车的人遭了殃。这些死于家中和街上的人与埋在教堂废墟中的人数相比还相差甚远……城中所有的教堂都是爆满,而这里的教堂数量比伦敦和威斯敏斯特还要多。

如果灾难就此打住,在某种程度上或许还有补救的可能。尽管人死不能复生,但废墟中的大量财富或许在某些地方还可以挖出来:但这种希望几乎也破灭了,因为震后两小时左右,货物着火混着厨房火灾,引发城市三个不同区域燃起了大火……确实,所有的因素似乎都交织在一起,共同酿成了这场灭顶之灾。因为震后不久,正值高潮前后,潮水霎时间比平时高出40英尺,又骤然回落。倘若没有回落,那全城都将浸于水下。每次只要回忆起来,我们能想到的就只有死亡,别无其他。[11]

连国王若泽一世也陷入了窘境。地震时,他和家人正在里斯本市郊的贝伦,不在城中的王宫,因此侥幸逃生,否则宫殿已经坍塌,他们几乎必死无疑。之后,他们在王宫废墟的花园里安营扎寨。据说他在里斯本迎接英国大使时,对大使讲:"四天前我还是这里最富的人,现在你看看,我比自己领地上最苍啬的乞丐还要穷,我没房,住在帐篷里,没有仆人,没有臣民,没有食物。"[12] 11月底,他决定在贝伦修建一所新的木质住所,据王后称,因为他再也不愿住在有着高高天花板的大型石砌建筑里了。(19世纪早期,若泽一世去世很久以后,这座木质住房才由大型的石砌宫殿取代。)

地震、火灾及海啸的遇难人数永远不得而知。2004年,里斯本科学院博物馆的地下发现了一处万人坑,位于之前圣方济修道院的旧址。这里埋葬了至少3 000名地震遇难者,男女老少就那样被随便掩埋了。有些人骨已经与沙粒熔在一起,表明当时大火的温度在1 000摄氏度以上。大腿骨上的刀痕可能是同类相食的结果。几乎可以肯定,里斯本地下还会有其他万人坑,只是有待发掘。据佩斯称,里斯本遇难的总人数最合理的估量是3万到4万人,在葡萄牙其他地方、摩洛哥以及西班牙,还有另外约1万人丧生。(他想起《伦敦新闻画报》在震后近100年提到里斯本那场灾难中有"3万多人"死亡。)

城中所有的医院,连同监狱、市政机关档案馆,以及藏书7万册的国王图书馆都被震塌或烧为焦土。全城四分之三的主要宗教机构都已沦为废墟或严重损坏,40个教区教堂中至少有30个已不复存在。城中2万座房屋中只有3 000座还能居住。至于灾难的经济损失,约等于舰队秋天时从巴西运回货物价值的20倍,或相当于伦敦在1666年大火中损失的3倍。

虽然开展了大量研究,但准确的震中位置还是无法确定。毋庸置疑,震中应该在大西洋海底,从而引发了海啸。一种可能是震中位于圣文森特角(Cape Saint Vincent)西南方向200公里处,部分判断依据是1969年该区域发生了一场7.3级地震(但烈度较低),地震波分布类型相似,同样引发了海啸。而此次地震震中定位在亚速尔—直布罗陀(Azores-Gibraltar)断层带,靠近从亚速尔群岛经直布罗陀海峡至地中海的断层线,地处非洲和亚欧板块的交界处。据说,人们至少提出了4个可能的震中地点,但各方支持者之间又存在强烈分歧。即使今天,"伊比利亚半岛在全球大地震带中也不太显眼,不大可能引发大地震。"地震学家苏珊·霍夫(Susan Hough)和罗杰·比尔汉姆(Roger Bilham)评论道。[13]

在大西洋的马德拉岛,圣文森特角西南方向更远的葡萄牙殖民地,在可能的震中位置另一边,居民听见半空中的轰隆声,"就像空的马车疾驰驶过铺石的路面",之后在上午9时38分,房屋开始摇晃约1分钟(据当地的马德拉酒航运商所说)。[14]但没有任何伤亡,几乎也没有产生破坏。在西班牙南岸的直布罗陀巨岩上,有人看到,英国排炮中有些起,有些落,正是地震波所致。

在欧洲和北非的其他地方,2 400千米远的地方仍有震感。方圆1 600万平方千米左右的惊人面积都受到波及,相当于澳大利亚面积的2倍。地震引起了英国湖面的湖啸(水面的波动),特别是苏格兰尼斯湖异常搅动,掀起的巨浪威胁到了尼斯湖岸线附近的啤酒厂。在芬兰,距疑似震中3 500千米远的位置,图尔库港口的海水也受到扰动。

事实证明海啸的影响更加深远。海啸致北非海岸出现死亡和破坏,造成英格兰西南半岛康沃尔海岸的部分地区混乱不堪。在大西洋的远端,加勒比海岛上,海水退却了1 500米,把荷属安的列斯群岛上漂的一艘吃水深度为4.5米的船拖上了海滩,之后海水又上涨了6.5米,淹没了低地和法属西印度群岛房屋的上层房间。

当然,在那个电报和地震仪还未出现的时代,看到这些奇怪景象,人们在很长时间内都无法得知其中的缘由。里斯本发生地震的消息大约在灾难一周后才传到马德里,约三周后传到巴黎,而三周零三天后才传到伦敦。

有关英国的地震是以个人叙述的方式在1750年由伦敦皇家学会出版的。与此不同,葡萄牙系统地收集了相关数据,这在地震史上还是第一次。政府向各教区发放了官方的调查问卷。13个问题涵盖了诸如地震的时间、方位;余震和前震;地震对水体的影响,包括泉水和井水;有无裂缝及裂缝大小;海啸前海水的运动;死难者人数;大火持续的时间;建筑的破坏;食物短缺以及国家、军队和教会的权威当局立即采取的措施等。

比如:你是否感觉到某个方位的震动比其他方位更强?建筑物是否向某一边倒塌得更多?海面是先上升还是下落?比通常上升几手之宽?问卷答案存放在里斯本国家历史档案馆,在那里依然可以查阅。正如历史学家查尔斯·戴维森(Charles Davison)所评论的,里斯本大地震是第一次"以现代科学的手段进行调查研究"的地震。[15]

这次调查的背后推动力量来自总理,他最有名的身份就是后来的称谓——庞巴尔侯爵(marquis of Pombal)。他是一个专注的改革家,不过在对待灾难的态度上庞巴尔还是很矛盾的,既有启蒙教化,也有专制独裁。虽然赞同用科学进行地震调查,赞同大学教育世俗化以及里斯本重建城市规划的申请,但庞巴尔怀疑科学家纯正无私的求知欲。虽然决心利用这次灾难去除耶稣会士的影响,但庞巴尔近乎用自己的独裁取代了教会的权威。虽然在根除政府的腐败中产生了效果,但庞巴尔个人在震后财产重新分配时在里斯本积聚了大量的土地财富。"[庞巴尔]希望使国家开化,但同时也想控制国家。他想传播哲学的光芒,但同时又提升专制统治的王权",据其在教会和教育改革领域的亲密合作者安东尼奥·里贝罗·多斯桑托斯(Antonio Ribeiro dos Santos)在1782年庞巴尔去世后写道。[16]葡萄牙人后代对庞巴尔的功过和改革褒贬不一。直到一个半世纪之后,国家才以为他塑造巨型雕像这种方式对他给予了认可。

庞巴尔1699年生于里斯本的小贵族家庭,就是塞巴斯蒂安·若泽·德·卡瓦略·梅洛(Sebastiáo José de Carvalhoe Melo)。他父亲在海军和陆军中服过役,被提拔到宫廷骑兵军官的显要岗位;他叔叔是个地主,科英布拉大学教授,后来任里斯本宗主教区的神父。直到1769年,庞巴尔在迟暮之年才获得了他的头衔。因此他的祖辈"既非其头衔所暗示的达官显贵,也非其敌人所宣称的位卑权轻",他的传记作者肯尼斯·麦克斯韦尔(Kenneth Maxwell)写道。[17]

从1739年到1743年,他担任葡萄牙驻伦敦大使。英国把自己凌驾于葡萄牙之上视为当然,庞巴尔对此感到气愤。但通过在皇家学会的圈子中活动,庞巴尔开始详细探究英国商业和海军力量的起源和维护,并形成了一种判断,助力了他后期的葡萄牙改革。但他始终将政治考量放在首位。因此,1755年地震之后,庞巴尔纯粹将耶稣会会士视为葡萄牙反动政治力量,忽视了他们对教育改革和包括科学在内的新思想的兴趣;后来,在18世纪六七十年代,他怀疑英国詹姆斯·库克船长(Captain James Cook)的航行目标主要是针对葡萄牙和西班牙在南美的统治,而非出于探索太平洋和未知的南方大陆地理和科学方面的好奇心和求知欲。

回到葡萄牙,庞巴尔在1750年成为幕后掌权者,当时若泽一世加冕成为国王并任命庞巴尔为国务卿。1755年,他实际上已经承担起了首相的角色。此后 20 多年间,庞巴尔都享受着国王无条件的支持,直到 1777 年若泽国王去世。

这场地震成就了庞巴尔。在令人恐惧和无所适从的震后余殃里,不切实际的国王,询问务实的首相现在该怎么办,庞巴尔应该是出了名地给出了直白的建议:"埋葬死者,拯救生者。"[18] 庞巴尔的传记作者说:"他采取了快速、有效而无情的措施稳住了局势。"打劫者被处以绞刑。为预防疾病,"地震遇难者的遗体被快速集中,经过里斯本宗主教允许,运到远海,绑上重物,投入大海",或埋在里斯本地下毫无标记的万人坑中,直到 2004 年才有所发现。"房租、食品价格、建筑材料成本都固定在震前水平。在地面清理干净、新的重建计划草拟之前,不允许任何临时重建。"[19]

不久后,庞巴尔又不得不处理神职人员的争论,他们称这场毁灭是神对这座城市道德沦丧的回应。神职人员在地震中被置于特别尴尬的境地。若地震真的是神对里斯本人罪恶的惩罚,那为何发生在万圣节这天,摧毁了那么多宗教机构,那么多神职人员遇难?尽管官方说明中提到只有几百名牧师、修道士和修女遇难,据说在碎石瓦砾下面发现其中一些遇难者遗体,竟然奇迹般地完好无损,但鉴于当时里斯本教士的数量优势,真实数据无疑会更高;教会当局封锁了神职人员遇难的真实人数。就神学而言,地震呈现出一种严重的悖论。

这种对宗教的过度热忱让伏尔泰感到愤怒。在听说里斯本灾难最早消息几天后,他在 11 月 24 日告诉里昂的银行家朋友:

> 生命的游戏纯靠运气,这是何等可悲!那些传教士会说什么,尤其是倘若宗教法庭的宫殿还依然挺立?我说句自不量力的话,至少那些尊敬的神父、宗教法庭审判官也会像所有其他人一样被压死。这应该是告诫人不要迫害人,因为有些宗教无赖烧死了一些狂热分子,大地会把他们全部都吞没。[20]

但伏尔泰也不认同现世社会的乐观态度。乐观主义作为一门哲学发源于哲学家、数学家戈特弗里德·莱布尼茨（Gottfried Leibniz）和诗人、散文家亚历山大·蒲柏（Alexander Pope）极具影响力的观点。莱布尼茨在1710年发表的一篇有关善与恶的著名文章中，认为世界是"所有可能世界中最好的世界"。蒲柏则在1734—1735年的名诗《人论》（*An Essay on Man*）中宣称：

> 整个世界都是艺术，不过你不领悟；
>
> 一切偶然都是规定，只是你没看清；
>
> 一切不协，是你不理解的和谐；
>
> 一切局部的祸，乃是全体的福；
>
> 高傲可鄙，只因它不近情理。
>
> 凡存在的都合理，这就是清楚的道理。[21]①

伏尔泰关于地震的诗于1756年1月在巴黎匿名发表，他由此对教会当局或乐观派哲学家将如何为里斯本地震辩护提出质疑。为何不是堕落的伦敦和巴黎？为何里斯本躺在废墟中，而巴黎却依然在莺歌燕舞？他问道。1759年，在《老实人》中里斯本地震的那一节，伏尔泰讽刺了对悲剧的三种人的典型反应：普通人、乐天派哲学家（潘葛洛斯教授[Doctor Pangloss]）以及老实人（赣第德）：

> 一踏上里斯本的土地，就发现大地在他们脚下震动。在港口，汹涌的海水开始上涨，把抛锚的船击得粉碎。街道和广场上到处是烈焰和灰烬。房屋崩裂，屋顶掀翻，地基坍塌。
>
> 有3万男女老少全都被埋在废墟之中。水手吹着口哨并起誓说："一定能在这里捞点儿什么东西"。
>
> "这个现象的'充分理由'是什么呢？"潘葛洛斯问道。
>
> "这一定是世界末日！"老实人大声答道。[22]

另一位哲学家让-雅克·卢梭（Jean-Jacques Rousseau）不支持伏尔

---

① 王佐良译。——译者注

泰反对乐观主义的态度,他的合理理由是里斯本人的灾难是自找的。他们选择买进易损的城市建筑,还在里面塞满了值钱的东西,该逃离时犹豫不决,而不是住在自然环境中安全而又容易逃离的小房子里(大概若泽一世应该也会赞同)。其他思想家,如伊曼努尔·康德,认为大地震背后或许有隐藏利益。但对于大多数有思想的欧洲人来说,伏尔泰的批判标志着以宗教解释自然灾害和乐观主义哲学开始发生了不可逆的转变。

诗人约翰·沃尔夫冈·冯·歌德就是其中一位。成年后,歌德回想起,地震的恐怖惊扰了这个几许安静、幸福的社会,作为1755年只有6岁的孩子,地震也深深地搅扰了他内心的安宁。

> 神乃天地的创造者和守护者,被认为是全知全能而又充满怜悯,但事实表明他是一个极其昏庸的天父,他让正义与非正义者均受其患。我幼小的心灵力图与这种思想抗争实属徒劳;很明显,就算是博学的神学家对这种灾难的解释方式也无法苟同。[23]

葡萄牙首相庞巴尔有另外一种看法。他与耶稣会的地震解释毫无关系。地震发生后不久,葡萄牙政府就颁布法令禁止牧师在民众中煽动相互指责和愧罪的情绪。葡萄牙耶稣会元老,生于意大利的加布里埃尔·马拉格里达(Gabriel Malagrida)预言1756年11月会发生另一次大地震,庞巴尔将他逐出了宫廷。后来有人企图秘密刺杀国王,在这样一场权力争斗后,庞巴尔流放了王室的耶稣会士告解神父,并换上了自己亲信的神父。1759年9月,整个耶稣会都被逐出葡萄牙及帝国,禁止葡萄牙臣民与耶稣会会士之间有任何口头或书面的往来。1760年,葡萄牙与梵蒂冈断交。次年,马拉格里达遭逮捕,因叛国罪而受审,以故意散布异端邪说被庞巴尔兄弟领导的宗教法庭宣判有罪。公开被处以绞刑后,马拉格里达的尸体被捆在木桩上焚烧,骨灰被撒到了特茹河。难怪1982年,庞巴尔去世的200周年纪念,一家耶稣会杂志称:"庞巴尔的手段实际上是预料并融合了戈培尔(Goebbels)和斯大林

(Stalin)的方法。"[24]

同时,庞巴尔认为里斯本的毁灭也是一种实际的挑战。自18世纪50年代末,日渐独裁的庞巴尔开展了里斯本的重建工作,部分资金源于提高的4个百分点的进口税(不顾里斯本英国商人的强烈反对)。当然,"他抓住了灾难这个契机,把它当作城市发展和商业扩张的机会"。历史学家凯文·罗萨里奥(Kevin Rozario)在《灾难的文化》(*The Culture of Calamity*)一书中提到。

> 利用君主专制的绝对权力和日益减少但依然巨大的帝国财富,庞巴尔建起了一座恢宏壮丽的新都市,他还全面改革了国家的经济和政治体制。全面禁止里斯本中心的非法建筑,庞巴尔指定军事工程师为城市设计了清晰的蓝图,几个月内山丘变平地,一片混乱的狭窄小巷也被宽阔的道路网取代,同时地下也建起了排污系统。新的建筑更加安全,外观更加整齐划一,用标准化的建筑材料建成,并围绕设计灵活的、防震的,可以随震动一起移动的框架进行建造。[25]

重建过程一直持续,中间经历了1777年若泽一世去世,庞巴尔失去王室庇佑下台,经历了1796年和1801年另外两次地震,一直延续到19世纪。但如今里斯本又遭重创,这一次是拿破仑战争期间遭到英法侵占,葡萄牙皇室不得不在1807年逃往巴西。

尽管几十年间,城市已大体恢复了往昔的繁荣,但1822年巴西殖民地的独立却是葡萄牙帝国永远无法弥补的致命打击。从此以后,里斯本总是被一种深深的失落感包围——这在葡萄牙的那一曲悲歌《法朵》(fado,意为"命运")中有所流露,这首歌自19世纪20年代起也开始传唱于葡萄牙的大街小巷。正如狄更斯在1858年走访里斯本时注意到的,城市色彩斑斓,街上琳琅满目,分外迷人,但里斯本的"普通老百姓"似乎从来都没有笑容。[26]

4

民族的诞生：加拉加斯(1812)

74　1812年地震摧毁的加拉加斯大教堂中共和党人西蒙·玻利瓦尔(身着衬衣)面对保皇党人何塞·多明戈·迪亚兹。

巴西在葡萄牙殖民统治3个世纪后，于1822年宣布脱离葡萄牙而独立，这是拉丁美洲整个大陆范围内政治独立运动的一部分。1800年，正值拿破仑战争前夕，墨西哥北部至阿根廷和智利南部几乎整个中美和南美都在西班牙或葡萄牙的统治之下。到了1825年，除古巴和波多黎各外，这种统治权已被终结，导致玻利维亚、哥伦比亚、厄瓜多尔、秘鲁和委内瑞拉这些新兴民族的诞生。

在这场风暴中，第一场政治地震发生在海地。1804年海地脱离法国而独立，随后1816年阿根廷独立，1821年墨西哥独立。但政治影响力最大的要属年轻的委内瑞拉共和国，1811年7月在弗朗西斯科·德·米兰达（Francisco de Miranda）将军和西蒙·玻利瓦尔（Simón Bolívar）的领导下宣布脱离西班牙而独立。1812年3月26日，正值复活节前夕，委内瑞拉的首都加拉斯加遭遇地震灾害的严重破坏，产生的政治余震足以持续到接下来20年。确实，为玻利瓦尔撰写个人传记的现代传记作家约翰·林奇（John Lynch）就选择了以1812年的加拉斯加地震开始他的传记。

保皇派编年史家何塞·多明戈·迪亚兹（José Domingo Diaz）并不支持羽翼未丰的共和国。地震来袭时他也在场。迪亚兹记录了他深刻的初始印象（林奇译自西班牙语）：

> 时值4点钟，加拉加斯的天空清澈澄明，无边的寂静似乎加重了让人难以忍受的热气压；虽然天空澄碧，纤云不染，但还是零星飘着几滴细雨。我离开家门前往大教堂，距圣哈辛托广场（plaza of San Jacinto）和多米尼加修道院（Dominican priory）大约100步之遥，此时大地开始摇晃，发出巨大的轰鸣。待我跑到广场，邮局的一些露台掉到了我的脚前，我赶紧远离倒塌的建筑。我看见圣哈辛托教堂直接坍塌，地基裸露。在尘土与死亡之间，昔日国内外人争相敬仰的城市转眼间灰飞烟灭。奇怪的轰鸣声之后是死亡般的沉寂。我独自站在广场的废墟之中，听到教堂里垂死者的哀嚎。

我爬过废墟进到里面,即刻映入眼帘的是碎石瓦砾之下有40人左右,要么已死,要么挣扎在垂死的边缘。我又一次爬出来,那一刻永生难忘。废墟之上,西蒙·玻利瓦尔先生穿着衬衣爬过碎石堆,此情此景,尽收眼底。他脸上写满了极度的恐惧或极度的绝望。看见我,说了这些大不敬的过分话:"老天顺我老天昌,老天逆我叫它亡。"到目前为止广场上已哀鸿遍野。[1]

玻利瓦尔回忆起这次会面,情形却与迪亚兹所述截然不同。地震将他从午睡中唤醒,然后:

我立刻着手营救受害者,朝着呻吟声和哭救声的方向屈膝前行。在看到亲西班牙的何塞·多明戈·迪亚兹时我正执行救援任务。他看着我,带着他一贯的蔑视评论道:"怎么样,玻利瓦尔?看来好像老天也站在西班牙人这边了。""天若逆我,我岂依存,必将抗争,使之顺从。"我愤怒地回道。[2]

实际上,这场灾难的大部分事件都是饱含争议的。两位地震学家初步估计加拉加斯地震的震级在6.9级到7.2级之间,但至于是一场单一的大地震还是委内瑞拉不同地点发生多达4次的小地震,地震学家则各怀己见。历史学家对地震的影响也持有不同观点,因为地震爆发的时间正值殖民统治与独立战争的转折时期。委内瑞拉人类学家罗赫略·阿尔特兹(Rogelio Altez)对当时以及后来19世纪发表的各种有关该地震的描述进行比较,依其所言,这场地震被"彰显英雄和民族主义色彩的历史重建给复杂化了"。[3]

比如,驻扎在加勒比海库拉索岛附近的英国海军上校在1812年3月30日的一篇报道中估计加拉加斯的死难人数在1.5万到2万人。另一篇4月9日加拉加斯的报道称死亡人数只有1 000人,而加拉加斯大主教根据教区牧师的报告给出的数字是1万到1.2万人,但该数字似乎包含加拉加斯周边区域的遇难人数。当时加拉加斯的人口总数也尚不明确,(据迪亚兹所述)范围在31 813到5万人之间。同时对地震破坏程度的估计也各不相同,有的估计城市90%遭到破坏,有的估计只有1/3的建筑倒塌(大主教的判断)。科学探险家亚历山大·冯·洪堡(Alexander von Humboldt)在其西班牙美洲热带地区旅行记(也为查尔斯·达尔文的贝格尔号航行日记提供了灵感)的《个人叙述》(*Personal Narrative*)中称"加拉加斯彻底被地震倾覆了",但这只是凭他人报道,他并没有亲历现场。报道主要来自驻守加拉加斯城的法国官员路易斯·德尔佩切(Louis Delpeche),1813年他曾在总部位于巴黎的一家杂志中发表有关地震的文章,估计地震造成的遇难人数达9 000至1万人。[4]

阿尔特兹对1812年加拉加斯城区教区的2本殡葬名单和另一本市郊教区的殡葬名单中所记录的死亡人数进行分析,得出了城市周边19个教区内或许最为可信的数字:估计死亡人数近2 000人,但他也无法准确估计实际的破坏程度。但阿尔特兹的确断定,尽管迪亚兹对教堂废墟中的死难者进行了戏剧性的描述,但死于房屋倒塌的人数要远远多于死于宗教建筑倒塌的人数,因为房屋的瓦屋顶又高又重,由易断的细木支撑。换句话说,地震死难者中,留守家中的仆人、孩子和奴婢要多于前往大教堂参加主立圣餐日礼拜的中产阶级和上流社会家庭(与1755年里斯本垮塌的教堂给信徒带来的伤亡形成对比)。玻利瓦尔自家的房屋也损毁严重,地面、门窗都严重毁坏。迅速大面积的趁火打劫出现了,在废墟中抢走死者身上的黄金,扯走哭喊求救的受困女子耳朵上所戴的珠宝。大火中的浓烟,倒塌建筑的厚厚黄土加上漆黑的夜晚都为劫掠者的行动提供了掩护。

当然受地震影响的不仅只有加拉加斯。实际上,这场地震(或多起地震)波及了整个南美的上半边。在委内瑞拉,从加拉加斯到梅里达州,跨越500千米左右的距离都遭遇了重创。地震也对共和党人控制的其他城市造成破坏,包括巴基西梅托、拉瓜伊拉、圣卡洛斯、圣费利佩以及特鲁希略。在拉瓜伊拉港仅剩一栋建筑仍然屹立不倒,就是西班牙之前最强大的皇家吉普斯夸公司(Royal Guipuzcoana Company)。

在巴基西梅托,据说整个军团1 500人都掉进了裂缝,命丧黄泉。在圣费利佩,多达600人的卫戍部队被倒塌的营房掩埋。所有城镇乡村预计死亡总人数在2万(洪堡更倾向于这个数字)到12万之间。尽管加拉加斯破坏相当严重,但相比国家的其他地区记录保留得还比较完好,但考虑到加拉加斯死亡人数尚无法确定,因此这些数字也难免不可信。据报道称,就连远离新格拉纳达(如今的哥伦比亚)的主要城市卡塔赫纳也破坏惨重。

碰巧破坏最严重的地区是米兰达、玻利瓦尔和自称"爱国人士"的叛乱者控制下的区域。保皇党人的大本营科罗、圭亚那、马拉开波和巴伦西亚均未受任何损害。当地的天主教权威人士,包括保皇党人迪亚兹也借机惑众,加上正值复活节前夕发生这样的地震。加拉加斯总主教纳西索·科尔·伊·普拉特(Narciso Coll y Prat)怒喝,地震虽可怕,但委内瑞拉人也罪该受罚,特别是城中对西班牙不忠的"爱国人士",并援引所多玛和蛾摩拉城的《圣经》警示。玻利瓦尔在组织共和党人徒手挖掘救援垂死者和遇难者,并将受害者用临时担架转移时偶遇面红耳赤的牧师训斥恐慌的群众。"下跪吧,罪人!"牧师大喊,"你们赎罪的时间到了。神的审判武器已降临到你们头上,因你们有辱最正直的君主,国王费迪南七世的最高权威。"[5]据说玻利瓦尔还用刀剑对牧师进行威胁。

毫无疑问,对这场地震进行宗教利用在这片高度迷信的土地上还是奏效的,煽动了针对共和党的反暴乱。"委内瑞拉人民受到启示的惊吓,现在确定了上帝的应许,纷纷倒向保皇派,"玻利瓦尔的另一个传记作者玛丽·阿拉纳(Marie Arana)写道,"共和党人叛变投靠了国王的军队。西班牙将军蒙特韦德(Monteverde)向共和国首府快速挺进,一路征集兵力轻而易举。"[6]

1812年7月,在证实米兰达无法向四面受敌的玻利瓦尔派出援兵之后,玻利瓦尔统率的军队在其中一个军官叛国行为的迫使下被迫撤

4 民族的诞生:加拉加斯(1812)

离了关键的战略要地——卡贝略港(Puerto Cabello)的海岸要塞。7月25日,米兰达未同玻利瓦尔商定私自与蒙特韦德签订投降协议,不单是由于军事地位薄弱,还由于加拉加斯东部黑人起义、地震影响以及加拉加斯物资供应短缺。米兰达准备逃离委内瑞拉,从拉瓜伊拉港登上等待的英国船只前往库拉索,但他没有考虑到声讨他强烈叛国行为的玻利瓦尔和其他一些共和党领袖。最后一刻,米兰达在拉瓜伊拉港的吉普斯夸大楼中熟睡时,这群人半夜过来将他抓捕。米兰达抓起助手的提灯,举高以便看清玻利瓦尔和其他人的脸。"恶棍!流氓!"他唏嘘道,"你们就知道惹麻烦。"[7] 米兰达被戴上镣铐,移交给西班牙人。他被囚禁,直到1816年在加的斯的地牢中惨死。玻利瓦尔显然是想开枪毙了米兰达,但被同行的其他头目制止。抓捕米兰达后玻利瓦尔趁乱乔装逃走,连夜到达加拉加斯。

对这种存在道德问题的行为,与蒙特韦德将军向来交好的皇家官员,同时也是玻利瓦尔家的世交,慷慨激昂地为他求情,玻利瓦尔得到了西班牙人的犒赏。"好吧!"将军看着不受欢迎的玻利瓦尔,对秘书说:"他关押了米兰达,为国王效劳,论功行赏,发给这人一张通行证。"玻利瓦尔无法自抑,答道:"我逮捕米兰达乃因他是国家的叛徒,不是为国王效忠!"[8] 蒙特韦德被激怒,威胁要收回通行证,但中间人一再说情之后,便准许放行了。8月末,玻利瓦尔乘坐西班牙船只离开委内瑞拉前往库拉索。在库拉索,他的行李被不怀好意的英国总督没收,沦为难民。10月末,他定居到卡塔赫纳。卡塔赫纳港崇尚自由贸易,于1811年末宣布摆脱西班牙而独立。

即使如今,历史学家罗伯特·哈维(Robert Harvey)在有关南美独立运动的研究著作《解放者》(Liberators)中仍提到,敬仰玻利瓦尔和米兰达的拉美历史学家"难以接受他们最伟大的英雄把第二大英雄关押囚禁的事实,这两人在流行肖像画中依然被描绘成最亲密的朋友"。[9] 在哈维看来,玻利瓦尔应被准确地视为"魔法师的学徒"。[10]

委内瑞拉第一共和国覆灭,但不同于米兰达,玻利瓦尔还活着,可以再战。第一共和国的废墟中他呈现出了明显的领袖样子:"指挥官的冷酷,内心的坚韧,逆境中的坚决,以及危难中重整旗鼓继续战斗的能力",林奇写道,"美西革命在接下来 20 年中多次上演了这一幕:集体败亡,唯有他一人幸免。"[11]

在卡塔赫纳,玻利瓦尔写下了人生第一份重大的政治文件,就是鞭辟入里的《卡塔赫纳宣言》(Cartagena Manifesto),于 1812 年 12 月发表。除了明确他独裁解放者这一未来职业路线外,还准确呈现了他对 9 个月前委内瑞拉地震的历史重要性所做的分析。开头是:

> 我是格拉纳达人,不幸的加拉加斯之子,从她现实和政治的废墟中奇迹般地逃脱……

> 请允许我凭借一腔爱国热忱大胆地对你们讲,向你们简述委内瑞拉走向覆灭的真正原因……

> 委内瑞拉在进入政治舞台时犯下的最严重错误无疑就是她致命地采取了宽容治理的完美主义思想,这种完美主义思想即刻就遭到了明理人的反对,认为它软弱无力、毫无成效,但还是无比盲目固执地坚持到最后。[12]

说到地震,卡塔赫纳周围遍布地震的痕迹,玻利瓦尔讲道:

> 不错,3 月 26 日的地震既造成了物质上的破坏,也造成了精神上的损伤,若说这场地震是导致委内瑞拉覆灭的直接原因也不为过,但如果加拉加斯有唯一的权威统治,能够迅速有力地开展灾后恢复工作,各地方不存在延缓复苏脚步的复杂问题和矛盾致使灾害恶化到一发不可收拾,这场灾难也不会产生如此毁灭性的影响。

> 若非软弱无力、不堪一击的联邦政府,若加拉加斯能根据自身政治、军事情况所需建立一个简单政府,委内瑞拉第一共和国今天就依然会存在并且会享受到自由。

> 地震之后,小型市镇发生暴动,敌人进入该国,其中教会的影

4 民族的诞生:加拉加斯(1812)

响是一个重要因素。牧师悖逆天理,滥用神职支持他人煽动内乱。但我们还要天真地认为这些背信弃义的牧师是受人蛊惑才犯下被指控的恶行,因为他们犯罪肯定也不会受罚。

综上所述,显然,导致委内瑞拉第一共和国覆灭的原因首先要归于宪法的本质,我再重复一遍,这个政体既违背自身利益,又有利于敌人利益。其次就是我们的统治者无法摆脱愤世嫉俗的精神。第三就是反对建立既能服务于共和国又能抵挡西班牙人打击的常备军。再者就是地震,伴有狂热主义对地震活动进行可怕的解读。最后就是内部派系斗争,实际上是致命的毒药,把共和国推向了覆灭的深渊。[13]

依玻利瓦尔看,委内瑞拉需要一定的专制,不仅是为了从地震中复苏,同时也为了作为一个国家能够存续下去(无疑,对于18世纪50年代葡萄牙的复苏,庞巴尔侯爵也深有同感)。在领导南美其他新兴国家摆脱西班牙统治的解放运动中,玻利瓦尔越来越坚信这种信念。这种专制抵不过他注意到的法兰西君主拿破仑一世,但必然超过他所见的美利坚合众国。

1804年,玻利瓦尔在巴黎见证了拿破仑·波拿巴(Napoleon Bonaparte)的加冕礼。他后来向一个传记作者回忆称:

我认为拿破仑戴在头上的皇冠是让人非常难受的陈年旧物。对我来说,他的伟大之处在于他得到了世界的欢呼,在于他这个人能激起人们的兴致。我承认整个事件都让我想起自己国家饱受的奴役,谁能解放它,荣耀也必然归给谁。但我从来没有想过那个人会是我。[14]

1807年,玻利瓦尔在美国待了数月,先后住在南部的查尔斯顿,这里当时允许蓄奴,还有北部的费城,1787年美国在这里采用了宪法,或许还有其他城市。他总结称北美的政治体制并不适用于南美。由于委内瑞拉饱受复杂分裂的民族阶级分化和缺乏政治经验之苦,而西班牙长达几个世纪的殖民统治也使这些问题进一步加剧,以至于克里奥尔贵族宁愿忍受外国的奴役,也不愿受制于劣等阶级的美洲人统治。虽然玻利瓦尔自身生于克里奥尔贵族,但对这种特别的态度也并不苟同。不过他承认,倘若权力落入这群人手中,委内瑞拉民主基础之上的独立将会陷入混乱。他们对 1811 年共和国实际采用的那一套仿制美国政府的联邦宪法还未作好准备。玻利瓦尔在卡塔赫纳声称:"联邦制不管多么完美,多能保证社会的人类福祉,也依然是最不利于我们新兴国家利益的一种形式。"[15]

至于委内瑞拉常备军,这也是一种无奈之举。因为不同于那些由古希腊人开始、摆脱暴君奴役的早期新生共和国公民,委内瑞拉人缺乏"政治道德、勇士习惯和军事素质"。[16] 18 世纪七八十年代,北美在事先没有常备军、没有任何老兵队伍的情况下,在脱离英国的独立战争中取得胜利就是一个值得怀疑的例子。玻利瓦尔不得不承认他将这种胜利归功于北美地区在防敌入侵方面有太平洋和大西洋的长期保护。

巧合的是,北美和南美几乎同时遭遇了强震的袭击。美国和委内瑞拉的不同反应立刻见分晓。

在密苏里州人口稀疏的中大陆地区,以新马德里为中心,北美地区先后在 1811 年 12 月 16 日、1812 年 1 月 23 日和 1812 年 2 月 7 日发生了三起大地震,形成了密西西比河瀑布,还引发了令人震惊的河水倒流。一位目击者写道:"新马德里村脚下的大地开始爆裂,抑制了河道上的强大水流,并造成大浪回流,一会儿工夫大量船只被上升水流卷到河口,冲到岸边,搁浅在干地上。"[17] 住在肯塔基州路易斯维尔市的另一个目击者根据自身对地震强度的估计,记录了从 1811 年 12 月 26 日到 1812 年 1 月 23 日的 600 余起独立的可感地震。至于密苏里地震造成远在马萨诸塞州的波士顿教堂大钟被震响,经证实这个流传甚广的传说并不属实,因为波士顿地区当时的报纸并没有提到任何地震。但密苏里地震确实造成了新马德里 1 000 千米以外的南卡罗来纳州查尔斯顿的教堂大钟鸣响。这场地震强度不像之前地震学家所想,并没有达到 8.0—8.75 级,可能在 7.4—8.1 级之间,甚至可能低到 7.0 级。但新马德里的一连串地震却"依然是美国所经历的伴有多起强烈主震的长期地震序列中让人印象最深的一个例子",苏珊·霍夫提到。[18]

南北美洲地震和 1811 年至 1812 年间其他地质活动,如加勒比海突如其来的苏弗里耶尔火山喷发,亚速尔群岛的萨布里纳火山岛的突然出现与消失或许都不单单是巧合。毕竟,洪堡曾提出,如果 1755 年的里斯本大地震几乎在芬兰沿岸、加拿大的安大略湖和加勒比海的马提尼克岛都能同时感知,那么试想密苏里和加拉加斯"或许由同一活动中心开始震荡,同时引发摇晃"难道不无道理么?[19] 200 年过去了,依然没有证据表明洪堡的猜测是正确的,但地质互连的可能性也无法彻底排除。我们看到,对于远离北美太平洋沿岸和大西洋海底板块交界处的新马德里板块内地震成因,即使有广泛的科学研究,依然是困扰地震学家的一个难题。

非科学界人士对美国地震的反应更多是认为地震是可预测的。在第一次地震前,从 1811 年 9 月开始,一颗巨大的彗星就在北美上空闪闪发光,持续大约 4 个月。在 1811 年 12 月的第一次地震中还依然可见,但在第二和第三次地震中就消失了。当时极具影响力的肖尼族(Shawnee)酋长特库姆塞(Tecumseh)为唤起印第安部落反抗美国政府征用印第安土地的革命运动而奔走在中西部地区。特库姆塞在欧塞奇(Osage)部落的演说中,似乎把彗星和地震视为一种征兆:"兄弟们,伟大的神灵已经对我们的敌人发怒了。他以雷霆万钧之力发话,大地会吞没村庄,饮尽密西西比河。大水会淹没低地,谷物无法生长。伟大的神灵会用他猛烈的气息将逃到山上的人群从大地上一扫而空。"[20] 这话大概是在 1811 年末至 1812 年初所说,但有时也会追溯至 1811 年初,即大地震之前,因此被称为"特库姆塞的预言"。若确实是这个较早的日期,"特库姆塞则可能是自创世之初首位成功预测地震而又不图功劳的人了吧",地震学家霍夫和比尔汉姆用怀疑的措辞说道。[21]

在美国白人中,1812 年 4 月《匹兹堡公报》(Pittsburgh Gazette)引用了康涅狄格州的一家报纸,几乎是同样的预兆:"我们在几年内见过最奇妙的日食,过去的一年又产生了壮丽的彗星奇观,过去几个月中的地震几乎是数不胜数⋯⋯而且我们还不断'听到战争和征战的召唤'⋯⋯'你难道察觉不出时代的记号!'"[22]牧师和教会得利于地震,在加拉加斯 3 月的地震后也是如此。在新德里周边地区,尽管定居在这里的白人较少,但据说卫理公会教堂(Methodist church)新吸收了 1.5 万多名教会成员。另外,1812 年 6 月,美国自身也卷入了和英国的战争,英国纵火焚烧美国首都华盛顿特区。战争直到 1815 年初才宣告结束。

和委内瑞拉地震不同的是,美国从未因密苏里州地震而使国家稳定性面临任何风险。一个颇为明显的理由在于密苏里地震震中位于中西部,距东海岸的权力中心较远。的确,受灾地区直到 1821 年才加入联邦,并且在地震爆发两年后才获得美国国会的财政补贴。但同样重要的是美国有统一的政治领导,不像委内瑞拉的领导阶层那样存在致命的分歧。

1812 年间,美国向委内瑞拉地震受灾群众提供 5 万美元的援助。5 艘大船装着面粉运往加拉加斯。洪堡认为"这是南、北美洲国家永远团结在一起、同舟共济的重要誓言"。[23]但这种实际支援并没有转化为北美对南美自由的政治支援。美国军队并没有为殖民地反抗西班牙统治提供任何援助。早在 1786 年,托马斯·杰弗逊(Thomas Jefferson)就私下里注意到拯救南美洲殖民地摆脱西班牙统治的时机已经成熟,这大概需要美国来实现。但在 18 世纪末,他们对这种想法也丧失了大部分兴趣。总统约翰·亚当斯(John Adams)和副总统杰弗逊说道:"跟南美洲民族谈论建立民主国家还不如跟鸟兽虫鱼谈呢。"[24]1806 年,美国军官——亚当斯的女婿助力米兰达在委内瑞拉夺取政权,但尝试失败,总统杰弗逊和国务卿詹姆斯·麦迪逊(James Madison)也尴尬地受到牵连。杰弗逊也好,其接班人麦迪逊总统也罢,1811年委内瑞拉第一共和国宣布成立时俩人均未参与其中。的确,虽然麦迪逊确实敦促美国国会向委内瑞拉共和国提供武器支援,但并没有正式承认这个新的共和国。它唯一的回应是不带任何感情色彩的措辞陈述,称革命和宣布独立的作用不足以证明国家的地位。到1815年,亚当斯已八十高寿,对南美独立的渴望已经不抱任何幻想,他发文痛斥:

> 我该如何去评价南美洲的革命和宪法?一个比欧洲任何民族,甚至比西班牙、葡萄牙或奥属尼德兰民族,以及比罗马民族更加无知、顽固、迷信,更加毫无保留地轻信皇室的神圣不可侵犯,因害怕宗教法庭而更加盲目虔信牧师的这样一个民族。[25]

私下里,玻利瓦尔很可能也会赞同亚当斯给他的民族所下的结论。在1812年的《卡塔赫那宣言》中,他公开表示委内瑞拉第一共和国政府"最终落入了无能、腐败、对独立事业没有责任感的一群人手中。党派精神普遍存在于一切事物中,造成的混乱比事件本身更加严重。导致我们沦为奴隶的并不是西班牙军队,而是我们的内部分裂"。[26]到19世纪20年代,玻利瓦尔开始相信拉丁美洲"并没有作好准备成为真正的民主政府:自卑、无知、迷信,根本不知道如何自治,这种经历已经被西班牙的压迫者系统性地剥夺了",玻利瓦尔自传的作者阿拉纳如是说。[27]似乎只有终身制总统和独裁专政才适用于南美,玻利瓦尔总结称,并令人悲哀地准确预见了19世纪至20世纪南美大陆的历史。尽管如此,"他从未把独裁专制视为一种长期解决办法",玻利瓦尔作品的现代编辑大卫·布什内尔(David Bushnell)写道,"总是认为在适当时候,立宪政体(理想情况下符合他的解决方案)就会恢复"。[28]

玻利瓦尔的政治著作充满智慧、内容广泛又能激发情感,他自身首先也是个行动派,像拿破仑·波拿巴一样,这从1812年加拉加斯事件之后他职业生涯的简单掠影中就可以明显感觉到。在新格拉纳达时,玻利瓦尔被指定为旨在解放委内瑞拉的远征军司令。在一次影响广泛的战役后,玻利瓦尔率军经过6次激烈战斗打败了西班牙军并重返加拉加斯,于1813年8月创建了委内瑞拉第二共和国。在他令下,1 000名戴着枷锁的西班牙俘虏遭到斩首。但接下来的一年,玻利瓦尔被保皇派非正规军的骑兵部队打败,他们之前是受残暴的何塞·托马斯·波维斯(José Tomás Boves)领导的牛仔队(大草原居民)打击,使加拉加斯经历了越发惨不忍睹的暴行。玻利瓦尔侥幸逃脱,没有遭到米兰达一样的下场,最终不得不流亡于牙买加。1815年中期,他在牙买加写下了职业生涯中最重要的文献《牙买加来信》("The Letter from Jamaica")。其中提议在整个拉美建立立宪制共和国,效仿英国政府的模式,上院采取世袭制,下院和国家元首由选举产生,且实行国家元首任期终身制。与此同时,西班牙派出一支强大的远征军横跨大西洋。玻利瓦尔无法获得英美的支持,便向海地共和国求援,海地为他提供了资金和武器。1817年,他在委内瑞拉奥里诺科河地区建立总部,首府设在安戈斯图拉,这里相对安全,可以免受西班牙攻击。玻利瓦尔聘用了几千雇佣兵,主要是英国和爱尔兰人。有了他们的帮助,1819年他从奥里诺科河出发,通过西班牙人认为完全行不通的路线,穿过洪泛平原和冰山,对新格拉纳达的西班牙军发动一场大胆的突袭。在关键的博亚卡战役(battle of Boyacá)后,大部分保皇党军队投降,玻利瓦尔进入波哥大。

这是南美北部全面对抗西班牙的一个转折点。1821年,委内瑞拉最终在卡拉沃沃战役(battle of Carabobo)中摆脱了西班牙的统治。次年,玻利瓦尔的部将安东尼奥·何塞·德·苏克雷(Antonio José de Sucre)率军参与皮钦查战役(battle of Pichincha),保卫了厄瓜多尔。两年后,玻利瓦尔在胡宁战役(battle of Junín)中夺取了秘鲁高地的重要胜利,之后苏克雷在阿亚库乔战役(battle of Ayacucho)中击败了秘鲁总督,在这之后上秘鲁改称为玻利维亚。阿根廷、智利和巴西在不同领导人的带领下分别于1816年、1818年和1822年宣布独立,因此到了1825年,几乎整个南美大陆都取得了政治独立。

4 民族的诞生:加拉加斯(1812)

从那时起,直到1830年玻利瓦尔逝世,在他与其他领导人之间一直存在着激烈的争论,包括有人企图暗杀玻利瓦尔。他辞去大哥伦比亚共和国(包括玻利维亚、哥伦比亚、厄瓜多尔、巴拿马、秘鲁和委内瑞拉以及圭亚那西部和巴西西北部组成的联邦国家)总统职务,但他身为解放者的历史地位却是无可厚非的。同样明确的是1812年地震在把他推向本土委内瑞拉以外的解放道路中所发挥的重要作用。玻利瓦尔承认,如果没有这场毁灭加拉加斯及共和国其他城市的地震,以及地震之后保皇党对共和国事业的抵制,委内瑞拉第一共和国可能不会覆灭,他可能也继续在那里做他的总统。这种情况下,若没有玻利瓦尔的重要领导,南美北部的其他地区要想摆脱西班牙殖民统治而获得解放可能就要耗时更长。

5 地震学开始：那不勒斯(1857)

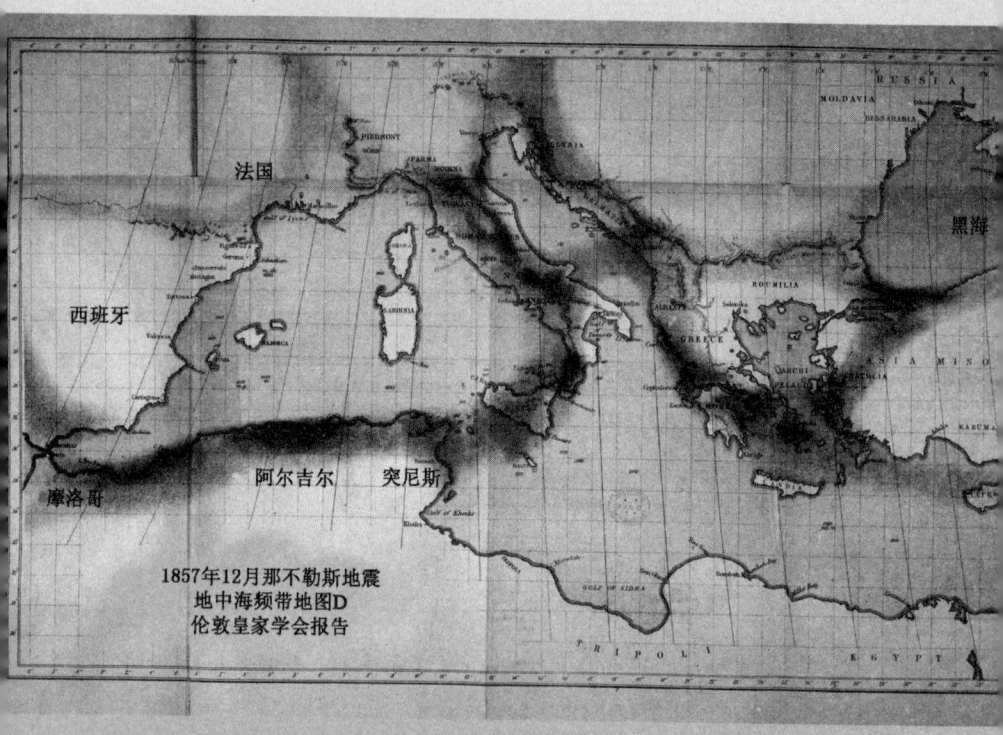

1857年12月那不勒斯地震
地中海频带地图D
伦敦皇家学会报告

本书插图系原文插图。

罗伯特·马利特(Robert Mallet)在其报告《1857年那不勒斯大地震：观测地震学的基本原理》(*Great Neapolitan Earthquake of 1857: The First Principles of Observational Seismology*)中发布的地中海地震频带（阴影部分）。

虽然19世纪初用超自然现象解释地震依然盛行，如1812年在加拉加斯，但当时认识地震活动方面的科学已经取得了一些进展，只是还尚未形成地震学科。我们知道，科学认识地震可追溯到18世纪50年代：1750年的伦敦地震，1755年的里斯本大地震，以及天文学家约翰·米歇尔(John Michell)基于两场地震数据在1760年皇家学会《哲学会刊》上发表的地质学论文，文中米歇尔准确地说明了地震中的地震波运动。同时大西洋彼岸的另一位天文学家，哈佛大学的约翰·温斯罗普四世(John Winthrop IV)也提出了同样的观点，但表达可能欠缺水准。当时他在波士顿看见自家烟囱的砖块发生起伏运动：依次先是上升，后又迅速落回空地。温斯罗普将其描述为"一阵小的地波排列滚动前进"。[1]这件怪事发生在1755年马萨诸塞湾安角水下地震爆发之后，恰好在里斯本地震的17天后。（是否是欧洲地震引发了北美地震不得而知，但也不排除这种可能。）

但米歇尔和温斯罗普18世纪中叶的洞见直到19世纪中期才影响到地震的进一步研究。形成地震波的理论固然很好，但首要的是尝试进行地震测量：通过对地震造成的破坏进行仔细考察和分类，并适时利用更为灵敏、更为精确的地震检波器和地震仪对其进行监测。

1783年，位于那不勒斯以南意大利"足尖"位置的卡拉布里亚区发生了6次灾难性地震，因此任命了世界首个巡视地震委员会。这几场地震夺去了大约3.5万人的生命，其中包括那不勒斯作战部长一家六口，破坏相当惨重。但不同寻常的是，破坏都是局部的：有些城镇被夷为平地，而相邻的城镇却只是轻微破坏。这种破坏程度的差异为研究者提供了宝贵的数据，使首次地震测量和对比的尝试成为可能。

作战部长巡视灾区，注意到6起地震中最大的一次发生在3月28日，也是系列地震中的最后一次，但却并非破坏性最大的一次。他认为，一种可能的解释就是，在那天，当地居民受到前几次地震死亡和破坏的惊吓，已经搬到户外并远离建筑物。沿着他的足迹，那不勒斯王国科学与文学院调查了 150 多个村镇。长达 372 页的报告,包括地图和图片,以列表形式显示了每次地震发生的时间、死难人数、破坏程度、任何余震及海啸、对幸存者的影响、任何灾后疫情,同时还描述了当地的地质概况。

该篇报告没有出现任何地震理论,但却促成了首个地震烈度表的产生:尽管比较粗略,却是将这一现象进行量化的最早尝试。创造该量表的是意大利的物理学家多梅尼科·皮格纳塔罗(Domenico Pignataro)。他回顾了 1783 年 1 月 1 日到 1786 年 10 月 1 日间整个意大利的地震记述,共计 1 181 次。皮格纳塔罗根据地震的死亡人数和破坏程度把地震分成"微震"(slight)、"中震"(moderate)、"强震"(strong)、"烈震"(very strong),其中不包括 6 次卡拉布里亚地震,他认为那次应该属于"暴烈地震"。这是地震测量粗估的开始。直到 1857 年 12 月中旬,邻近那不勒斯的巴西利卡塔大区发生了另一次毁灭性地震,地震测量才有所改进。此次地震估计强度为 6.9 级—7.0 级,死难人数高达 1.9 万人,应该是有记录以来欧洲第三大地震,仅次于 1755 年的里斯本大地震和 1693 年西西里的卡塔尼亚大地震。

消息从那不勒斯传到英国后,迅速引起了才华横溢的爱尔兰土木工程师罗伯特·马利特(Robert Mallet)的注意,他也是皇家学会会员。马利特对地震的兴趣可追溯到 1830 年,当时他在一本书的图中看到卡拉布里亚的两根石柱上端在地震中扭曲变形,但石柱却依然屹立不倒。他试图解释这种形变中涉及的自然力,但没有找到满意答案,马利特很快便迷上了地震。

20 多年里,他尽可能多地收集历史地震的数据。他的世界地震活动目录中包含 6 831 条编目,给出了时间、地点、震动次数、大致方向和地震波持续时间,同时备注了相关影响。从 1851 年起,他还通过引爆地下一定量的火药进行人工地震实验,1861 年,在安格尔西岛的一处采石场,一次引爆 5.5 吨火药,因此成了勘探地震学领域此类技术的先驱,科学家和产业公司都会用到这种技术。他利用一块精确的秒表(由物理学家查尔斯·惠斯通[Charles Wheatstone]在1840年设计而成)测定从爆炸到水银容器表面产生波纹所需的时间。将一个十字光标投射到水银面上,并通过十一倍的放大镜来观察它的映像;"地震"引起水银的轻微晃动使映像模糊不清甚或消失不见。这种原始测震仪使马利特得出不同介质中地震波的传播速度:他通过计算得出,在花岗岩内的传播速度(507米/秒)几乎是沙土中传播速度(304米/秒)的两倍。但这种速度也比应有的速度慢得多,确实也比马利特自己预期的(2 440米/秒)速度慢,可能是因为水银测震计未能探测到最早(也是最快)的地震波。

1857年12月16日意大利震后不到两周,马利特便开始求助皇家学会拨款,以负担在那不勒斯王国灾区进行调查的部分费用。他在都柏林发给伦敦皇家学会会长的信中说道:"那不勒斯领土上最近发生的那场大地震为地球物理学中地震学的分支提供了具有至高利益和价值的发展契机。"

然后他把心里话换了一种新说法:

> 仅在过去的十年,地震学就已经在宇宙科学中占据了一席之地。但到目前为止,对于地震间接引发或因地震而产生的现象还没有优秀的研究者给予探究、观测和讨论。我们需要根据震区或多或少留下的永久痕迹,即现象,来弄清背后潜藏的力量,而所谓的优秀研究者就是要熟悉这种潜藏力量的动态规律。
>
> 然而由于观察时没有指路明灯,或是缺乏指引,常常致使与真相擦身而过却未能注意或未能发现,迄今所记录的事实在很大程度上都毫无价值,但有了这个引导,调查研究就能得出重要的结果。因此,有关卡拉布里亚大地震影响的详尽记录,其实际利用要远远低于它应有的价值。[2]

但是,马利特现在谈到,他自己无法承受到意大利开展实地调查的全部开销。"如果我是个有钱人,我会马上行动,自行负责;哪怕我愿意抽出1858年十二分之一的工作时间和收入用于调研,自己的能力也达不到,因为还要负担行程和当地调查的必要支出。"[3]

皇家学会很快答应了这150英镑的费用请求。伦敦地质学会(Geological Society of London)和皇家地理学会(Royal Geological Society)都很支持马利特的提议,支持他的还有伦敦外交部长克拉伦登勋爵(Lord Clarendon),以及威斯敏斯特大教主红衣教主怀斯曼(Cardinal Wiseman,显然在一个主信天主教的国家,这种支持对要踏上旅途的人来说十分受用)。同时支持他的还有各领域的科学家,首先就是他同时代的著名地质学家查尔斯·莱尔(Charles Lyell)。

震后不到两个月,马利特就在巴西利卡塔大区开展了艰苦的工作,骑在马背上纵横穿越整个地区。工作常常遭遇困境,降雨过多、夜间极冷,住在安全无法保障的出租屋,除此之外还有几间庙宇和大型建筑。就算没有地震破坏,此地也难以长驱直入。该地大部分区域位于海拔1 000米到1 500米,还有更高的山峰。"出于安全防备,居民点就紧紧贴在较低的山峰上,由于该地与世隔绝,过去几个世纪一直是很多异族的避难所",马利特伟大研究的两名近代评论员——格拉齐亚诺·法拉利(Graziano Ferrari)和安尼塔·麦克康奈尔(Anita McConnell)在皇家学会的《札记与纪事》(*Notes and Records*)中写道。"唯一建造良好,构造结实的建筑要属于宗教团体和少数贵族。"[4]马利特不懂意大利地方话,只能通过各种方言的口译来收集信息,只有一次是他直接对话,还是用拉丁语跟一位牧师的对话。

"有段时间,现象似乎十分复杂,有时候甚至明显矛盾,我开始害怕会一无所获,只得到一些支离破碎的材料。"马利特在1858年2月28日写信给莱尔:

> 有些像萨波纳拉那样彻底覆灭的城镇,情况确实非常糟糕,至少有3 000人在30秒内便不幸罹难,曾经的一个锥形山顶,上面有

座庞大且建造稳固的城镇,如今全都成了碎石和垃圾山,熏黑的梁木横七竖八、东倒西歪,直指苍穹。[5]

在蒙泰穆罗村,他走访了一些废墟,旁边就是倒塌教堂的塔楼,后来在都柏林的宁静中他回忆到:

> 我走到里面时,有东西绊住了脚,弯腰一看是一条又长又宽、看起来很古老的蕾丝带子,曾是用来装饰某些祭坛的,现在祭坛已经垮塌。我正看的时候,依然屹立的部分塔楼倒下来很大一面墙,砸在我刚刚走过的瓦砾堆上,而我们还要从上面经过才能回到总部。[6]

蒙泰穆罗村7 000人口中,5 000人遇难,500人受伤。

"乍一看,甚至经过一番粗略检查后,一切看起来还都很让人困惑。房屋似乎从各个方位和角度突然坍塌。好像没什么支配规律,也没有任何迹象显示倾覆力的主要方向。"马利特在他关于地震的正式报告中写道。这种困惑使他更加坚定不能重蹈1783年地震委员会的覆辙,就是缺少机械工程学知识。正如他反观自己的总体方法:

> 只有首先夺取一些制高点,我们才能全盘了解整片废墟,要观察破坏最严重和最轻微的地方,之后保证罗盘在手,逐户逐条街耐心地检查倾覆的诸多细节,分析每个细节并进行比较,至于力的方向,必然造成各种不同角度的倒塌,加之先前的观察和比较,我们最终彻底明白这些明显的混乱都只是表面文章。[7]

比如,在莫利泰尔诺镇的罗萨里奥圣多米尼克教堂(Chiesa della Santa Dominica della Rosario),烛台倒塌的方式可以给人两种启示:

> 在教堂南北两侧的祭坛上,我发现了镀金的木质烛台,已经被摇得偏离重心。北边的烛台朝西北方向不同角度倾倒,但依然靠着背墙或祭坛架子。它们位于够不到的高处。教堂南边的烛台,现在已经摆回正常位置,但负责看管圣器的教堂司事对我讲,南边的所有木质烛台都从祭坛上震掉了,散落在地上,到处都是,后来

被重新摆放过了。

这对判定此处地震波方向尤为关键,也就是说,从西北的一点向南传播。北边的烛台经历了前半周期的地震波,运动有限,向后倾倒并斜靠到墙上,由于大幅摆动,在后来的回摆中已经无法复位。而对面,即南边的那些,同一时刻由于震动向前倾斜,或偏向祭坛的正面,由于没有墙体支撑而一股脑全都掉到地上。[8]

通过训练有素的专业眼光评估震害的每一条裂缝,马利特编制了等震线图:即具有相同震害和烈度的等震线地图(这个方法今天仍被沿用,经过改良可用来绘制震灾图)。虽然他过于依赖掉落物体的方向和建筑裂缝的类型并以此作为地震运动的指标,但实际上裂缝只是建筑结构类型的函数。马利特的地图使他可以估计出地震的中心位置以及此次地震相对其他地震的强度大小,但他从没有碰到过 1857 年地震地质断层滑移而产生的任何地面断裂。直到最近,地质学家卢西拉·贝内德蒂(Lucilla Benedetti)及同事经广泛实地研究之后才发现,山坡上有撕裂的裂缝。缘何马利特没有发现这些断裂?一个原因可能是 1857 年距 1891 年日本和 1906 年加州观测到巨大断裂还有几十年,地质学家并没有想到会出现地表断裂,当时人们还以为地震运动是发生在很深的地下。另一个原因是地面断裂可能被大雪覆盖了。"倘若他发现了那条 16 千米长、穿过乡村的裂缝,那么这个对力学很在行的人极可能在断层破裂和地震之间架设起某种联系。"地震学家霍夫和比尔汉姆评论道。[9]

但法拉利和麦克康奈尔总结称"马利特针对 1857 年地震的报告在描写自然主义与科学推断性的地震观察之间形成了一道分水岭"。[10]其中,他利用包括立体成像在内的新型摄影技术对震害进行了详细的记录。随后出版了图文并茂的长篇宏论,分两卷,名为《1857 年那不勒斯大地震:观测地震学的基本原理》,经过苦苦等待终于在 1862 年问世。他还出版了一本历史地震名录,今天也依然是标准参考,还有一些特别的全世界大陆块地震烈度图,直到 20 世纪 50 年代海底测量时才被超越。马利特的地图首次表明地震在世界范围内的某些地震带上形成了地震群。"总的来说,意大利半岛的地震中心点或地震扰动带与高大山脉走向一致,"他颇有预见性地写道,并继续评论称,"同样的力,不管在哪,自身形成火山口和地震等,都是沿着地震带沿线,也就是说,沿着全球几乎所有大型山脉的中轴线在各处运转。"[11]至于解释缘何如此,涉及的板块构造要在 100 年后才出现,但与此同时,马利特的地图也使地质学家开始关注神秘的全球地震烈度模式。

地震烈度不能与震级,即报纸上通常报道的数字混为一谈。烈度衡量的是地震大小,震级也是,但震级是根据地震仪摆锤的震动计算得出的,而烈度是基于人工建筑可见的震害、地表发生的裂缝等变化以及人的感受报告,如地震对悬挂的灯饰配件或车辆驾驶员的影响。烈度衡量的是发生地震时人们的所见、所感,而震级是科学仪器探测的结果。烈度就像电台的信号强度,取决于听众的位置和无线电波从电台到听众的传播路径;震级就相当于电台的输出功率(测量单位是千瓦)。从根本上讲,一次地震只有一个震级,但可以有多个烈度。

地震烈度表有若干不同版本,但如今通常采用的是意大利火山学家朱塞佩·麦加利(Giuseppe Mercalli)在 1902 年提出,1931 年修订的版本。烈度等级从 1 到 12 级,但它也有严重的不足。首先,烈度表的大部分都是主观的,比如,7 级烈度的描述为:"大多数人都惊逃户外;设计和建造工艺良好的建筑轻微破坏,可忽略不计;建造良好的普通建筑轻微或中等破坏;建造工艺和设计较差的建筑严重破坏;烟囱损坏;开车中的人可以察觉。"其次,这也取决于房屋的建筑质量,这个不易评估:比如说,地震中某座房屋依然挺立,但隔壁的房屋已经倒塌。第三,这也和"文化"有关:一种环境的烈度指标可能在另一种环境就丧失了效用。比如说石砌和加固混凝土建筑的破坏指标对东京来说就非常重要,但对印度村庄几乎就毫不相关。实际上,加利福尼亚地震学家建议进一步优化修订版的麦加利烈度表,把对杂货店、酒水商店和家具店的扰乱程度,甚至水床中引发的运动都包含在内。最后,最不如意的地方就是麦加利烈度表根本没有考虑到观察者距震中的距离:观察者记录下的距其较近的一场小地震的地震烈度可能要大于距其较远的大地震烈度。

但地震烈度表依然作用很大。世界上很多地区还缺乏能够测量大地震中地面运动的地震仪。另外,大约20世纪30年代前(此时里克特[Richter]引入了震级测量)的地震记录只包含烈度报告。因此,烈度是将20世纪以前的地震与现代地震进行比较的唯一量化指标。

19世纪70年代马利特的工作结束后,对地震的更深入了解,包括震级测定,都需要发展现代地震仪。其中必不可少的元素(大概在中国古代张衡发明地动仪时)是一个可自由悬挂质量块或摆锤的支架——或左右摆动,或在弹簧上上下振动。摆动的质量块对应着地面的横向水平运动,而振动的质量块对应着地面的垂直运动。悬挂质量块存在惯性,使其无法和支架运动(自然而然随着地面震动发生)同时发生,而是相对滞后:地震仪的机制使得质量块与地面的相对运动被记录下来。如果质量块运动排列有序,可在匀速移动的纸带上记录运动轨迹,或如今在电脑屏幕上记录的数字轨迹,那么这种测震仪就可以称为地震仪。

用于记录地面与摆锤相对位移的首个测震仪是1751年安德里亚·比纳(Andrea Bina)在意大利创建的。它需要用一个指针连在放置的摆锤上以便在静止的沙床上留下轨迹;但并没有记录显示它在地震测量中的实际应用。19世纪又出现了其他的测震仪器,包括马利特的水银验震器。而最早的现代地震仪,即能够在运动表面上通过定时追踪记录水平和垂直方向上运动的仪器,直到1875年才出现。该地震仪由另一个意大利人菲利普·切基(P. F. Cecchi)发明,它引入了两个水平摆的设计,可以记录两个垂直分量的水平运动,还有弹簧上的振荡摆锤,可测量垂直运动。但它不够灵敏,几乎没有用过。切基地震仪现存最早的地震图只能追溯到1887年。在19世纪80年代间,它也开始被日本日新月异的地震仪发展所取代。"切基的地震仪尽管如此,"两位早期测震学的历史学家詹姆斯·杜威(James Dewey)和佩里·拜尔利(Perry Byerly)写道:

> 似乎很明显,地震仪在地震学领域的采用要归功于19世纪末在日本教书的一群英国教授。这些科学家们获得了已知最早的地面运动作为时间函数的记录。此外,他们也了解这样的记录能反映出的地震运动的基本特征。他们用自己的仪器研究地震波的传播,同时出于工程目的,还用它们研究地震中地面的动态。[12]

这里我们还需要了解一点历史背景。1853年至1854年海军准将培理访问日本,随后1855年发生了安政大地震,1868年开始明治维新,日本快速向西方打开了国门。日本政府还聘请外籍员工在新的科技部门担任职务,还在新成立的东京帝国技术学院(在1886年成为东京帝国大学的一部分)中任教。1865年至1900年间,大约有2 000至5 000名西方专家前去日本工作,大多数是二十几岁,官方尊为"御雇外国人"(oyatoi-gaikokujin)——字面意思是"令人尊敬的外籍佣人或雇工"。雇用他们是为了帮助日本走向现代化,并没有被赋予实权位置,免得把具有强烈民族意识的日本人降到被殖民地位。

出乎意料的是,地震学并不是外籍专家受邀开展工作的一个领域。日本人对地震早就习以为常,也就没有研究它的紧迫感。但住在日本的外国人却对这种平时不常见的现象非常警觉。19世纪70年代,在帝国学院,地震总是留居日本的外籍教师们之间永恒的话题。其中一个叫约翰·米尔恩(John Milne)的说道:"不管是早餐、午餐、下午茶和晚餐,随时都可能感到地震。"[13]因此,日本的地震学并非日本人创立的,而是由相关学科如地质学、采矿学及土木工程学的外国教授创立的,其中大部分都来自英国。最终,1886年,东京帝国大学设立了世界上首个地震学教授职位,由米尔恩的门生关谷清景(Sekiya Seikei)充任。其他著名的日本地震学家,如大森房吉(Fusakichi Omori)等在世纪之交前陆续涌现,当时日本在短时期内成为世界地震学的重要中心,而中心的中心则位于东京帝国大学(美国迟至1911年才有地震学的教学课程,是旧金山大地震的五年后,加州大学以地质学的名义引入的一门课程)。

在日本的这些外籍教授中,米尔恩是其中最重要的一位。1876年,他从英格兰来到东京,时年26岁,担任采矿和地质学教授。19世纪80年代,他娶了一位日本妻子(佛寺住持的女儿),定居在日本直到1895年,比大多数"御雇外国人"停留的时间都要长。他的职业工作需要他在日本广泛游历,包括几次大胆的火山探访。1877年,米尔恩和其他人包租了一艘专门的汽船探访正在喷发的大岛火山,这座小岛大致在横滨以南,位于相模湾。他从岛上报告称:"尽管地震在本土司空见惯,但据说这里不会发生地震,唯一能感觉到的震动是在火山喷发的一刹那。"[14]之后,米尔恩总结道:"在日本,我们所经历的大部分地震并非来自火山,似乎和火山也没什么直接联系。日本中部山区有着大量活火山,但这个地区地震却非常少见。"[15]

1880年,东京-横滨发生强震以后,米尔恩强烈要求成立日本地震学会,这是世界上首家致力于地震学的机构,在米尔恩的坚持下由一名日本人领导。1881年,他与另外两名受聘于东京帝国大学的英国科学家詹姆斯·尤因(James Ewing)和托马斯·格雷(Thomas Gray)共同设计了地震仪,而从1883年起地震仪在日本得到广泛应用,当时在格拉斯哥生产了一台,并由英国科学促进会(British Association for the Advancement of Science)赠与明治天皇。1895年米尔恩回到英国后,主要负责组建世界地震台网,以便在中心观测台收集数据进行评估。这个中心观测台由他自营,就在他的家中,位于英国南部海岸怀特岛夏德镇。他的记录后来在《夏德通报》(The Shide Circulas Reports on Earthquake)中面向全世界读者公开,从1900年发行到1912年,直到米尔恩去世。他还撰写了一部有关地震的经典教材。尽管米尔恩对这一学科的理论贡献不大，但还是被广泛地誉为"地震学之父"。

1880年的东京-横滨地震拉开了日本独有的派系分歧，其中一派支持传统木质结构的日式建筑，而另一派则支持现代西方的砖石结构建筑。日式建筑相对来说抗震较好，但容易着火；而西式建筑在地震中容易坍塌，但相对不易着火。19世纪70年代，东京部分地区被大火摧毁之后，致力于现代化的政府修建了一片砖砌体结构的住宅区和商业区，这片展区号称银座（Ginza），由爱尔兰建筑师设计。尽管可以防火，银座并没有吸引多少居民和商户，令政府颇为尴尬。人们不感兴趣，部分原因在于租金昂贵、交通不便以及对银座布局和外观不熟悉。另一部分原因似乎是害怕地震时被困在这座西式建筑里。后来有人也为天皇设计了一座完全西式风格的宫殿，1879年开始修建，但在一次小震中就出现了裂缝而不得不进行改良。新宫殿中的大臣办公场所还是用砖砌体建造，而天皇的宅邸换成了木质结构，由朝廷的官方木匠设计而非原来的外国建筑师。显然，争论中更多的是日本建筑与西方建筑的对抗，而非简单的工程学方面的考量。米尔恩很快就发现自己也深陷其中。

1880年，他积极地记录了东京-横滨地震所造成的破坏，并将之与马利特记载的1857年那不勒斯地震震害相比较。但东京的日本建筑垮塌很少，并没有展示米尔恩所要的数据。他满怀遗憾地评论道：

> 这里到处都是木质建筑，总的来说韧性很好，虽然地震时出现左右剧烈摇摆，按照这个架势，砖石结构房屋必然会彻底摧毁，但地震停止后，由于接合处的刚性很强，又恢复到了原来的位置，而且几乎不留痕迹，让我们无从判断所发生的地震运动有哪些基本特征。[16]

确实，有些日本建筑，比如佛塔，运用了精心设计的木质屋顶接合，可直接防止地震破坏。

相反，可喜的是（至少对米尔恩是可喜之事），横滨新建的砖石结构建筑反倒成了"巨型地震仪"。1880年,几乎所有的砖结构烟囱全都倒塌,同时倒塌的还有横滨的部分西式建筑,但在东京,日式住房几乎都没有什么大的损坏,除了个别仓库出现了墙灰脱落。因此,米尔恩在横滨向外国居民发放问卷调查,了解他们受灾情况,比如,窗户是否破损,什么时候破的,烟囱倒塌的方向等。相反,在东京,他只能依赖唯一的那点儿砌筑结构,即城市周边乡村大量倒塌的墓碑,来说明一些问题。"横滨居民所承受的损失能得到什么样的安慰,我说不准,"他写道,"但可以肯定的是,如果没有建造他们所居住的房屋,关于此次地震,我们可以掌握的信息就会少之又少,且几乎毫无意义。"[17]

19世纪80年代间,米尔恩在气象学家、报务员、军队和国家官僚机构的帮助下开发了一个覆盖全日本的地震监测系统。可谓是从家开始,他把东京帝国大学的主楼变成了一个地震检波器,对地基的现有裂缝进行标记、年代测定和测量,并把类似地震仪的仪器直接连在墙上。之后在1882年,他开始向当地的政府办公室,如邮局、学校等发送成捆的明信片,请求官员每周在东京给他寄一张明信片,记录可感的地震次数,由此确定了地震活动最频繁的区域。然后,米尔恩在这些区域设置了钟表,只要有一定程度的震动钟表就会停止,因此可提供不同位置地震发生时间的报告并可相互比较。1883年,地震学会地震观测系统委员会向政府官员发布如何保存这些时间记录的明确指令。有些时钟被放在帝国气象观测站的野外测站。最终,米尔恩"成功地将地震监测任务转嫁到一群政府公职人员的现有任务之上"。历史学家格雷戈里·克兰西(Gregory Clancey)在其开创性的研究著作《地震国度:日本地震的文化政治》(*Earthquake Nation：The Cultural Politics of Japanese Seismicity*)中提到。[18]

1891年10月,米尔恩最终经历了一场毁灭性的日本大地震,可以和1857年马利特研究的那场意大利地震相提并论。此次地震发生在冲击而成的浓尾平原(Nobi Plain),以"日本花园"而著称,如今以"浓尾大地震"而闻名,那场地震亦常被称为"美浓尾张地震"。几乎日本全境都有震感。当时震级的概念还没有出现,但是据当代的震波图判断,其震级可能高达 8.4 级,浓尾地震同 1923 年关东大地震相比有过之而无不及。地震中死难者人数约 7300 人,数万人受伤,10 万余人流离失所。1891 年的这场地震是自 1855 年摧毁江户(东京)的安政大地震之后日本最强的一次地震。

至于震害,米尔恩在 1892 年向英国科学促进会报告如下:

> 如果从铁路线的扭曲变形、地面裂缝、数百英里的平原防洪高填方路堤损毁、形形色色的建筑彻底毁灭、山体滑坡、山顶坍塌、山谷塌陷和其他令人无所适从的现象来判断,我们可以肯定地说,去年 10 月 28 日清晨,日本中部经历了地震史上有记录以来最严重的一次地震。[19]

次年,即 1893 年,米尔恩和东京帝国大学的同事威廉·伯顿(William Burton)工程师在日本出版了一本名为《1891 年——日本大地震》(*The Great Earthquake in Japan, 1891*)的著作,证明了该报告的真实性。书中的插图部分展示了令人震惊的照片,扭曲的铁路、断裂的桥梁、毁灭的工厂。同时,米尔恩还加入了日本政府的地震调查委员会,其成立正是此次地震的直接结果。他是唯一一名受邀的外国人,与东京帝国大学的日本工程师、建筑师、地震学家、地质学家、数学家和物理学家并肩作战。没过多久,他就被日本天皇授予了旭日勋章。该委员会是首个对未来地震影响进行规划的日本官方组织。

而大约就在这一时期,随着欧洲发明了更为灵敏的地震仪,在连续移动的相纸表面利用光学记录而非机械记录,地震学也开始出现了国际性的转机。从此以后,便可以逐渐远离震中区域,在地球另一边的地震实验室进行地震研究。1889 年,由恩斯特·冯·雷伯-帕什维茨(Ernst von Rebeur-Paschwitz)设计并投放于德国波茨坦的地震仪在日本有感地震大约一小时后,记录到了这次发生在日本的远震。米尔恩对德国的这次观测予以了证实。到 1893 年,受到欧洲这些测量结果的鞭策,他利用光学记录设计出了他最著名的地震仪,并以自己名字命名。该地震仪的敏感性或许在某种程度上促使他决定在 1895 年离开日本回到英国,因为现在他可以在怀特岛上继续研究日本岛的地震了。(而另一个原因是米尔恩的整个家都在 1895 年东京的一场大火中烧毁。)

美国在地震学方面要落后于日本和欧洲。但在 1886 年,南卡罗来纳州查尔斯顿地震后,美国便开始迎头赶上。此次地震方圆 500 万平方千米区域均有震感,当时被认为是美国有史以来破坏性最大的一次地震,如今估计震级为 7.3 级。

或许受查尔斯顿地震影响最大的要属美国地质调查局。当时的美国地质调查局主要关注国家西部的绘图和采矿工作。这场地震使地质学家们意识到了永久地震仪的必要性。其中一名地质学家约瑟夫·勒孔特(Joseph LeConte)1887 年在《科学》杂志上写道:"没有地震仪我们将无法再进行地震研究。地质调查局应在全国的不同地点投放地震仪。加州大学近期收到了三台品质最好的地震仪(尤因和格雷-米尔恩研制),很快将安装在该州的不同地方。"[20]

还有重要的一点,就是由查尔斯顿地震引发、围绕地震成因而产生的争论。根据直观上比较有吸引力的"地球收缩"说,"地球内部由于放热变冷而导致不断收缩,坚硬的地球外部圈层相互挤压错位,以适应逐渐缩小的地核"。著名的地质学家约翰·斯特朗·纽贝利(John Strong Newberry)在纽约哥伦比亚大学的《矿业学院季刊》(School of Mines Quarterly)上提到。[21] 但另一地质学家、爱德华·埃弗里特·海登(Edward Everett Hayden)与美国地质调查局一道,很快在《科学》杂志上向纽贝利的主张发起如下反击:

> 鉴于很多有名的科学家并不准备对此(该理论)买账,很遗憾,作者并没有采用马利特给出的更加全面而无特殊指向性的概念……地震是弹性压缩波在地壳中的传播。[22]

总之，当前美国地震学家普拉迪普·塔尔沃尼（Pradeep Talwani）写道，查尔斯顿地震：

> 使得马利特有关地震波本质的弹性应变概念被更加广泛地接受，而地震的地球收缩学说则日渐消亡……当时人们对地震波速度的估计还保持着强劲势头，地质结构对地震波传播与衰减的影响也得到普遍认可。[23]

至于日本地震学家，他们开始走出日本，特别是日本在1904年至1905年日俄战争中取得胜利之后。1905年，大森同一批科学家和建筑师访问印度，记录阿萨姆大地震后的余震情况。1906年，加州发生了著名的大地震，之后他来到此地，对旧金山的废墟进行考察（在那里，他受到仇日的地震幸存者抛石攻击致轻伤）并撰写了一份报告，是欧洲科学家得到的有关这场地震的首份详细记述。震后数月，一家当地报纸，《旧金山呼声报》（*San Francisco Call*）在一则新闻标题下刊登了大森教授的巨幅照片。这则新闻标题为"世界最伟大的地震学家称旧金山处境安全"。[24] 1908年，大森对发生在意大利南部墨西拿的骇人地震进行了调查研究。这场地震共造成12万人遇难。大森在此得出结论，1891年浓尾大地震中遇难人数较少，但若日本普通住房都像意大利那样采用砖石结构而非木质结构，那毫无疑问死亡人数将会多得多。

大约同一时期，随着日益灵敏的地震仪被发明出来，地质学家和物理学家，如凯尔文勋爵（Lord Kelvin）开始探索地震学新的潜在领域，通过计算地震波经过地壳、地幔及地核等不同区域的速度和轨迹提供了地球内部结构的"X射线"。自19世纪90年代起，地震学逐渐被视为地球物理学这个广泛学科的一部分。虽然有马利特、米尔恩、大森房吉和许多其他科学家的开创性实地研究，但这门学科依然还缺乏地震在何地、何时以及为何发生等普遍理论，没有这些理论，预测未来地震的发生便是无望之举。而旧金山大地震将为这样的理论提供第一条可靠的线索。

6 弹性回跳:旧金山(1906)

1906年圣安德烈斯断层地震致旧金山西北隆起带的出现。

历史上最有名的地震是1906年4月的旧金山大地震,在加利福尼亚北部乡村的地表造成长达476公里的巨大断裂,南起蒙特利县,北至门多西诺县。主震强度估计7.7级—7.9级,震源深度大约海下10千米,位于金门公园(Golden Gate Park)海岸线以西约3千米,旧金山市中心以西13千米处。它像一只巨大的鼹鼠一样撕开地面,产生了高约1/3米、宽1米的车辙似的隆起。震波向南北以每秒2.5千米左右、10倍于商务喷气式飞机的巡航速度进行传播,这是由全球96个地震仪的记录计算所得;它们在84分钟后到达这些仪器的最远端,位于印度洋的毛里求斯岛,从地球上穿行12 600千米。在整个隆起带的沿线,道路和公路、成排的树木和围墙,甚至整个牲口棚,(无论从断裂的哪一侧看)都向右平移了达6米。地面隆起沿着雷斯岬海岸(Point Reyes)附近的熊谷(Bear Valley),朝着门多西诺末端断裂带实际径直绵延差不多25千米。

关于地震,有一个著名的民间传说,可能是受大地开裂吞没城市的《圣经》故事启发而产生,愚弄了许多报纸记者、斯坦福大学(新建的地质系大楼在地震中倒塌)校长,甚至是前沿地质学家——1906年州地震调查委员会成员葛洛夫·卡尔·吉尔伯特(Grove Karl Gilbert)。吉尔伯特报道称,就在雷斯岬站南部奥利马的一个大农场中,有一头牛被裂缝吞没,仅留下尾巴露在外面,后来被狗吃掉了。他没有亲眼看见那头牛伸出来的尾巴,而且他试图寻找一条足以埋下一头牛的裂缝,也没找到。但他说,"有关这一点的证据是毋庸置疑的",裂缝一定是由"墙体一时分裂造成的"。[1]事实上,一个当地的农场主佩恩·沙夫特(Payne Shafter)有一头死牛需要掩埋,他对吉尔伯特搞了这场恶作剧。正是由于他的轻信才开始有了这个关于尾巴的故事。

为了解释裂缝是如何出现的,地震委员会的另一成员地球物理学家哈里·菲尔丁·里德(Harry Fielding Reid)在1906年提出了他的"弹性回跳"模型,是继马利特和米尔恩的尝试之后,地震学的又一大主要进步。里德是清楚地认识到断层移动造成地震,而非地震引发断层的第一位科学家。虽然在实践中描述断层如何引发地震时,里德的原理遇到了许多困难,但它仍是21世纪地震学家运用最为广泛的理论。

里德的理论以地质断层面的概念为出发点,它是两个岩块破裂面的接合处。断层面既可以纵向移动(上下),也可以横向移动(两侧)。因为接合通常不是完全垂直,而是一个面悬垂于另一个之上①。上盘下降,该断层被称为"正断层";上盘上升则是"逆断层"。垂直轴上的移动称为"倾滑",而水平轴上的移动称为"走滑"。当然,真正的断层经常既显示出倾滑也显示出走滑。两个断层面间的摩擦力决定断层是否移动。摩擦力越小,断层越脆弱,越容易滑动。若摩擦力足够小,断层可能会不断地进行无震滑动,这种滑动被称为"断层蠕滑"。若摩擦力大小适中,断层可能会频繁滑动,产生很多小震。但若摩擦力很大,断层可能只是偶尔滑动,从而会出现偶发但较大的地震。

1906年以前,地质学家已经意识到旧金山地震的区域有一个很大的断层。他们甚至记录了穿过断层带的公路、围墙及河流如何在断层移动中发生变形。1895年,地质学家安德鲁·劳森(Andrew Lawson,后被委任1906年地震委员会主席)在小圣安德烈斯水库选址到旧金山南部不远的断层带之后,将其命名为"圣安德烈斯断层"。但在1906年后的数十年中,人们才认识到该断层像一个巨大的伤疤一样,几乎贯穿了大部分加利福尼亚,地质高度复杂,有95千米宽,1300千米长。直到20世纪70年代,伴随着板块构造学说的出现,人们才搞清楚圣安德烈斯断层处于向相反方向挤压的北美板块和太平洋板块的交界处。

里德指出,在1906年地震以前,圣安德烈斯两个断层平面间的摩擦力已经锁住了旧金山附近的部分断层,在断层面走滑移动的过程中发生变形,就像拉伸橡皮筋发生变形一样。实际上,当今的地震学家塞斯·斯坦(Seth Stein)就是用橡皮筋给本科生讲解"弹性回跳"的。斯

---

① 断层面之上的断盘称为上盘,之下的断盘称为下盘。——译者注

6 弹性回跳:旧金山(1906)

坦将橡皮筋绑在一个装有肥皂的皂盒上,并试图拉着盒子滑过瑜伽垫。最初拉橡皮筋,使橡皮筋发生弹性拉伸,但盒子没动,直到作用于橡皮筋的拉力超出盒子和垫子间摩擦力的那一刻,即盒子突然向前移动时,橡皮筋开始弹性回弹复位。与之类似,想象圣安德烈斯断层发生变形,直到所受应力超出断层面之间摩擦力,然后地震中水平断开,断层面向相反的方向回弹,并回跳到一种应力较小、相互抵消的状态,在此过程中产生地表破裂。因此断层在弹性回跳之后会恢复到应力积累之前的初始状态(类似橡皮筋一样),但也会重新调整(不同于橡皮筋),因为现在两个断层面的相对排列位置发生变化。

"弹性回跳"引起的回响要超出地震学范畴。这也是一种耐人寻味的类比,表明旧金山如何从1906年的地震和火灾中回跳并自我调整,从而成为世界最著名的城市之一。这也适用于许多从大震中回弹的其他城市。"这两个词不仅代表地震学说中的最基本原则,同时也是描述社会对灾难性地震事件回应的一种最恰当的比喻。"地震学家霍夫(Hough)和比尔汉姆(Bilham)在《地震之后:城市星球的弹性回跳》(*After the Earth Quakes: Elastic Rebound on an Urban Planet*)一书中写道。[2]

旧金山地震发生在1906年4月18日凌晨5点刚过,连震两次,中间间隔在10—12秒之间,总共持续45—60秒。市政厅较低的部分几乎瞬间坍塌,只留下裸露的框架支撑着一个莫名其妙保持完好的圆屋顶:这是地震中一个标志性景象。《旧金山观察家报》(*San Francisco Examiner*)的记者正好出来得早,记录称,随着市政厅周围的尘埃消散,"圆屋顶就像一个映照在晨曦中的巨大鸟笼。整个建筑的上半部分工程都躺在脚下的大地上……"[3]

在这场毫不留情的地质分裂中,爱德华·普卢姆(Edward Plume)警官正坐在市政厅的派出所。他随后报道了这段触目惊心的经历:

> 当时我坐在办公桌前,感到整栋大楼发生微颤,持续了几秒钟。耶利米·德威尔(Jeremiah M. Dwyer)警官说"地震了"。

然后貌似轻微的地颤（微震）开始越来越猛，一下子把我从椅子上甩出去。我从一头被甩到另一头，试着找点东西抓住，防止自己跌倒。

此时外面的噪声震耳欲聋。我能听见支撑市政厅檐板和穹顶的巨大支柱开始断裂，伴着大炮般的巨响，在如雷贯耳的轰隆声中坍塌。我们的门外，巨石和砖块哗啦往下掉；巨大的枝形吊灯前后摇晃，砰的一声从天花板上掉下来。

屋里瞬间布满尘土和壁炉的煤烟。这种摇晃就像飓风中的船舱一样。觉得大楼肯定经不起这样的震荡，同时预感到随时可能被埋在废墟里，我冲着德威尔警官大喊，往外跑。

然后灯灭了，虽然外面已经黎明破晓，但由于屋内烟尘弥漫、屋外到处是废墟尘埃，整个警局一片漆黑。

德威尔和我冲向最近的门，跌跌撞撞地越过桌椅垃圾，爬出来，到了拉金街。街头黑乎乎一片，到处是让人窒息的烟尘。我们跑过一条小巷。建筑灰尘还在落，看不到任何东西。

我在到达小巷时，斯特拉斯莫尔公寓的前墙开始倒塌。50英尺外有一片空地，我跑到那儿，站在高高的围栏旁等待着地震破坏的结束。德威尔在穿过拉金街时被绊倒，没能跟我一起。

然后震动停止了，惨叫声从四面八方响起，哀鸿遍野。[4]

普卢姆和德威尔都极其幸运地逃过此劫。事实上，警局里死于1906年地震的只有一个值班警察，当时墙倒了，砸到了他身上。

距市政厅6个街区之外，据说可以抗震的皇宫酒店（Palace Hotel）"就像在跳吉格舞"，一位客人，就是几小时前在米慎区歌剧院（Mission Opera House）上演《卡门》的巡演歌剧公司经理如是说。[5] 其中一位歌剧演唱家，也是世界上最著名的歌剧男高音恩利科·卡鲁索（Enrico Caruso）感觉到：

屋里的东西都在转。吊灯摇晃着要触到天花板，椅子也在互相碰撞。砰—砰—砰！让人恐惧的一幕。墙体四处坠落,扬起厚厚的黄土。大地依然在震荡。我的天啊！我想不会停了。[6]

从皇宫酒店逃出来,卡鲁索去了圣弗朗西斯酒店(St.Francis)寻找歌剧公司的其他成员。在这家酒店的入口附近,当地的一个摄影者认出了他,睡衣外面裹着毛皮大衣,一边抽烟一边嘟囔着"啥鬼地方！啥鬼地方！再也不来了"。[7]

但让人难以预料是,很多其他人却对地震兴奋不已。加州另一个著名的宾客,心理学家威廉·詹姆斯(William James——小说家亨利·詹姆斯[Henry James]的哥哥)以前从未经历过地震,因为他住在东海岸。当时他住在斯坦福大学校园的一所公寓里,醒来发现床在颤动,家具互相碰撞,还有可怕的轰鸣声,但詹姆斯没有抱着维多利亚时代的信念去压抑强烈的情感。后来他很快在《有关地震的心理效应》("On Some Mental Effects of the Earthquake")一文中写道:

[我的]情感中完全是欣喜和仰慕……一点都没有觉得害怕；只有纯粹的愉快和喜悦。

"来吧,"我几乎大喊出来,"来得更猛烈些吧！"

我跑进妻子的房间,发现她虽然从沉睡中醒来,但也没有恐惧。在我后来问询的所有人当中,很少有人在震动过程中感到任何恐惧,但很多人意识到他们刚走开的一刹那,书架或者壁炉的墙砖就砸到了床上、枕头上,对于这种死里逃生还是有些"后怕"。[8]

总的来说,尽管包括男生宿舍在内的斯坦福大学的建筑有几处破损,2人死亡,一些人重伤,但詹姆斯认为:"大家都很兴奋,不管怎么说这种兴奋乍看起来,似乎是近乎愉悦的,经历这么多年无关痛痒的晃动后,这次终于来了一场真的地震！最主要的是,人们对谈论地震和交流经历有种无法抗拒的欲望。"随后的几天晚上,大部分人都睡在外面,一方面是安全起见,以防地震再次发生,但詹姆斯认为"另一方面也是为了宣泄情绪,讲讲地震中的各种异象奇事"。"大学花园里传出早起的男女同学叽里咕噜的说话声,伴着天气晴好和鸟儿叽叽喳喳的唱歌声,连续三四天都能见到的宜人的日出景象。"[9]显然,被地震破坏激发热情的,并不只有詹姆斯一个人。

而其他人就没有普卢姆、卡鲁索和詹姆斯那般幸运了。1906年,旧金山41万人口中大约有六分之一居住在"填筑地"上,那是19世纪下半叶由房地产投机商回填的土地。填筑地在地震面前十分脆弱。比如在第六街,为过往旅客提供暂住的旅馆建在填充的洼地上,即众所周知的米慎沼泽地,在1868年该城的第一次大地震中形成。这些旅馆像多米诺骨牌效应一样倒塌:第六街132号的内华达旅舍砸到了136号的拉曼旅舍,拉曼旅舍又倒在142号的俄亥俄旅舍上,又依次砸到了霍华德大街的布伦瑞克旅舍,这四家旅舍连在一起,大约有一千个房间。

另一家宾馆,在巴伦西亚大街上,同样建在沉陷地上,结果更糟,有三层楼下沉,然后,楼自己倒塌,只留下一层露在地面上。与此同时,沉陷的湿地还损坏了缆车索道和向旧金山市区供水的自来水管道。困在巴伦西亚街宾馆三层以下的大多数人可能在地震几分钟之内就沉没了。

唐人街的破坏也是骇人听闻。为隐藏赌场大厅、鸦片烟馆和妓院而建起来的隔栅铁门和假墙都裸露在外。两名警察来到附近商业大街的妓院,发现妓女和男客们四处裸奔。很多妓女吓得不敢爬到废墟中找衣服,警察不得不替她们随便翻几条裙子或衬裙。大部分客人不管穿得多少都迅速逃窜。令人诧异的是,没有任何记录显示有华人在震后被送往急救医院。

在第六消防站,地震导致一座两层木质框架的消防站后方沉入填土大约1米,楼面从中间折断,消防车车库的门也被震开,架子散得到处都是,要费好大劲儿才能把消防车从消防站里弄出来,而消防车很快就会成为急需设备。

地震引起的大火在旧金山历史上绝非第一次。在淘金热时代,自1849年圣诞前夜至1851年6月间,大火先后六次将城市的大部分地区化为焦土。那时,在商业区砖石建筑已经取代了木质建筑。1850年,市民在该市的官方印章中刻上了一只凤凰。但目前在这些火灾中,1906年的大火是破坏性最大的一次。大火烧了三天三夜,直到4月21日早晨7点左右,设置了防火隔离带,大火才最终停止,在这期间,大火吞噬了508个街区和2.8万多栋建筑,火势蔓延超过12.2平方千米,达该市的四分之三(大约是伦敦大火烧毁面积的8倍),损失至少5亿美元。火灾加上地震使城市的一半以上人口——22.5万人无家可归。

旧金山的消防队得到了港口海军基地人员的重要援助。由于地震损坏了管道,自来水无法供应,消防部门无法正常作业,而警局电话系统和消防队电报系统的崩溃更是雪上加霜(奇怪的是,邮政系统还能继续运转,而且在大火中没有丢失一封邮件,因为邮递员们用湿的邮包把火扑灭了)。最终,民政当局被迫允许军方使用炸药,烧毁未燃的街道以形成防火带,士兵一个接一个街区,炸毁了的房屋、大厦和教堂,马上又被扔进来的沾满煤油的碎布点燃。炸毁距离大火多远的建筑是个挑战性问题,而民政当局与军方意见不一,有些目标建筑还属于极端腐败的时任市长尤金·施密兹(Eugene Schmitz)的政治拥护者所有,这使得问题进一步复杂化。他选择了一种折中的方案,并指示建筑物只有在"大火马上烧到头上"时才能炸毁。[10]火势继续蔓延,烧到凡尼斯大道时,已经别无选择,只能把火海正前方的建筑炸毁,形成一个火焰难以跨越的巨大火场隔断。在浴血奋战的最后几小时:

> 神志不清的消防员昏倒在街上,只能被逃难者拖到避开危险的地方,其他人滚进排水沟,防止合成橡胶的消防战斗服粘到身上。27号消防车的中队长斯蒂芬·拉塞尔(Stephen Rusell)说,不知哪里来了一个医生还是护士,沿着防火线,给消防员注射士的宁(strychnine),这是用来杀虫的一种生物碱毒药,据说小剂量的注射能够缓解烧伤疼痛并可用作兴奋剂。[11]

这段描述来自《否认灾难》(Denial of Disaster)一书。该书是由旧金山市、县档案管理员格拉迪斯·汉森(Gladys Hansen)和曾经身为消防员、服役 30 余年的旧金山前消防队长埃米特·康登(Emmet Condon)于 1989 年联合出版的关于地震的权威著作。其书名指的是旧金山对 1906 年地震和大火中的真实死亡人数的长期否认。几十年来，美国军方基于废墟中的尸体数量、报道的失踪人数和由于罪行被处决的一小部分人口，估计城市的死亡人数为 498 人。这个数字已经被人们接受。但在 20 世纪 60 年代，汉森在负责该市图书馆族谱收集时开始怀疑这个官方数字。在那里经常有人问她索要 1906 年的死难者名单，但她发现并没有这样的名单存在。

115　　重建这样的名单之所以困难原因有两个。首先，很多地震和大火中发生的悲剧并没有记录在案。比如，"潜入水下拒绝被拉上岸的醉汉，倒塌的公寓中窒息的全家，一直失踪或在婴儿车中被飞来的煤渣打死的婴儿"，汉森和康登写道。[12]其次，还有一些间接的人员伤亡：那些在 1906 年 4 月以后、震后的几个月中死去的人，或死于重伤，或死于灾后由于难民营中卫生条件普遍较差而感染的疾病，或死于剧毒物释放，或死于心理创伤，包括自杀。经过广泛研究，汉森总结地震和大火中的死难人数，若算上地震大火中直接的死亡人数，再加上地震、火灾引起伤病并在震后一年期内致死的人数，要比之前报道的数字高得多。她最后得出的数字是 3 000 余人死亡，即军方原来数字的 6 倍。在震后近一个世纪，这个更趋于真实的估计已被人们广泛接受。

　　对死亡人数的否认只是震后各种否认的冰山一角。人们还能记起考古学家和历史学家普遍对地震轻描淡写。在旧金山，政客和商人无疑都作出了持久的努力，把破坏的责任推到大火而非地震身上，并牢固树立这种信念。甚至在接下来的几年中，人们都把"大火前"和"大火后"当成历史基准来谈论。这种观点在普通的旧金山市民中得到迅速响应，原因如下：首先，房屋保险政策通常会涵盖火灾，但不包括地震。这自然会促使投保人淡化地震与火灾相比的重要性。第二，对火灾的关注转移了人们对该市长期存在地震风险的注意力,这对商业有利。第三,将责任归咎于火灾会激励人们尽快重建昔日的城市,而无需对建筑地基或抗震结构工程进行高价的改造。旧金山的各家日报为支持此观点,只发布了美国东部的微震电讯,而省去了对旧金山本身较强余震的报道。

的确,旧金山人对州地震调查委员会在收集信息方面帮助甚微。市政当局和商会向委员会的成员施压,禁止发表委员会调查结果,就像之前1868年该市发生那场地震之后一样,当时令人不安的科学报道一直都没有公布。1906年的委员会成员,来自斯坦福大学的约翰·卡斯珀·班纳(John Casper Banner)在1913年直率地回忆道:"有人劝告甚至一遍又一遍地强烈要求我们不要收集这方面信息,尤其是不要发布这些信息"。"'忘了它','多说反而坏事','从来没有发生过地震',这是我们从各方听到的最多的观点。"[13]另一位委员,地质学家吉尔伯特在震后三年美国地理学家协会(American Association of Geographers)的主席就职演讲中抱怨道:

> 假装漠不关心并且伴有隐瞒信息的策略一直延续至今,可能世界上任何其他震区都没有这样的特点。人们担心如果加利福尼亚以地面不稳定性而著称,那么移民流入就会遭到抑制,资本就会流到其他地方,商业活动也将受到损害。[14]

因此,据《旧金山纪事报》(*San Francisco Chronicle*)报道,地震发生仅一周后,旧金山房产局就召开了会议。会议通过一项决议称要用"大火"代替"大地震"这样的措辞。[15]这也暗示着旧金山的大楼将再一次挺立,如凤凰般浴火重生,就像他们在之前的大火中成就的那样,但对大地震引起的破坏他们却没有这样的自信。

在同一周,一辆由芝加哥(1871年曾遭遇大火)开往旧金山废墟的火车卧铺车厢内临时召集了一场群众会议。当时在场的芝加哥慈善局局长后来回忆称:

经过半小时的有力演说,一项决议在群众的欢呼声和全体一致同意下得到采纳,作为一种不容争辩的事实,宣布旧金山的灾难纯粹是因为火灾,而这种灾难,简言之,在任何秩序井然的城市都可能发生,而大火之前的微震除了可能破坏各处的煤气和自来水管道外,便和这场灾难毫无关系了。[16]

而支持这种观点的最强音是来自加州最大的企业——南太平洋铁路公司。其铁路设施在加州北部和中部遭到了巨大的地震破坏,其在旧金山市区的很多财产都在大火中毁于一旦。公司还花重金在加州南部扩建,因此若该州呈现出未来还有大地震的风险,那该公司的损失将更加惨重。

公司的客运总代理向加州的所有商会写信,从而"以正视听"——将灾难进行重塑。"我们不主张为地震打广告,"他解释道,"旧金山真正的灾难无疑是火灾。"他请求商会使地方媒体确信强烈的地震"是非常罕见的,没有哪个温带城市曾两次遭受地震的重创"。[17]另外商会可能也要指出由于当地的木材廉价,旧金山主要是木质建筑(商业区的建筑除外,这部分建筑很大程度上躲过了火灾),因此,城市更易于受到火灾的破坏。此外,商会可能也要解释城市的供水系统,虽然陈旧且容易下陷到沼泽地中,但目前正在用水库系统取代。确实,南太平洋公司建议,商会应鼓励在作灾难方面的报告时,重点要停留在重建过程中城市的快速修复能力和创造力上。

"南太平洋公司对灾难历史的改编范围是惊人的,"汉森和康登写道,"作者和研究者们不断地使用经过妥善改编和包装的数据,有效地把关于地震的影响方面进行美化和简化。很多情况下甚至是把严重错误的版本放进几乎所有关于旧金山地震和大火的后续文章及著述中。"[18]

甚至保险公司也适时默许,认为这场灾难源头上是由大火导致的,而非地震所致,尽管这样做必然会违背自身的经济利益,因为地震或爆炸致房屋倒塌,又发生着火的情况不在本保险的保障范围内。在全美标准火险保单条款中,"房屋倒塌"条款中写明:"若房屋全部或部分倒塌,除因火灾所致外,该保单中所有针对该房屋或家庭财产的保险将立即终止。"[19]

投保人对此早已心知肚明。在大火中,围绕可能产生的后果有各种传闻。一些房主的反应是刻意给自家遭地震破坏的房屋放一把火,希望得到保险的赔偿。在大火后,火灾保险公司调整委员会主席表示:"这件事可谓超乎寻常。在旧金山,地震和大火之后,保险员收到的前2000份理赔申请中,每个投保人在提出索赔时都郑重声明其房产在地震中没有受损。我想说这简直是太超乎寻常了。"[20]

当然,问题在于如何从断壁残垣中区分房屋受损的原因是地震、火灾还是爆炸。虽然有些可用照片证据(以《否认灾难》中的详细图片为证),但仍有很多争议的空间。最后达成一种全面折中,就是我们所谓的"横切",也就是说,考虑到地震和爆炸的可能影响,对保单全部保额进行一个百分比折合。保险理算员努力争取将额度折扣定为三分之一,但经过保险公司和投保人委员会双方的谈判,额度折扣降到10%。"这个折扣也是后来统计数字的基础,将整体破坏的10%归咎于地震而90%归咎于火灾。"汉森和康登提到。[21]当然,这种划分一定也得到了加州南太平洋公司支持者的认同。

即便如此,索赔人大多数也是损失惨重,因为保险实在太少。在个人和公司的9万份理赔申请中,到当时为止保额最大的是卡鲁索住过的那个皇宫酒店。皇宫酒店获得了保单的全部保额赔偿,共计151.85万美元,但据酒店经理讲,酒店的全部损失实际为600万美元。没过多久,这栋大楼就被夷为平地,其中的3100万块砖头被车拉走用于填地了。针对该市地震和大火造成的全部损失也各有不同估计,大致在5亿到10亿美元之间——其中不包括火灾区域之外的损失以及城市基础设施的更换修缮费用(如供水排水系统、学校、消防站、公安局等),以及对无家可归的群体实行救援行动的巨额成本。不管有多少破坏是地震造成,基础设施的重建成本大部分是由市政债券提供,其中有些债务直到20世纪80年代又一次大地震来袭前不久才得以偿清。

不管实际总成本如何,这部分成本都足以产生国内国际的金融冲击。它相当于1906年名义上的美国国内生产总值的1.3%到1.8%。在纽约股票交易所,地震和大火之后立刻出现了大量抛售。但仅在3天之内,股价就又开始回升。4月23日,曾研究过之前"灾后市场"的《纽约时报》撰稿人评论道,让人吃惊的是,这种灾后股价快速回升并非一种特例,而是一种定律。[22]很快,旧金山就宛若一片充满投资前景的土地,尤其是在建筑领域。"在资本主义的逻辑里,毁灭中孕育着走向现代化的机会。"历史学家黛博拉·科恩(Deborah Coen)在《地震观察员》(*Earthquake Observers*)一书中写道。[23]

直到1906年秋,国外保险公司不得不支付被保险人针对旧金山保单提出的赔偿时,真正的金融动荡才开始。冲击最严重的是英国保险公司,承担的赔偿估计达1.08亿美元,主要是黄金形式:自淘金热时代起,这在加利福尼亚可谓一种颇受青睐的支付方式。在两个多月中,英国资金外流意味着英国的黄金货币存量损失14%:这是1900至1913年间所记录的最大跌幅。而存款准备金率跌到了自1893年金融危机以来的最低点。虽然它没有公开将资金外流归咎于旧金山的保险债务,但为了阻止黄金外流,英格兰银行开始排斥美国的融通汇票,并与其他欧洲中央银行一道提高自身利率。欧洲1906—1907年的这项政策造成了美国1907年5月的经济萎缩,持续时间不长,但非常严重。紧接着就是1907年10月纽约股票市场的崩溃和巨大的金融恐慌。"为应对恐慌,美国国会于1908年通过了《奥德利奇-瑞兰法案》(*Aldrich-Vreeland Act*),创立了国家货币委员会并授权银行在危急时刻以商业票据为支撑发行紧急通货,"经济史学家克里·奥德尔(Kerry Odell)和马克·威登密尔(Marc Weidenmier)提到,"国家货币委员会的提议为1913年建立的美国联邦储蓄体系打下了基础。"[24]因此,可以说1906年的旧金山地震也促发了美国中央银行的形成。

除了保险评估人员,又来了一大批工程学会、大学和政府机构的研究人员。他们驻扎的时间更久,大约3年,把旧金山市区当作一个实验室,来研究地震大火中结构工程方面的问题——就像半个世纪前那不勒斯地震后废墟中的科学家马利特一样。他们的目标是对地震、爆炸及火灾引起的破坏加以区分,从而为重建一个抗震能力更强、防火能力更好的城市提供基础。

但结果并非如此。震后不久发表的一份工程报告预言称:"废墟中重建的旧金山在很大程度上很可能延续先前的建筑缺陷,就是前旧金山的翻版。"[25]数十年后,在《否认灾难》一书中,康登预言道:"倘若今天出现类似的灾难,那大火对城市的危害要远比1906年时惨重得多。"[26]1989年,第三大地震袭击旧金山(6.9级),虽然城市幸免于大火,但又一次遭受了巨大的地震破坏,尤其是在填筑地。1991年,《美国地震学会通报》(Bulletin of the Seismological Society of America,美国地震学会是1906年成立的科学协会)在关于1989年地震的一篇800页的特别报告中评论称:

> 强烈的地面震动对无筋砌体、柔性底层结构、腐朽木材、不良地基、水力冲填和新的海湾泥地造成的影响几乎算不上新闻,尤其是在旧金山,这样的"教训"就算以前没有,至少在1906年就已经学习过了……只有国民长久地意识到地震的危害是真实存在的并且会造成巨大的潜在损失,否则似乎就无法避免地要再吸取一次1906年和1989年的教训。[27]

换句话说,1906年后旧金山开始回弹,但并没有痛改前非。这座旧城的废墟中浮现出的耀眼新城比1906年以前的建筑结构更加脆弱不堪。新城在1915年的巴拿马太平洋国际博览会上向世人亮相,博览会的会址就建在旧金山海湾的填筑地上。展会结束后,这个位置就被打造成了旧金山的马里纳区。1989年的地震中,马里纳区是全城受灾最严重的区域。当马里纳的填筑地深陷时,大量的焦木和灰石从滚滚泥沙中喷溅而出,这些大概都是1906年大火和1915年博览会留下的破碎残骸。

直到1933年,加州政府才正式开始保护民众防护地震破坏。同年,一场地震袭击洛杉矶附近的长滩,致120人遇难,财产损失估计5 000万美元。只因地震发生时间较晚,正值下午6点前,才挽救了数百名学生的性命,否则他们几乎是必死无疑。在短短一个月内,加利福尼亚州便引进了针对公办学校的严格设计和建筑规范。

不知何故,很多居民都认为加州南部长滩的6.4级地震与1906年加州北部的大地震旗鼓相当。查尔斯·里克特(Charles Richter)在1958年写道:"虽然这次只是中等强度地震",但却被视为"重大灾难"。但至少,他补充道,"这场灾难也有一些好的影响。给那些努力进行片面宣传或误导民众关注点以否认或掩盖洛杉矶市区存在严重地震风险的行为画上了句号"。[28]

此时,对地震的一无所知和人类的虚假乐观主义在加州民间盛行。新闻记者兼社会评论员凯瑞·麦克威廉姆斯(Carey McWilliams)收集了1933年震后长滩当地报刊中即刻流传的部分民间传说:

> 一辆沿长滩大道驾驶的汽车剧烈摇晃,4个轮胎全部震飞。殡葬承办人分文不取,在震后承接了不少于60场殡葬服务;发生地震是由于当地居民没有选举罗伯特·舒勒(Rev. Robert P. Shuler)当选美国参议员,他在加州南部下的恶咒开始灵验了;从帕洛斯韦尔德出海、离岸至少1英里的水手们在船上目睹了较高的群山峰峦在视野中消失;长滩的私酒贩子积德行善、把大量酒精捐至医疗机构,救了成百上千人的性命;女人们在地震中英勇无畏,男人们却软弱无能;地震的冲击致长滩数十名孕妇流产;一场地震往往使女人们一反常态,且长久持续,让人苦恼;加州南部任何一栋没有被地震破坏的建筑都被视为"防震的"……[最后],地震过

后,随之发生了3月24日的强大陨石雨预示着末日的开端。[29]

直到1948年,经过很多争论后,加州政府才决定对学校以外的其他建筑强制实行最低限度的抗震设计要求。而且直到1990年,旧金山发生第三次大地震后,州政府才发布了一份出现地震预警时的详细应对方案。

与此同时,保险公司的发展方兴未艾,那些感到担忧、之前又没有购买地震险的机构和房主也都纷纷签下了保险合同。在1906年地震中破坏明显的斯坦福大学于1980年购置了地震险,但在给出每年300万美元的保单市场溢价、自负额(免赔额)1亿美元、自负额之外保险仅负责赔付1.25亿美元的损险后,斯坦福大学便在1985年退保了。1989年地震,斯坦福大学没有任何保险,损失大约1.6亿美元。

然而,即便是那些最了解地震的地震学家在地震保险是否值得高额溢价和巨大的自负额问题上也产生了分歧。20世纪90年代,尽管近年来加州北部和南部发生过几次地震,但加州地震安全委员会主席、地震灾害研究的世界专家劳埃德·克拉夫(Lloyd Cluff)都未曾考虑给旧金山的老房子(金门大桥的建筑工程师所建)购置地震险,因为自负额的数额之高已经使保险失去意义。加州理工学院地震学实验室主任,也是世界上主要的地震学家,生于东京的金森(Kanamori)同样也没有给距离洛杉矶不远的帕萨迪纳市住房购置地震险。据金森所言:"我个人应对地震的方式是尽可能减轻焦虑。我住的房子相对便宜,不值多少钱,所以地震造成的损失有限,这一点我是非常满意的。"[30]金森不但没有购置地震险,他的住房甚至没有像加州很多老房子和其他建筑一样进行过抗震翻修。

加州人对于地震的态度总是介于接受与拒绝的矛盾之间。也只有在日本,保护城市基础设施、建筑物和人民生命免受地震灾难才得到了严肃对待。那时,日本也是世界上唯一一个首都城市几乎被地震彻底摧毁的工业化国家。

7
日本浩劫：东京和横滨(1923)

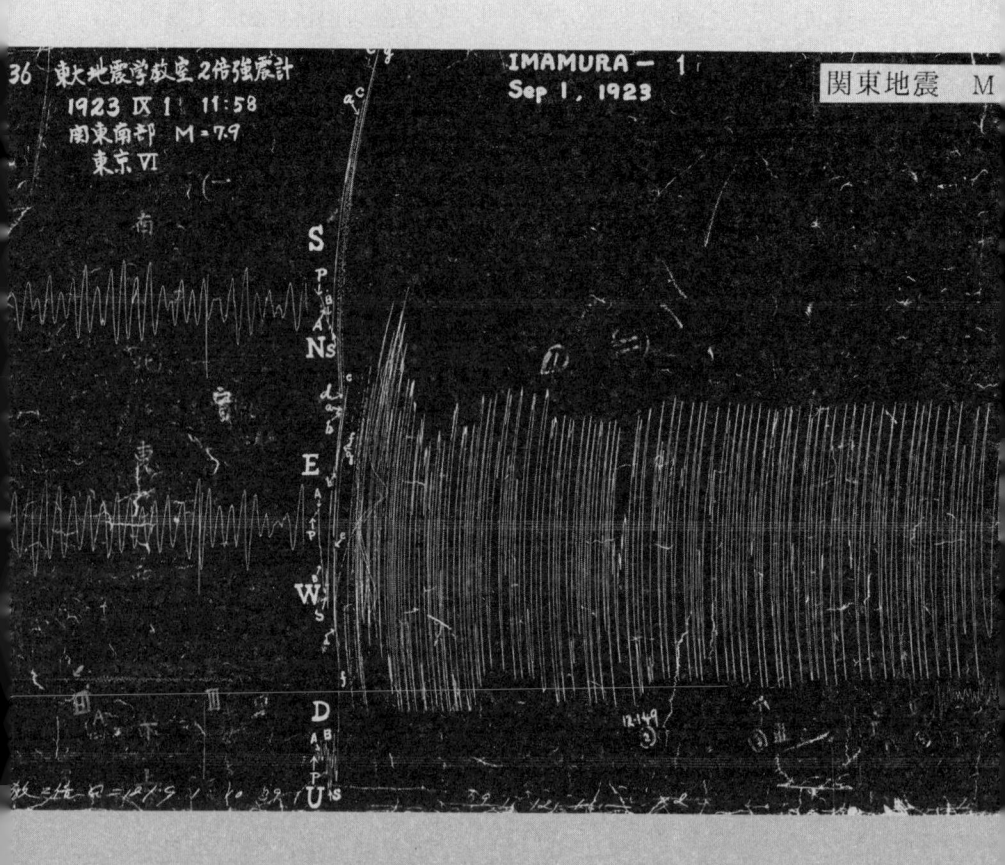

1923年9月1日今村明恒(Akitsune Imamura)在东京帝国大学记录的震波图。

关东大地震,日本史上最惨绝人寰的地震,1923年9月1日午餐时间前在东京及关东地区的周边区域爆发,随后引发的大火造成至少14万人死亡。首都持续震动长达四五分钟(数据记录不一),紧随其后的是足达11米高的海啸。海啸所释放的能量相当于大概400颗广岛原子弹。

彼时,上百万木屋里,人们正在用炭和燃气火炉做午饭。倏忽之间,恐慌的厨房里小火遍起,沿着密集的房屋四下乱窜,最后交织在一起形成燃亮黑夜的骇人风暴大火。直至9月3日早晨,东京的18平方千米,该城的三分之二,已烧成灰烬(与1906年旧金山的12.2平方千米形成鲜明对比)。

附近的横滨是东京国际港口,以其模仿欧洲城市构建的近代石砖结构而独具优势。这里的震荡比东京还要严重,震前也同样大火肆虐。横滨港口某船上的乘客提到,第一次冲击后约莫一分钟,一团黄澄澄的云雾"伊始犹薄,但每时每刻体态膨胀",从陆上升起。它"形成绕海湾的连绵条带……颜色越来越深,以骇人之速北去。毫无疑问,这种云正是崩塌建筑的尘土所生"。[1]

该城的格兰大酒店(Grand Hotel)只剩下堆积的碎石焦土。甚至现在,据日本摄政王(后来的裕仁天皇)介绍,1926年官方地震报告中所印的那个复古色调的小照片中,面目全非的酒店仍是引人注目的一景。配图文字直言:"人工之作无一可抵御自然之力。"[2]

东京某校的13岁男生,日后成为日本最负盛名的电影导演的黑泽明(Akira Kurosawa),以他在《罗生门》《七武士》和《蜘蛛巢城》①等电影中对人类行为极端的戏剧性描写而堪称传奇。他当时住在一片丘陵连绵的郊区。家里的房屋损毁严重,供电系统也和城市其他地区的电力一同瘫痪,但他和家人最终幸运逃出,并且毫发无损。

---

① 又译《血王座》,《麦克白》的改编版本之一。

大约60年后，他写就了充满智慧和令人难忘的自传。黑泽明在自传中分三节娓娓细述了他在关东大地震中的青少年时期经历。这三节分别是"1923年9月1日""黑暗与人性"和"可怕的远足"。他发觉："地震使我了解了自然界中超乎寻常的力量，同时也让我看到了超乎寻常的人心。"[3]

如黑泽明所言，大火过后，黑暗的城市谣言四起，有人称日本在1910年吞并朝鲜，常受日本本土人歧视的朝鲜移民劳工趁乱纵火。还有传言称朝鲜人在东京的井里投毒；更有甚者，据日本当地报纸报道，有人指称朝鲜人正在谋划暗杀日本的皇室家族。

在地震与火灾爆发大约十周后，政府强制实施了戒严令，当时在东京-横滨地区打工的大约1.2万名朝鲜人中有6 000—10 000人被日本义务警员处以私刑。这些义务警员中有些还得到军队和警方民族主义分子的纵容；由于自1923年起便未有任何官方调查（或是来自日本政府关于屠杀的任何官方道歉），因此受害者的实际数目也恐怕难见天日。著名的地震学家，今村明恒深夜骑行回家，因为戴的头盔样子奇怪而差点儿遇害。就连当时新任的日本首相在9月2日晚开完第一次内阁会议回家时的座驾也差点儿遭到一群义务警员袭击，领头的人挥着大棒，直到他们意识到备受惊吓的车内人身份后才作罢。

黑泽明的父亲很有尚武精神，在他儿子看来几乎可谓日本武士。当时他在一片烧毁的区域搜寻下落不明的亲眷，由于满腮胡子被一群挥舞着棍棒的暴徒误认为老外，于是他使用日语怒喝他们"笨蛋！"这时人群才开始散开。在家中，幼小的黑泽明被叫去夜里放哨，他手里拿着木剑，放哨的地点就在窄得只能容一只猫爬行的排水管旁，以防朝鲜人顺着它偷偷溜走。还有人警告他不能喝附近井里的水，只因井壁上用白色粉笔标着奇怪的朝鲜代码，但极为荒谬的是，那些毫无意义的鬼画符完全是出自黑泽明自己。

东京中部的这场劫难逐渐平息下来，黑泽明回忆起哥哥邀他去参

7 日本浩劫:东京和横滨(1923)

观废墟之事:

> 简直像学校远足一样,我兴致勃勃地和哥哥一同动身了。当我发觉这次"远足"是多么恐怖,想退缩时,为时已晚。哥哥看出我要打退堂鼓,便硬拉着我一直走……
>
> 起初我们只是偶尔看到几具烧焦的尸体,但越向市中心走,这样的尸体就越多。哥哥不容分说,抓着我的手继续往前走。火灾的痕迹是一望无边的暗红色……在这令人窒息的红色袤地横着可以想象的各种各样的尸体。有烧焦变黑的,半焦的,躺在阴沟里的,漂在水面上的,堆在桥上的,还有十字路口挡住整条街的……凡是人类所能展现的各种姿态,对应的尸体统统都有。当我不由自主地将视线避开时,哥哥责备道:"明!注意看好了!"……
>
> 有些地方死尸堆成了小山。在其中一堆尸体上面,有一具坐着烧焦了的尸体,还保持着莲花式的坐禅姿势,那简直就像一尊佛像。哥哥和我伫立良久,目不转睛地看着它,然后哥哥仿佛自言自语地轻声说道:"庄严哪!"是的,我也是这样认为的。
>
> 结束可怕的远足回来的晚上,我已经完全做好失眠或做噩梦的准备。但感觉头刚刚沾上枕头就已经是第二天早晨了。我睡得很沉,丝毫不记得梦里有任何可怕的东西。我觉得这事非常奇怪,便问哥哥其中缘由。"面对可怕的事物闭眼不敢看,你就会觉得很可怕。如果你直面它,那就没什么好怕的了。"现在想来,那场远足,对哥哥来说可能也是可怕的,但它竟成了一场征服恐惧的远征。[4]

在关东大地震前,东京(时名江户)破坏最严重的地震分别为 1703 年和 1855 年的地震。1855 年的地震即安政大地震——造成了鲇绘的大量涌现,在第一章中有所讨论。到 19 世纪末,日本地震学开始有了眉目,他们关注的主要问题无疑是:东京什么时候会遭遇下一场大地震? 1905 年,东京帝国大学地震学教授米尔恩之前的门生大森房吉和助理教授今村明恒之间也由于这个问题产生过"罅隙"。拿历史学家格雷戈里·克兰西(Gregory Clancey)的话来说,这场争论"在当代日本地震学家中也依然是传奇佳话"。[5]

虽说今村职位上不及大森,却只比大森小两岁。两人随即变为对手,对于大地震的起源各有各的理论,针尖对麦芒。

在大森看来,东京的地震风险不会增加,只会减少。他认为首都地下的地质断层带有频繁的地震活动,而这些弱震会释放具有潜在危险的累积地震应力。大森怀疑的是那些长期地震活动空白区,如浓尾平原,在1891年的美浓-尾张地震前数百年相对平安无事。相反,今村的关注点在东京西南部的相模湾,由于该地区地质断层带位于水下、缺乏地震记录而令人担忧。1905年今村在一家著名杂志中撰文,甚至预测50年内东京会爆发一场特大地震,并建议东京应着眼于应付最坏的情况。此外,他表示鉴于东京大部分为木式建筑,大地震很可能会引发10万余人伤亡的火灾。

今村的预言,尽管确实是先见,但没有科学数据的支撑。因此大森在同一个期刊上发文公开抨击今村的观点,文章题为"东京和大地震的谣言",并将他的启示预言与著名的"火马"传说相提并论,所谓的"火马"传说就是代表"火"和"马"的星象连成直线的年份就会发生火灾。大森断言:"东京在不久的将来会发生大地震的理论是毫无学术根据和价值的。"[6]他还在学校当着自己学生的面痛斥今村。尽管政府教育部门要求今村撤回主张,尽管他的某些学术同行开始有意躲避他,但他还是不肯放弃原来的立场。

1915年,两位针锋相对的地震学家又一次在今村的预言问题上公开交锋。这一次,今村不得不暂时离开东京帝国大学的岗位;他回到家乡的小村庄时,连他的父亲都开始责难他。

与此同时,大森却名声大噪。他设计的地震仪,以博世-大森(Bosch-Omori)地震仪著称(博世,取的是德国制造商之名),20世纪初期就已在世界范围内广泛使用。大森不仅在旧金山被誉为伟大的地震学家,同时他也预测了环太平洋地区、意大利南部和中国将发生地震,这些似乎在 1906 年的阿留申群岛和瓦尔帕莱索、1908 年的墨西拿、1915 年的阿韦扎诺地震活动中得到印证。但要强调的是大森只预测了这些地震的位置,而没有预测地震时间。但在他土生土长的日本,大森的地震空白区和地震释放理论却最终变成了一纸妄言。

1921 年末,东京 28 年来最强的地震损坏了管道,几乎切断了整座城市的供水。1922 年更大的一次强震造成建筑损毁,切断了电话服务系统,铁路运行中断。之后,1923 年初,东京迎来了第三次地震,地震强度较前两次稍有减弱。

按大森的理论,这些地震,尤其是第三次,表明东京地下的断层通过地震已释放了一定的地震应力。他宣称,首都东京现在可以放下心了。他在 1922 年发表的一篇科技论文中推测:"1922 年 4 月 26 日发生的半毁灭性地震或可结束继地震间歇期之后持续了 6 年的地震活跃期。"[7] 1923 年初的弱震使他更加坚定此信念。他写道:"东京在未来可能都不会再发生像 1855 年那样的强震了,因那场地震恰好发源于东京城地下,而毁灭性的地震不会重复出现在完全相同的地点,至少在 1 000 或 1 500 年中是不会发生的。"[8] 1924 年这篇文章刊印出版时,关东大地震已然摧毁了大半个东京,而大森本人也已不在人世了。

1923 年 9 月 1 日地震那天,大森身在远离东京的澳大利亚悉尼,参加第二次泛太平洋科学会议。当时澳大利亚的地震学家正为他展示地震仪,地震仪突然活跃,记录了他遥远的家乡遭遇的毁灭地震。最初的新闻报道称死亡人数达数万人,但大森在登上第一艘开往东京的船前对澳大利亚记者称这些数据或存在夸张成分,就像 1855 年安政大地震中最初新闻报道死亡人数有 10 万人一样,但澳大利亚新闻记者未能信服。墨尔本《时代报》(*The Age*)的记者评论道,尽管像大森这样的日本地震学家已经在地震预测方面耗尽洪荒之力,"但眼前的骇人事件却是他们徒劳的可悲写照"。[9]

地面摇晃时,大森的同事和对手今村正坐在东京帝国大学地震研究所的办公桌前。他后来描述了这段经历:

> 起初,晃动比较缓慢、轻微,让人没想到这会是偌大地震的前兆。我照例开始估计初步震颤的持续时间,很快震动开始加强,在开始的三四秒后确实感到强烈的震动。七八秒过后,房屋剧烈摇晃,程度难以想象,但我觉得这些晃动还不是主要部分……震动强度还在持续快速上升,四五秒后感觉已经达到顶峰。在这期间,屋顶瓦片飞溅,发出嘈杂的噪声,我在想这栋大楼还能不能挺住。[10]

此后不久,研究院的地震仪被震垮了,但震垮之前今村还报告了记录的最初震动。大学的墙面随即也开始坍塌。今村和同事在没有水源和外界帮助的条件下,成了临时的消防员。他们极力拼命挽救半个世纪以来、可追溯到英国前辈米尔恩、尤因和格雷时代的地震记录,以免被烧成灰烬。

不管是靠运气还是凭良好的判断力,今村安然无恙地在地震中幸存下来。目睹自己1905年的预言变成现实,他感到一种残忍的满足。他不仅成功预测了地震的时间(恰好在50年的窗口期内)和灾难的规模(死于火灾的人数远超过10万人),同时还准确地预测了地震的位置,震中正位于相模湾下。并且由于大森身在澳洲,偶然缺席,今村便成了日本政府至关重要的科学顾问和面对世界新闻媒体的主要发言人。

大森从澳大利亚返回时,今村在破损的码头边迎接这位学长,据说大森还向今村道歉。但那时,大森已身患脑瘤顽疾。10月下旬今村到医院探望大森时,发现他饱受疼痛之苦和罪恶感的折磨。今村试着安慰他的同事,两人用日本米酒杯共同为大学的地震学部干杯。之后的一两周,大森便离世了,年仅55岁。克兰西在《地震国家》(*Earthquake Nation*)中针对大森—今村之争,在令人叹服的叙述中总结称:"这是一条生命的终结,亦是无法再续前贤的一种职业生涯的终结。"[11]

这也预示着,纵观整个20世纪余下的光阴,并且直到今日,我们都会看到在日本、美国和任何其他"地震国家"都依然存在着围绕地震预测而产生的悬而未决的激烈论战。

相模湾海底发出的震波首先袭击了横滨,时间恰好是11时58分。继横滨44秒后,震波开始袭击偏离震中位置东北方向的东京。同1755年的里斯本和1855年的江户一样,夜以继日,余震不断,持续若干天。在东京帝国大学,今村在9月1日上午11时58分至下午6时探测到余震171余起,在午夜前又探测到51起。如今对主震的震级估计在7.9—8.1级之间,比1906年加利福尼亚的地震更加强烈。

大岛升(Noboru Oshima)是日本驻横滨的时事通讯社记者,他运气很好。上午11时58分,当时他正在办公室,听到"仿佛远处爆炸"的声音。下一刻,他就连同座椅一起被抛到空中,高出地板一大截,然后面朝下直接摔在地板上。大楼剧烈摇晃,发出不祥的嘎吱嘎吱声,但大岛还是想法跑到楼梯的顶端,随即霎时间被掀翻,一头栽到台阶上,滚了下去。"我马上站起来,从大楼一跃而出,但还是掉进了混凝土人行道上地震造成的三英尺宽的裂缝中。"他说道。在挣扎着站起来环顾四周时,透过布满烟尘的黑褐色空气极目远望,到处是坍塌的房屋。"那些断崖上的洋房已经起火,冒出一柱柱黑烟。街上的行人都踉踉跄跄,步履维艰。"[12]

在东京,《日本时报》(*Japan Times*)的记者兰德尔·古尔德(Randall Gould)同样比较幸运。地面摇晃时,他正准备吃午餐三明治。据称,"办公室已大部分塌垮,但尚未全部崩塌"。[13]他抓起自己的打字机,迅速爬到街上。放眼望去,依然伫立的房屋寥寥无几。城市的有轨电车已停在轨道上。在赤坂离宫(Akasaka Palace),摄政亲王裕仁天皇(Hirohito)正在用午餐,这里几乎没有受损,因为宫殿用螺栓固定到了结实的混凝土地基上。亲王跑到空阔的花园,看到城中一柱柱黑烟从燃烧的大火中升腾。大火或将继续燃烧40余小时。

东京城的人们即刻奔向宽敞的空地。首都的人们已经有几百年的大火经历，大火频繁不断，它们已如《江户之花》(*Edo no hana*)身负盛名。1923年，火焰将部分人潮逼退到帝王宫方向。人们身陷被大火烧死和与帝宫警卫发生武装冲突之两难境地，最终强行闯入宫殿外花园的安全之所，并在那里安营扎寨了好几天。

其他人往东，向隅田川的方向逃窜，希望能到达所谓安全的河对岸。但永代桥(Eitai Bridge)几乎已经完全被地震摧毁，只留下一个孤零零的铁桥梁悬在河上，高高地矗立于水面之上。逃亡者别无选择，只能排成一路纵队穿过桥梁。

随后几周，从刊在《日本时报》的报道和目击者描述的摘录中可以看到，接下来发生的一切简直是地狱的恐慌。

一堵火焰墙在劲风的扇动下迅速向东肆虐。大火即将蔓延至后方人群时，前往永代桥的人群开始惊慌并且蜂拥，前方的人群受到推挤，令人窒息。五六十人被挤得一头栽到水里。

逃难者沿着铁梁宛若蚂蚁般爬行，俯视着水面深处令人恐怖的景象。数百人掉入水中，有的抓住漂浮物，有的已被淹没，很多人已经死亡。水面的船只竭尽全力将幸免者摆渡上岸，但是面对沿岸排队而又惊恐万状的数千民众，要想完成任务恐怕也是心有余而力不足。

一位幸存女子，后来谈到她是怎样被推到水里，又怎样设法抓住系在岸上的绳索。随着午后时光慢慢消逝，火焰也愈发炽热，每一阵灼热的风打在脸上，她都不得不扎到水里。河水渐渐变暖，之后就是吓人的灼热。[14]

在隅田川的另一处，日本桥区域，火焰从一岸蹿到另一岸，两岸间距离达220米。9月3日早晨，在几乎两天没有进食后，那些浸没在肮脏河水中的幸存者最终得以脱险，烧焦的烧焦，熏黑的熏黑。在其他地方,城市的运河中很多人都被活生生地水煮了。

然而,到目前为止,最可怕的灾难是发生在拥挤的、工人阶级聚集的本所生产区。1920 年,本所区官方人口为 256 269 人;1925 年,在地震和大火之后,人口已下降到 207 074 人。1923 年 9 月 1 日的一次集中大火使本所的 4 万名居民不幸罹难,这在东京依然被人们悼念。

按照本所区警察局长的建议,当地人开始携带家里高度易燃的家具和行李来到本所鲜有的一块开阔空地避难。1922 年以前,这块空地一直是军队的被服厂,但在地震期间就被市政机关改为安置区了。其面积达 6 公顷,也就是说大致相当于伦敦特拉法加广场(Trafalgar Square)的 6 倍。

但这块空地对于从四面八方涌来、将声嘶力竭的逃难者紧紧包围起来的熊熊烈火来说还是过于狭小,无法为任何人提供庇护。在园区内,火焰形成了高达 200 米的旋涡,以大约 240 千米的时速(依照今村后来的调查研究)逆时针旋转。在《东京:物语之城》(Tokyo: City of Stories)中,新闻记者兼地理学家保罗·韦利(Paul Waley)描述了 9 月 1 日傍晚发生的惊人一幕:

> 一阵强风对着火焰墙猛烈袭击,产生了一系列的小旋风,把人们卷到空中,再像火球一样掷到地上。整个园区变成了地狱时代的烈火,温度之高可以使钢材变形,使金属熔化。几乎所有逃到那里的人都被活活烧死,毁灭如此彻底,谁也无法说清到底死了多少人。[15]

在极少数脱险的人中,有一个是日本东海银行(Tokai Bank)总经理的长子。其父吉田源次郎(Genjiro Yoshida)带着全家去之前的被服厂避难。除了源次郎的这个儿子奇迹般逃生外,其余全在风暴大火中丧生:他被一团炽热的旋涡选中、卷走又甩到河沟里,不管怎样,他还是在大火中幸存下来。灾难发生的当晚,本所区的警察局长也在愧疚和懊悔之下自杀身亡。

东京市区,尸横遍野,正如黑泽明在几十年后忆起的那样。据一家大阪报社的新闻记者报道,他当时乘坐一架开放驾驶舱的军用侦察机飞过东京这片废墟,甚至在 1 000 米的高空,尸体的气息还是盖过了发动机尾气的味道,飞行员和乘客都出现恶心、干呕。

在火灾现场,著名的现代派作家芥川龙之介(Ryunosuke Akutagawa,黑泽明的影片《罗生门》就是根据芥川龙之介的两个故事改编而成)看到这场余殃,他在自传式小品文《某傻子的一生》("The Life of a Stupid Man")中这样描述自己(以第三人称视角)在走访东京红灯区吉原时,那里死亡的男男女女大约有 500 人(多数为妓女),或因周围建筑的炽热灰烬点燃他们打着油蜡的头发而焚烧至死,或为逃脱大火不得已跳入池中窒息身亡:

> 那种味道和熟透的杏子差不多。他走在火灾烧过的废墟上,微微嗅到这样的气味,于是想着,伏天中的腐尸气味居然也不太难闻。可是当他站在尸骸累累的池畔时,他发现"鼻子发酸"这句中国古话在感觉上绝非对恐惧和悲伤的夸张形容。特别令他动容的是一个十二三岁的小孩尸体。他看着那具尸体,有点感到羡慕。他想起"好人不长寿"这句话。他姐姐和异母兄弟的家都在大火中焚毁了……
>
> 他站在烧焦的废墟中,不由得深深地想到:"要是我们都死了才好呢。"[16]

1927 年龙之介的遗稿在他自杀后出版。曾陪同龙之介走过东京废墟的同辈作家川端康成(Yasunari Kawabata)坚信,见到池塘中丑陋无比、狰狞万状的尸体之后,龙之介下定决心要留给世人一具"俊美的尸体"。[17]

川端康成是一位敏锐的作家,他最终摘得了日本首位诺贝尔文学奖获得者的桂冠。20 世纪 20 年代,他以短篇故事的形式写下了回应地震的小说,其中一部号称"掌小说"(palm-of-the-hand stories),被译成英文版的《金钱路》("The Money Road")。根据故事开篇,事情发生在1924年9月1日。主要背景就是之前的本所军队被服厂,现已成为停尸房,标着政府当局对大火中罹难者大批量尸焚的位置。

"在地震的周年纪念上,钦差大臣来到了被服厂遗址。"川端康成写道。

> 总理大臣、内务大臣和东京市长在祭场上宣读了悼词。外国大使们献了花圈。
>
> 11点58分,所有车辆都停驻下来,全体市民都默哀悼念。由横滨一带聚来的轮船从隅田川各处通航往返于被服厂的岸边。汽车公司争先在被服厂前临时设站。各宗教团体、红十字医院、基督教女校都在会场设了救护队。
>
> 明信片商纠合了一伙流浪汉,派他们去偷偷贩卖地震惨死者的图片。电影公司的摄影师手拿高三脚架来来往往。成排的兑换所在给前来参拜的人将银币换成作香资用的铜币。①

阿健是一个聪明伶俐的流浪汉乞丐,穿着破军靴,拖着一个穿着凉鞋的无名老太婆,一个穷困的老乞丐。老太婆的全家都在被服厂里烧死了。他们一起加入了哀悼的人群。为了纪念死去的女儿,老太婆准备把红梳子给女儿供上。阿健脱下自己的一只靴子,让她穿上,也没有解释缘由。两人一点一点地往前移,都是赤着一只脚,另一只脚穿着靴子。

"眼前展现出一大片的花圈和芥草供花,恍如华丽的花林。脚板突然有点凉丝丝的。是金钱。"拥挤得不能动弹的人群还没有走到奉献箱就投钱了。这些钱像冰雹似的劈头盖脸地落个不停。阿健和老太婆都连忙用脚趾将钱捡起,放进两个大鞋筒里。"越靠近积骨堂,冰凉的路上堆积的钱币也越多越厚。人们已经走在距地面足有一寸厚的金钱路

---

① 译文部分参照川端康成的《掌小说》中《金钱路》,叶渭渠译本。——译者注

上了。"最后,两人穿着装满硬币的靴子一瘸一拐兴奋地离开了。

直到那时,他们一起坐在空荡荡的河堤上,老太婆才想起连给女儿上供梳子的事都给忘了。她把靴子中的硬币全倒出来,把梳子放在里面,一同扔进了河里。"红梳子从扑扑往下沉的鞋子里漂浮上来,顺着大河静静地流去。"[18]①

如今的东京,在本所前被服厂的遗址上建起了一个公园。在公园中央,绿阴遮蔽,远离川流不息的车流,矗立着专门纪念大火中受难者的一座庙宇。在园林寺庙的周围矗立着各种奇异的雕塑,这并不同于普通的日本岩石花园。走近了看,它们可不是现代艺术作品,而是诸如压力机、发动机等昔日的金属机械,在1923年的暴烈大火中被高温熔化了。

1923年地震和大火中所剩之物寥寥。20世纪20年代东京和横滨的重建已经破坏了证据,剩下的又在1945年第二次世界大战期间被东京大规模的燃烧弹彻底抹去。事实上,美国的军事设计师蓄意将空袭地点选在1923年震后大火烧毁的地方。美国战时宣传图片的标题,展示了一张地震摧毁东京的航拍图,让人不寒而栗:"因为这是日本人建造的房子,这就是它的本命。老天做的,是用地震将东京夷为平地;现在我们要做的,是用美国的枪炮再次把它化为焦土。"[19]

同时毁灭的还有帝国政府内务大臣、东京前市长后藤新平(Goto Shinpei)在1923年灾后所提出的宏伟的重建构想。他将地震破坏视为塞翁失马,正好趁机清除东京迅速增长的贫民窟并统一按照欧式风格将城市改造成配得上强国之名的首都。但其他日本政治家,包括财政大臣在内,无疑都认为这样一个无所不包的计划成本将远远超出国家可以承受的能力范围,因此大量削减了后藤新平所提出的预算费用。代表东京外贫困地区的第三方政治团体也对首都巨大耗资的构想表示

---

① 部分参照川端康成的《掌小说》中《金钱路》,叶渭渠译本。——译者注

不满,并迫使进一步削减预算。作为被烧毁地区的居民,他们在很大程度上倾向于把失去的家园重建回原样,并且在灾难发生的几天内就展开了行动。

1923年末,内政和财务大臣在内阁发生了激烈的冲突,内政大臣败阵,并在1929年一蹶不振地死去。但后藤新平的构想并未被彻底遗忘。1983年,在这场地震的60周年纪念会上,裕仁天皇评论道,倘若这个计划在1923年实施,"可能会大大减少1945年东京战时的火灾。我现在认为后藤的计划没有付之行动是非常遗憾的"。[20]

实际上,东京市和国家政府在1923年至1930年间的重建预算中有三分之二——大约7.44亿万日元——并没有用于打造一个全新的东京,而是用于改善过去东京的道路、运河和桥梁,连同"土地调整"。为了更好的城市建设,这就需要逐街逐巷地与居民进行协商,主要是清除窄巷,建设笔直的、拥有人行道的现代公路。居民不得不牺牲高达10%的私人土地,而政府也没有任何赔偿。在此过程中,当地居民往往表现出愤怒的情绪,有时还需要宗教介入,比如说需要砍倒一棵圣树。重建局的某官员可能略带嘲弄地说道:"这是一个神道教祭司快速敛财的好机会。"[21] 到1930年,东京正式宣布重建,甚至比1906年旧金山的震后重建还要迅速。

对于关东大地震的长期影响,大家众说纷纭。地震爆发3年后,官方报告指出:"帝国首都东京几乎全面摧毁,最主要的港口——横滨港毁于一旦,国家遭受了残忍的、难以愈合的伤口。"[22] 10年后,东京市政办公室估计总成本大约在55亿日元或16.5亿美元(1933年的美元)。

将这一成本与1923年后日本微不足道的国民生产总值联系起来并不容易:"一项估计认为1930年日本的国内生产总值为138.5亿日元,"历史学家珍妮弗·威森菲尔德(Gennifer Weisenfeld)在她的地震研究著作《灾难影像》(*Imaging Disaster*)中提到,"但由于经济动荡,日元对美元的汇率在20世纪30年代急剧波动,大萧条期间国民生产总值也出现波动,因此很难体会到等值的感觉。"[23]虽然可以肯定,地震并没有严重削弱日本的经济,但毫无疑问破坏了日本经济的稳定。据史学家爱德华·塞登施蒂克(Edward Seidensticker)在《东京崛起:大地震以来的城市变迁》(*Tokyo Rising: The City Since the Great Earthquake*)中所说,源于地震的债务对1927年的金融恐慌和银行挤兑起到了直接作用,并导致内阁辞职。一位陆军将军出任日本首相,他积极主张对华的侵略干涉。但塞登施蒂克对这种金融和政治危机以及20世纪30年代日本社会军国主义之间存在直接联系的看法提出了质疑:"倘若没有大萧条,30年代的反应是否会来我们永远不得而知。"[24]

其中一个复杂因素就是日美之间日益增长的猜疑和紧张,自19世纪50年代日美初遇起就在酝酿。1923年9月,位于横滨港的日本当局起初以干扰对方无线电信号的方式拒绝美国船舰在港口提供的援助。之后日本接受了一场重要的美国军事救援行动。日方充满了无尽的感激之情,以至于救援工作结束后,负责救援的美海军上将就告知珍珠港的海军官员,在他这一代不可能和日本发生争战。大地震期间驻东京的美国海军武官则表现更为悲观,但他也强调救援工作已激起了日本人对美国人的羡慕和感激之情。在美国自身,指控日本人未能对美国的救援工作表现出足够的感恩也滋养了长期存在的反日情绪。1924年中期,美国国会颁布了种族歧视法,即所谓的"排日法案"。这自然在日本灌输了军国主义、法西斯主义和排外情绪。1929年华尔街在全球经济大萧条的背景下崩盘后,日本在1931年开始入侵满洲。日本的军事冒险主义在其他地区抬头,追求自由主义的日本首相在1932年被刺杀,日本政府被军方接管。1936年日本与纳粹德国签订协定,最后在1941年,日本加入了第二次世界大战。

虽然假定地震的巨大破坏和1941年日本最终宣布加入全面战争两者之间存在因果联系是有一定道理的,但要对此加以印证却困难得多。近代史学家和政治评论家一致认为,1923年9月2日至11月中旬颁布的戒严令赋予了警察和军队新的权力。有些军官滥用职权行一己之便,包括屠杀朝鲜移民的罪恶行径。地震"为日军的政治统治铺平了道路",理查德·塞缪尔(Richard Samuel)写道。"军队在领导力、社会团结和变革的旗帜下将脆弱的国家凝聚在一起。"[25]这是一个"转折点",[26]戴维·皮林(David Pilling)认为,它"有助于使权力倾斜走向极权主义"。[27]戒严令的宣布"赋予日本社会原本就激进好斗的军队以新的权力和名望",约书亚·哈默(Joshua Hammer)肯定地说,"很多在震后登上权力位置的军官在20世纪20年代末30年代初形成的激进反民主组织中扮演着重要角色。同样的群体也将国家引入了战争的边缘"。[28]

知名学者和日本文学译者塞登施蒂克察觉到地震带来了微妙的文化影响,而非政治影响,尽管这种文化影响还有待证实。地震前,进入东京百货公司的顾客会自动换上专供的拖鞋;而地震后,他们穿着普通的鞋子就可以进入。此后,日本的百货公司便和纽约、伦敦的百货公司基本无异。与此同时,地震之后,更多的日本女性开始工作,在百货公司的餐厅就餐;而在地震前,这种公共场合进食对女性来说是有失礼节的。最后,日本对以平板型叙事的连环画和漫画所特有的创作热情,正如现在大家所熟悉的日本动漫,都要追溯到关东大地震爆发后的几年。"它们的起源是否可以归因于地震之后的混乱,那就是它们的立身所在。"塞登施蒂克评论道。[29]鉴于另一种独特的日本绘画形式——日本大地震鲇绘源于1855年的地震事件,这是毋庸置疑的,那么从1923年大地震中产生类似的文学艺术现象似乎也合情合理。

8

甘地故土：古吉拉特邦的悲伤与成长(2001)

2001年震后古吉拉特邦甘德希罕(Gandhidham)的圣雄甘地像。

2001年,在民主主义印度,古吉拉特邦地震使威权主义得到加强,直接导致纳伦德拉·莫迪这位印度民族主义领袖的诞生,并于2014年当选印度总理。地震在印度起到了促进工业发展的作用。

这场地震发生在2001年1月26日,亦是印度的共和国日(Republic Day)。地震袭击了古吉拉特邦西部的卡奇县,那是阿拉伯海的一片巨大、偏远的临海地区,且靠近关系紧张的印巴边境。震中位置距该地区的心腹地带——16世纪中期所建的普杰古镇(有时也借用普杰镇的名字代指这场地震)只有20千米。整个印度西北部包括首都新德里在内和巴基斯坦大部分地区以及尼泊尔西部,甚至孟加拉国都有震感。

古吉拉特邦的地震强度为7.7级,卡奇县是此次地震的震中。卡奇人口稀少且发展滞后。实际上,该地区大部分土地仍是广阔而空旷的盐沼。卡奇沼泽地(Rann of Kutch)西临巴基斯坦信德省的印度河三角洲,北与印度的塔尔沙漠(Thar Desert)相邻,但这场地震估计造成的死亡人数仍有2万人,其中大多数位于卡奇地区,另有约16.7万人受伤。在古吉拉特邦东部距震中250多千米的首府艾哈迈达巴德,那里都是加固的混凝土建筑框架,但依然有多达50栋多层建筑坍塌(虽然某种程度上也归咎于劣质的建筑工艺)。卡奇的4个主要城镇——普杰、帕焦、安贾尔和拉伯尔遭到严重破坏,足以达到官方应急措施实施的要求;普杰的主要医院被彻底摧毁,178个村庄完全倒塌,此外还有165个村庄有70%以上的损毁。总计有78.3万幢建筑遭到破坏,其他33.9万座建筑被彻底摧毁,其中有四分之三位于卡奇,相当于该地区90%的住宅存量。普杰还发生了漏油事件:在根德拉港,剧毒化学物泄漏到空气中;在卡奇湾的瑞勒基港,煤尘和萤石也涌进了潮间带水域。

据《美国地震学会通报》(Bulletin of the Seismological Society of America)记载,在地质学上讲,2001年的古吉拉特邦地震"有资格成为世界上最具毁灭性的板内地震"。[1]换句话说,它不似1906年旧金山地震那样发生在板块交界处，而是像 1811—1812 年新马德里的几次地震一样发生在同一个地壳板块内。古吉拉特邦位于距印度与欧亚板块交界大约 400 千米处（包括克什米尔，2005 年这里发生了一场板内大地震，至少夺去了 8.6 万人的生命）。据全球定位系统研究，与大部分发生在印度次大陆的地震一样，2001 年的这场地震是由印度板块以每年大约 29 毫米的速度向北挤压欧亚板块致应力不断增大而造成的，这也是四五千万年前引起喜马拉雅山脉上冲的复杂过程的一部分。

古吉拉特邦和邻近的信德省也因此有了一段漫长的、哪怕大部分可能被人遗忘的地震史。正如 2010 年 3 位地球物理学家所述：

>地质的力量，尤其是地震，已在过去的大约四五千年中极大地改变了所在地区的地理状况，可能由于水源改变、贸易路线变更而产生不断重建的需要，又最终迫使人类迁移从而加速了很多古老聚落的衰亡。[2]

公元前 2500 年—前 1900 年，印度文明在印度河谷与古吉拉特邦蓬勃发展。考古学证据表明，这段时期该地区可能发生过相当频繁的地震。如早期提到，卡奇东部的朵拉维腊印度文明遗址显示出明显的地震破坏痕迹。地震可能是这个文明神秘衰落的原因之一，但此点尚未得到确凿的证据证实。

这一结论与殖民时期英国观测者记录的一场卡奇地震的历史证据相吻合。传说，普杰的第一位统治者在 1549 年创建了该城，他用一个敲进地下的木桩困住了一条地下蛇之尾，试图阻止由于蛇盘绕（地下蛇盘绕可能是导致当地地震的原因，尽管没有明确记载）而引发的地面震动，但并未成功。1815 年，当时的统治者被英国罢免，在英国摄政统治下任命了一位未成年的统治者。4 年后，即 1819 年，一场以卡奇沼泽地为中心、被广泛记载的大地震助其英国人占领该地并巩固了政权。这也提供了另外一种"天人合一"（人与自然各自力量巧妙并存）的佐证。19 世纪 20 年代，普杰的一名外科医生詹姆斯·伯恩斯（James Burnes）

8 甘地故土：古吉拉特邦的悲伤与成长（2001）

在1839年出版的卡奇历史概述中提供了对事件的个人解读：

> 拉奥·巴哈姆吉（Rao Bharmuljee）的暴政与非正义行为刚刚遭到镇压，英国政府就带来了一种更新更好的事物秩序，当时上帝之手似乎也介入了剥夺卡奇的残忍统治工具的过程。一场烈震来袭，情况异乎寻常，国内筑有城垣的城镇几乎全都夷为平地。这预示着一种旨意，常被视为——拆毁这些不满与叛逆的巢穴，继而出现的废墟几乎难以想象。仅在普杰，就有7000座房屋开裂到地基，1200人被废墟掩埋。安贾尔遭受的破坏与此相当，曼德维和其他大型城镇都持续出现伤情，多人丧生。[3]

2001年，地震重演，普杰中心要塞堡垒外层的粗凿石头开始脱落，表面看来这是经过了1819年的震后修缮——脱落后露出了可以上溯到前殖民时期的古老建筑外观，上面还精美地装饰着行进的象群。

此外，1819年的断层运动还堆积起天然坝体，并以安拉大堤（Allah Bund）著称，即"神之堤"（"Dam of God"，与人造大堤相对），从那时起，就已被地质学家和地震学家广泛研究。安拉大堤最初约有6米高，6千米宽，延伸至少80千米，大概最远可达150千米。据科学家称，它对卡奇地区的供水与该地区沙漠化的影响还尚未形成定论。尽管如此，卡奇人民还是普遍认为这座天然大坝改变了印度河三角洲的河道，使肥沃的土壤日渐贫瘠，人类学家爱德华·辛普森（Edward Simpson）在其《一场地震的政治传记》（*The Political Biography of an Earthquake*）中说道。他这部有关2001年地震的研究深入而广泛，是基于灾难前后在卡奇地区十年的实地调研而得出的。辛普森总结称："随着农业用地退化，卡奇人民开始转向商贸和国际迁移来寻找发财的机会。地震创造了一种新的民族与社会。"[4]因此，1819年的地震是造成19世纪古吉拉特邦人口大流散的一个重要因素，最初他们是在印度洋环岸，包括殖民地孟买与非洲地区。没多久古吉拉特邦人就树立了海外商业信誉，这在当今的英国可见一斑。很多英国人通过种姓与寺庙协会、信托、慈善机构和世界印度人理事会(VHP)以及民族卫队(RSS)等右翼政治组织对 2001 年卡奇的震后重建进行慷慨捐助。根据这些移民的家族传说,辛普森说:"地震筑起了一道大堤;转而大堤又引发了大流散。"[5]

1819 年至 2001 年间,卡奇还有一场值得关注的地震。1956 年,安贾尔镇遭到了一场里氏 6.1 级地震的严重破坏,100 多人在地震中丧生。当然那时英国的殖民统治已告结束,印度开始由贾瓦哈拉尔·尼赫鲁(Jawaharlal Nehru)所领导的国大党统治。尼赫鲁总理个人对这场灾难十分关注并视察了古吉拉特邦,这是他已故的良师益友圣雄甘地(Mahatma Gandhi)的出生地,而且甘地的静修处与艾哈迈达巴德距离很近。在普杰发表讲话时,尼赫鲁向众多群众讲到:"死亡和毁灭是极大的悲哀。但受害者应以己之力将毁坏的地方重建成更加美好的家园。"[6]尼赫鲁在村内创建了一个康复中心,为纪念他,已更名为贾瓦哈纳加尔(Jawaharnagar)。同时,也拟定在旧城的西部建立一个新的安贾尔,由尼赫鲁进行奠基。

通常对地震来说,建设与重建的指导原则多半是情感、历史和经济学而非理性、科学及工程学。印度工程师学会的主席在第二次地震后谈道:1819 年和 1956 年安贾尔被击垮的都是同一区域。一位州政府部长回应称该区域重建的房屋都是"防震"的。[7]这一带也在 1956 年后变成安贾尔的主要集市。2001 年的共和国日,这里的建筑物再次倒塌,近 200 名挥舞着国旗在街头游行的孩子被压在下面。贾瓦哈纳加尔村也陷落了。大约在这一时期,开展了以嫁入尼赫鲁-甘地王朝的时任国大党领袖索尼娅·甘地(Sonia Gandhi)之名而进行的重建工作。辛普森在震后多年重归贾瓦哈纳加尔时发现"碎石已被清理,新村也得以规划重建,同时也做出了防震和确保美好未来的承诺",一个新的纪念牌匾和最初尼赫鲁的标牌并行而立。[8]对于无能的国会政策以哪种方式促成了地震历史的重演,村民们意识淡薄,也没有讽刺。

8 甘地故土：古吉拉特邦的悲伤与成长(2001)

到 2001 年，国大党从权力中心下台，被 1998 年选出的印度教民族主义党派印度人民党(BJP)领导下的国民联合政府所取代。古吉拉特邦对印度人民党来说是至关重要的一个邦州。正是从古吉拉特邦开始，这个新兴政党在 1990 年玩弄宗教伎俩，致使阿约提亚莫卧儿时期的摩罗庙被拆毁，引发了广泛争议，也使印度教信徒和穆斯林的冲突大范围传播。同时它也标志着作为国家政治力量的政党的出现。自 1998 年大选，古吉拉特邦一直由印度人民党首席部长卡舒巴哈·帕特尔(Keshubai Patel)统治，他是一个坚定的党派分子，亲近激进的极右民族卫队(RSS)组织。1948 年甘地被民族卫队的成员刺杀，如今，甘地家乡所在的州已与他的核心价值相去甚远。

但导致作为首席部长的帕特尔在 2001 年下台的原因并非他的政治关联，印度人民党的领导班子中很多都与民族卫队、世界印度人理事会和其他印度民族主义组织有密切关联。而他下台的主因则是那场地震以及古吉拉特邦广大西部所遭遇的破坏。自 1 月地震爆发后，很多幸存者立刻剑指首席部长，指责他对灾难处理不当。在普杰，群众举行示威游行，坚决要求他下台。同时，他的内阁也成了贪腐的指控对象。2001 年 6 月，印度人民党总理阿塔尔·比哈里·瓦杰帕伊(Atal Bihari Vajpayee)和副总理从新德里到普杰废墟巡视时，迎接他们的却是街头的罢工和挥舞的黑旗。随后，人民党在古吉拉特邦的地方选举中落败。同年 10 月，国家领导人决定选出有能力的地方组织者取代帕特尔，他就是曾经担任人民党全国秘书长的纳伦德拉·莫迪。莫迪从未担任过党外候选人，并且也是首位成为首席部长的民族卫队宣传干事（他志愿从事该事业）。如果没有地震这个偶发事件，很难想象莫迪会步入古吉拉特邦的最高政治阶层，进而迈入印度国家政治圈。

起初，莫迪的工作重点完全没有放在地震和灾后救援上。2002 年 2 月，印度教徒和穆斯林在古吉拉特邦发生暴乱，一辆从阿约提亚出发、载有印度教朝圣者的返乡列车被焚毁，此事在整个邦州范围内掀起了反穆斯林的浪潮。辛普森和绝大多数评论员都认为:经证实,国家机构"在这起流血事件中介于得过且过与串通一气之间"。[9] 7月,莫迪辞去了首席部长职务,州议会解散。但在12月,得到世界印度人理事会和民族卫队支持的印度人民党在选举后,通过动员教派选民取得了三分之二的绝大多数,莫迪再一次宣誓就职,出任首席部长。但在接下来的10年中,2004年,由国大党领导的联盟击败人民党获胜,莫迪也由于他在2002年暴乱中的角色而被欧盟和英、美发出禁行令。虽然印度最高法庭在2012年正式澄清莫迪在暴乱中没有"共犯关系",但他对暴乱的处理方式还是让他名声留下了不可磨灭的污点。

2003年,莫迪终于开始将注意力转移到卡奇的重建工作中。他下定决心要集中考虑利用地震破坏来发展该区,建设新的基础设施——宽阔的马路、24小时供电,并且引进新型工业。他无意回应公众要求重建地震破坏或损毁的城镇村庄的大声疾呼。这些问题大部分都留给了他人,或是政府机构、非政府组织、私有部门或是国际慈善机构。2003年至2005年间,普杰的大部分地区都已重建,该城拟订的最初计划中提到,大多数发生地震的城市都存在房屋强拆或人员动迁问题,而这些问题在普杰并不存在。2004年地震的三周年纪念那天,在2 000多人死于房屋倒塌的普杰,莫迪在该镇两大重建项目落成仪式上发表演说,竟迫不及待地对到场的数以千计的听众讲他们应该像古吉拉特邦其他地区一样,也就是像邦首府发展起来的东部地区那样,要想方设法忘记地震。但2006年阿扎尔·提亚布吉(Azhar Tyabji)在发表有关普杰的历史及重建的讲话时并没有在任何地方提到过首席部长莫迪。

在首席部长莫迪的领导下,自20世纪80年代起,卡奇经历了突飞猛进的工业化发展。2001年以前这里还随处可见空旷的乡村,但如今卡奇湾周围多处都是工厂,里面耸立着烟气腾腾的大烟囱,常常没有任何能够引起注意的标志,世界上最大的炼油厂就在这里。在莫迪看来,2001年那场地震摧毁的"落后地区"逐渐开始有了新加坡的样子,正如

8 甘地故土：古吉拉特邦的悲伤与成长(2001)

流散到伦敦的古吉拉特邦人中，有一些商业领军人物在2001年创办的出版物《大爱古吉拉特邦：意志与智慧之地》(Love Gujarat: A Land of Will and Wisdom)中所赞颂的那样。辛普森特别提到："昔日，类似的作品均包含寺庙、宫殿和其他彰显文化荣耀的形象。"而如今，"这片甘地出生以及他自身思想发展的土地——'意志与智慧之地'已然成为一片拥有'成长势不可挡''发展'以及'大烟囱'这些代名词的土地。"辛普森在十年研究中发现："古吉拉特邦的整个公共政治话语都发生了改变，我认为在很大程度上地震的破坏就是这种从'穆斯林'的口号转向'发展'和'增长'口号的主要催化剂或'使能者'之一。"[10]尽管辛普森承认若没有地震，很多工业发展也有可能发生，但他坚信这种自然的破坏确实推进了随后爆发的经济"地震"。

这种所谓的"古吉拉特邦模式"的发展在2014年国家大选筹备工作中引发了印度其他地区的不断热议。莫迪作为人民党领袖参选的政纲，远超其他任何一种政纲条款，那就是基于其家乡所在州的业绩记录使人们看到了经济增长的希望，这正是人民党胜出、莫迪当选总理的原因所在。驻伦敦的《金融时报》记者在大选前的3个月写道："有一种观点是给人民党投票，莫迪先生会把他身为首席部长12年来为古吉拉特邦所做的事业扩展到印度的其他地区：鼓励投资，改善公路，提升电力水力供应能力，并为印度每年新增的1 000万—1 200万年轻劳动力提供急需的工作岗位。"[11]

但这种美好的希望架设的前提却是值得商榷的。几乎可以肯定的是古吉拉特邦的经济发展在新世纪之初确实要快于大多数其他邦州，在2006年至2012年平均每年增速要高出10%，但这些经济增长中有百分之多少应归功于莫迪的领导；相形之下，又有多少应归因于该州在工业及国际贸易方面取得成功的漫长历史？以艾哈迈达巴德为例，这里由于19世纪60年代建立的纺织厂而长期享有"印度的曼彻斯特"美誉。自1947年以来，它举办了印度最大的纺织研究协会。卡奇湾某炼油厂的一名运营经理在2006年说了一句表露心迹的话:"古吉拉特邦长期以来一直是重要的工业枢纽,而政府的态度一直是引入工业生产活动。"[12]

莫迪自诩是这种经济增长的驱动力,对此深感兴趣的两位英国学院派经济学家麦特瑞斯·加塔克(Maitreesh Ghatak)和桑贾利·罗伊(Sanchari Roy)在发表于2014年初的一篇文章中提到:

很少有系统的证据来衡量莫迪领导下的古吉拉特邦与该邦过去或印度其他邦州的经济增长记录相比表现如何,这一点还差强人意。鉴于此,这种情况下的标准研究方法是"倍差法":古吉拉特邦在莫迪领导下的经济增长与先前的增长相比是否大幅度高出整个国家或其他邦州的相应数字?古吉拉特邦在莫迪执掌首席部长期间经济增速要高于全国,但仅凭这个事实并不能充分说明经济增长方面的"莫迪效应"。莫迪执掌期间古吉拉特邦的经济增速和这期间全国的经济增速之间的分差要大幅高于之前的分差,才能证实这样一种主张。[13]

通过对印度所有邦州1980—2010年间收入与产出的可用数据进行仔细分析,加塔克和罗伊总结道:

20世纪80年代,古吉拉特邦的增长率与国家平均水平相比相似或偏上,这取决于增长率的计算方法。20世纪90年代,古吉拉特邦确实有加速增长的迹象,但在21世纪莫迪执政期间与20世纪90年代相比,无论是参照全国整体还是其他主要邦州均无任何差分增长的迹象。这种使用替代算法计算收入和增长率同时保留或去除2000—2001年的收入及增长率是一种稳健的做法,因为这一年中古吉拉特邦受地震影响是负增长的。因此,古吉拉特邦在过去20年的经济增长确实是真实存在并值得关注的。但是,通过倍差法分析,我们未能找到任何证据来支持"莫迪的经济领导力对21世纪的经济增长率有任何显著附加效应"这一假设。[14]

8 甘地故土：古吉拉特邦的悲伤与成长(2001)

无论是何人何故促进了近代古吉拉特邦的经济发展——是其在商业方面长期成功的历史，还是2001年的地震灾害，还是莫迪作为首席部长的领导，抑或是三者的结合——毫无疑问的是这种经济增长的收益并未在该州广大群众范围内得到广泛共享。政府注重工业发展，导致对贫民的基础服务投资相对减少。将工业化与社会生活联系起来的努力少之又少。虽然该州的人均收入按印度水平来衡量是比较高的，在印度30多个州和地区中排名第八，但社会指标却并不可观。根据2011年印度全国人口普查结果，古吉拉特邦的非文盲率仅有79%，明显低于喀拉拉邦。该邦的非文盲率最高，达到93%。古吉拉特邦中人的健康状况也不佳，根据联合国人类发展报告，古吉拉特邦5岁以下的儿童中有44.6%患有营养不良症，70%的孩子患有贫血。男孩女孩的比例是1 000/886，这暗示了堕杀女胎的程度，这一比例在印度所有邦州和地区排名中从末尾上升了七位。倘若甘地能够看到他如今的故乡，必然会大惊失色。

回望震后的10年，辛普森在印度一家全国性报刊《印度教徒报》(*The Hindu*)的采访中这样描述了卡奇的氛围变化：

> 受地震影响，该地区的某些地方表现出了强劲的增长率。拓荒思维开始出现，各种类型的工业开始遍地开花。工厂建造速度极快，大量人口涌入此地谋取利益……总体来说，我在古吉拉特邦的那些熟人现在都比从前生活优渥。其中有多少(就算没有地震)终究会发生，是难以捉摸的。但是俗话说，为了增长而增长，这种心态就像毒瘤……我对震后重建中工业化的脚步感到异常兴奋，但在研究接近尾声时，意识到经济改变世界，而这种改变未必总是好的，心中又油然升起一种淡淡的悲伤。[15]

这种氛围必然滋生贪腐行为。2009年，地震期间普杰商会的时任会长遭逮捕，随后又被释放。2011年，正值地震10周年前夕，他吞下老鼠药，死于床榻，就在他熟睡的妻子旁。"这种痛苦而难忘的行为，使他成为最新的地震受害者,但绝不会是最后一个。"[16]

或许不用说,学术专家们——经济学家也好,人类学家、城市规划者或其他学者也罢,他们对莫迪掌权期间古吉拉特邦发展持有的保留意见均没有对2014年5月的印度大选造成多大影响。莫迪精明地选择在2013年8月发表独立日演讲来启动竞选活动。演讲地点没有选择人们预期中的新德里或古吉拉特邦的首府艾哈迈达巴德,而是选在普杰一所重建的大学操场上,就在震中附近。在那里面对2.5万名观众,他直言不讳地说:"我站在卡奇,我的声音从这里先传到巴基斯坦,然后才到德里。"[1]但除了与巴基斯坦邻近,莫迪明确选择普杰,是因为他可以利用卡奇震后的重建与发展。"自2001年起,借助纳伦德拉·莫迪的执政能力,被地震摧毁的普杰得到了彻底的修复。"印度某重要新闻网站做出这样的评论。"因此,莫迪在普杰拉兰学院(Lalan College)发表演讲时定是深感自豪。莫迪在普杰的震后重建工作也和国大党领导的联合进步联盟(UPA)政府统治下的印度经济'废墟'形成了鲜明对照。"[18]显然,网站的新闻记者对"古吉拉特邦模式"的神话深信不疑,这也很可能是数千万印度人民在2014年大选中为人民党投票的原因所在。

不管是震后第一时间、震后重建时期,还是在全国大选运动中,或是当选印度总理之后,莫迪在直接公开谈到使他在古吉拉特邦当权的那场地震时都是非常谨慎寡言的。令人称奇的是,辛普森在《一场地震的政治传记》(The Political Biography of an Earthquake)中未曾引用任何莫迪关于地震的重要言论,同时在兰斯·普莱斯(Lance Price)所写的传记《莫迪效应》(Modi Effect)中,对那场地震莫迪也是只字未提。该书是在与当事人合作的基础上所写,并于2015年出版。只是在2015年尼泊尔爆发了7.8级地震——约9000人在地震中丧生,同时珠峰发生雪崩导致多名登山者被埋,加德满都和加德满都河谷包括历史上有名的印度教寺庙在内的数以万计的房屋倒塌时,莫迪才暂时打破他在公开场合对古吉拉特邦地震保持缄默的情形。在向尼泊尔表示同情并为印度受灾的友邻提供印度政府救援物资时,莫迪谈道:"我非常真切地看到了 2001 年 1 月 26 日的普杰地震。"[19]

值得赞颂的是,莫迪对尼泊尔地震的反应异常迅速,印度也为尼泊尔提供了广泛有效的赈灾救援。但这一事件能否在印度自身转化成有关地震预先计划的任何实质性进展还需拭目以待,而这种与地震相关的预先计划在印度也是亟须的。从印度对 2001 年古吉拉特邦地震的应对来看,这种预断并不乐观。

印度的灾害管理专家阿罗玛·列维(Aromar Revi)在 2010 年出版的收录有关印度地震活动文章的书籍——《地震灾后恢复》(*Recovering from Earthquakes*)中写道:"地震在印度是被高度低估的风险,这主要是因为我们生活在'地震空白区',75 年来都没有发生过大地震。"[20] 尽管在印度独立后发生过大约 10 次左右(6 级或以上)地震,其中除一次外,其他全部发生在次大陆的北半部分——自 1934 年尼泊尔-比哈尔交界处的地震起,还未发生过影响到德里、瓦拉纳西(贝拿勒斯)和加尔各答等印度北方主要人口中心城市的大地震。尼泊尔-比哈尔地震的震级估计为 8.1 级,震中位于小喜马拉雅山脉。它对整个尼泊尔地区和印度北部造成了巨大的破坏,南北跨度 465 千米,东西跨度 320 千米,殃及加德满都和加尔各答,造成了加尔各答的圣保罗大教堂塔楼坍塌。但灾难的死亡人数极少(大致为 10 700 人),这是因为地震发生的时间是在下午,很多农村居民都在户外农田里干活。2001 年的古吉拉特邦地震从震级和破坏程度来说都算不上印度的"大"地震,2015 年的尼泊尔地震也一样。根据地震学家对印度-欧亚板块的应力估计,罗杰·比尔汉姆(Roger Bilham)表示印度的"大地震"还尚未来临,"未来的一场大地震就潜伏在尼泊尔西部"。[21]

列维提醒我们,若这场地震真的爆发,就很可能造成大规模的灾难。原因如下:

印度 2.4 亿的住房存量为响应人均收入和储蓄存款的提高正在逐渐发生转变,尤其是在城市地区……在大城市中心,如孟买或德里,三分之一或以上的人口居住在非正规居住区。超密集居住区的数百万人都面临大地震常伴有的地面震动、(土壤)液化及火灾等风险。很多应用所谓现代材料的多层钢筋混凝土框架结构的建筑由于材料质量低劣、工艺较差、防震细节不到位而导致与那些非工程化、建筑工匠建造的房屋表现没有多大差异。

2001 年艾哈迈达巴德一些高层建筑坍塌就可以证实这一点。[22]对于那些建在喜马拉雅山麓半山坡、缺乏稳固性的类似多层建筑来说,其影响更是恐怖得不敢细想。此外,印度的铁路可能也存在极大隐患。列维提到:"因为很大比例的桥梁、涵洞都早已超过了它们的使用寿命,并且不是根据当今的抗震标准设计的。"[23]

2015 年尼泊尔地震之后,德里的建筑师高塔姆·巴提亚(Gautam Bhatia)尝试呈现出未来一场大地震对德里及周边地区的影响,他的话语让人想起一些大地震,且额外增加了 1923 年东京那样的大火高危风险:

凌晨 2 点,整个城市还在睡梦中,此时爆发了 7.9 级地震。地震仅持续 20 秒,但其破坏力将首都近 60%的建筑夷为平地,城市 1600 万人口中有一半丧生。最先倒塌的是东德里的非法殖民地建筑和横跨贾木纳(在贾木纳河床上建成的地区)以及诺伊达和古尔冈市多个建筑公司建造的高楼大厦,很多建筑获得了当地审批,但并不具备必要的用于地震防护的结构填充,从而被夷为平地。由于准备欠缺,机器与供给不足,灾害救援小组应对行动迟缓;气体燃料泄漏引发的火灾在整个城市肆虐,医院装备不良,无法处理伤员和无家可归者,他们只能蜷缩在公园度过漫漫长夜。我们会看到超级出租车运载尸体到昔日的康诺特广场进行大批量焚化……[24]

正如列维和巴提亚令人不安的总结:自 2001 年古吉拉特邦地震灾

8 甘地故土:古吉拉特邦的悲伤与成长(2001)

难起,除了在2001年建立了印度国家灾难管理局(NDMA)以及对古吉拉特的一些公共建筑物和德里的文物建筑进行了抗震翻修之外,针对印度地震的抢先规划就寥寥无几了。2005年国大党领导的政府批准了一项美国资助的项目,对新德里的一些美国秘书处和警察总局等政府大楼进行翻新改造,但该项目也由于政府当局将注意力转移到筹建2010年英联邦运动会而遭到搁置。与此同时,印度政府坚持不与外界共享本国的地震数据。印度变革的主要绊脚石是在没有任何现实版地震灾难的情况下,加上用于抗震设计和翻修的巨大、潜在的公共和私人支出,更不用说印度的整体规模和多样文化了,这些都使之缺乏认知上的紧迫感。同时,印度北部密集的城市人口只能希望并且祈祷1934年震后保持了80余年的"地震空白区"可以继续保持下去。

9
海啸带来的战争与和平：
印度洋(2004)

2004年印度洋海啸诸多受困船只中沉积于内陆的一只，这里是北苏门答腊班达亚齐的一处屋顶。

尽管印度自 1934 年大地震后还尚未发生另一起大地震，但印度次大陆，包括斯里兰卡在内，在 2004 年的苏门答腊-安达曼岛地震中都损失惨重。实际上，2004 年地震中印度的死亡人数已达到 2015 年尼泊尔地震中的 2 倍，几乎赶上了 2001 年古吉拉特邦地震的死亡人数。

乍一看，死亡人数如此之高似乎令人费解，因为 2004 年的这场地震与喜马拉雅山脉相距甚远，甚至都不在印度本土。其震中位置远离次大陆，位于印度洋的印度尼西亚一侧，苏门答腊岛北端大约 160 千米以西，大致在安达曼群岛以南，震源深度在平均海平面以下 30 千米。

这场地震对印度影响深远，原因之一在于地震规模之大。地震持续 10 多分钟，这对任何地震的持续间隔来说都是一个记录。最初估计地震强度为 9.0 级，又迅速升至 9.3 级，几乎和有记载以来最强地震——发生在 1960 年智利的 9.5 级地震强度相当。尽管随后震级降到 9.1 级，但苏门答腊-安达曼地震依然是自 19 世纪末地震仪发明以来，继智利大地震和 1964 年阿拉斯加 9.2 级地震之后的第三大强震。然而，提议将震级升至 9.3 级的地震学家塞斯·斯坦（Seth Stein）讲到："数字本身并不重要。重要的事实在于产生滑移的区域要比预想中大 3 倍。"[1] 苏门答腊附近一片区域，面积惊人之大，长约 1 200 千米，宽约 200 千米，大小相当于半个加利福尼亚，据悉滑移了 10 米左右。由于印度地壳板块下沉到缅甸小型板块（亚欧板块的一部分）以下，这次滑移面积超出 1906 年旧金山地震中滑移面积的 30 多倍，而滑移的距离也比圣安德烈斯断层的滑移距离远差不多 3 倍。

但造成印度严重人员伤亡的主因还是海底板块构造巨变所引发的印度洋海啸。1883 年在靠近苏门答腊南端，喀拉喀托岛巨型火山喷发也引发了与此次规模相当的海啸。喀拉喀托遇难者中大多数并非死于火山喷发，而是死于海啸。喀拉喀托海啸冲毁了爪哇和苏门答腊两岛间的巽他海峡（Sunda Strait）的 165 个村庄，仅在当地区域就淹没了 3.6 万多人。其海浪抵达南非，甚至远到英吉利海峡。而苏门答腊-安达曼地震所引发的海啸要远比喀拉喀托海啸破坏性更强,影响也更加深远,其中海浪最高达 34.9 米。地震爆发 15 分钟后海啸袭击苏门答腊,30 分钟内袭击了安达曼群岛,90 分钟内到达泰国南部,2 小时后到达斯里兰卡东部和印度东海岸,3 个半小时后袭击了马尔代夫,八九个小时后抵达非洲东海岸的肯尼亚和坦桑尼亚。海啸的最大波浪在震后差不多一天才抵达北大西洋和北太平洋,造成印度洋周边国家大约 23 万人丧生。

令地震学家最为震惊的是海浪表现出高度定向性的特征。2005 年一批科学家将安装于世界范围内的验潮仪测得的海啸期间的海平面数据与航天卫星(其中包括震后 2 小时左右有幸掠过印度洋的两颗相距 150 千米的卫星)所获的测高数据相比对,科学家报告称,这种高度定向性是由"源区聚焦式构造和大洋中脊波导结构"所决定的。[2]源区的断层几乎都是南北走向的。因此,俯冲过程中垂直的滑移分量造成海啸在东西方向的传播强度最大,也就是说分别朝向苏门答腊和印度尼西亚以及斯里兰卡和印度,而在南北方向强度相对较小。在洋底,大洋中脊如西南印度洋中脊和大西洋中脊将海浪引向非洲南部,汇入北大西洋,而澳大利亚南部的东南印度洋中脊、太平洋-南极洋脊以及东太平洋海隆将海浪引入东太平洋。因此位于震中北部的缅甸和孟加拉国在很大程度上避开了震中东北部的苏门答腊、斯里兰卡、印度以及泰国所遭遇的死亡和灾难。科科斯群岛(Cocos Islands)几乎处在震中正南,距震中位置仅有 1 700 千米,海啸中记录的海浪波幅比加拿大的新斯科舍以及位于星球另一侧的秘鲁海岸还要低!

遭受最大重创的国家要属印度尼西亚,尤其是位于苏门答腊北端的亚齐省。亚齐确认的死亡或失踪人数几乎达到 17 万人。海浪高度也在这里达到峰值。斯里兰卡位列第二,有 3.5 万多人丧生。在印度,不幸的是海啸的大浪正赶上该国东海岸大部分地区涨潮,造成 1.8 万人丧生。泰国也有 8 000 多人死亡,其中包括数百名在海滩度过圣诞假期的外国游客。相比之下,肯尼亚和坦桑尼亚只有11人死亡,孟加拉国只有2人死亡。此外,印度尼西亚转移人口50万,斯里兰卡也大致相当,印度转移人口约65万。总计大约有170万人口由于灾难要永远背井离乡或暂时流离失所。

撇开真相和数据不谈,海啸的波及范围和影响力度单从印度东南泰米尔纳德邦包括印度最南端的坎亚库马瑞在内所遭受的冲击就能感觉到。那里聚集了乘船参观印度僧侣斯瓦米·维韦卡南达(Swami Vivekananda)岩石纪念堂的游客和朝圣者,而临近的岩石上刻着一尊高40米的泰米尔诗人、哲学家泰鲁瓦卢瓦(Thiruvalluvar)雕像。地质学家泰德·尼尔德(Ted Nield)在其著作《超大陆》(*Supercontinent*)中这样描述了2004年12月26日早晨罕见的惊人场景:

> 现在,游客和朝圣者在维韦卡南达纪念堂处下船,目睹了恐怖事态的蔓延。上午时分,海上风平浪静,天空也是晴朗湛蓝。游客首先看到的是假潮退却的咆哮,仿佛有人拔开了大海的塞子。小岛底部打湿的深色岩石、最后是中间的海床,瞬息之间毫无遮蔽,宛若大海在呼吸。周围一片诡异的安静,几乎使纪念堂内的喋喋不休也沉寂下来,游客甚至可以听到空气被吸入排沙孔隙的嘶嘶声和几条搁浅的鱼发出的拍击声。他们对眼前的景象耸耸肩,正在那时,一连串几米高的巨浪汹涌而至,坠落在维韦卡南达纪念馆周围阳光直射的人行漫步道上。泰鲁瓦卢瓦巨型雕像淹没在浪花里,犹如深海之光对抗大西洋风暴,只是这一切是发生在天空澄碧、纤云不染的早晨。[3]

被海水扑击后,游客们都安然无恙。但在整个坎亚库马瑞区,报道有808人不幸罹难。溯流而上,东南海岸的渔夫和村民由于没有斯里兰卡岛使之与印度洋隔离就愈发不幸了。他们房屋被毁,数千人被冲走。本地治里市的一个泰米尔村庄——纳拉瓦都村侥幸地逃过了一劫,这也多亏了渔家敏捷的思维。地震来袭时,渔家的儿子正在新加坡,他在电视中看到有关地震的新闻报道,同时称巨浪正席卷印度洋海岸。他马上致电家里并让妹妹把消息传出去,舍弃房子,搬至高地。村民们即刻闯入一些科学家在当地所建、为孟加拉湾提供基于卫星天气预报的小型研究中心,并用公共预警系统提醒村里的500户人家赶紧逃命。结果,纳拉瓦都村3 500余人全部在海啸中幸存,海啸将村里的150座房屋和200条渔船化为瓦砾和碎片,在泰米尔纳德和本地治里遭受类似重创的村庄几乎有400个,而纳拉瓦都只是其中之一。

在斯里兰卡,沿岸居民并没有收到预警,几乎对海啸一无所知。斯里兰卡尚无有关海啸的历史记载,除了该岛的古代编年史籍《大史》(Mahavamsa)中记述了公元前2世纪克拉尼提撒(Kelanitissa)统治的王国遭遇过类似海啸的情况,海面上升,王国部分被淹,这部分记述已成为公认的事实。出生于斯里兰卡的学者索纳莉·德拉尼亚加拉(Sonali Deraniyagala)在海啸中死里逃生,她在回忆录《浪》(Wave)中承认:"这是我生平第一次听到海啸这个词。"[4]斯里兰卡还有一个海啸发生后的笑话,讲的是总理办公室一个小官接到警报电话称"海啸"正从印度尼西亚过来的途中,于是他派接待团到科伦坡机场来迎候这个不明身份的印度尼西亚宾客。[5]

斯里兰卡海岸线的70%以上都受到海啸波及,绵延1 000余千米,从北部的贾夫纳沿东南海岸一直延伸至西海岸科伦坡北部的奇洛。大约有8.8万座房屋和2.4万艘船只(包括75%的渔船船队)被毁,沿海基础设施遭到严重破坏。沿岸从科伦坡南开往加勒的满载火车在帕拉利亚村遭遇200米高的海啸大浪,继而又遭第二轮海浪的猛烈撞击,至少1 500名甚至更多乘客丧生,创下了单次火车意外事故死亡人数的世界纪录。也就是说,除了加勒和汉班托特外,西南和南部沿海由于受到高地、沙丘和海岸陡坡的保护较之几乎毫无遮蔽的北部和东部沿海破坏程度相对较小。斯里兰卡海啸遇难者中有三分之二、无家可归者中有60%均来自北部和东部沿海。其中死亡人数的一半均发生在东部与印度洋直接相接的大片平地——安帕拉区。无独有偶,这些东部和北部省区也是泰米尔伊拉姆猛虎解放组织(LTTE)和斯里兰卡政府间长期军事冲突影响最大的地区。

靠近地震的震中位置,在苏门答腊北部,亚齐的内陆地带有山区保护。但在内陆周围的沿海平原,海浪造成了巨大破坏,几乎没有逃生的机会。面向震中位置,自然而然,西侧的海浪峰值最高,高达30多米,致使距首都班达亚齐仅10千米、苏门答腊一角某村庄的清真寺遭遇漫顶。在亚齐港,安达曼浅海域地带海浪最高也达到了9米左右。

大地震常伴有火灾,致使都市景观仿佛遭到空中轰炸一般。这从地震袭击的里斯本、旧金山和东京便可窥见一斑。但众人对大海啸的影响却不甚了解,也更具超现实主义色彩。在班达亚齐,巨型船只和渔船被海浪困在远离内陆几千米外的地方,汽车卷入大海,只留下大片被夷平的房屋,绵延不断,偶尔零星有较为牢固的建筑依然挺立。亚齐的很多清真寺虽有破损,但仍然留存下来。虔诚的教徒视此为上帝对自由亚齐运动组织和印度尼西亚政府间又一次毫无意义的长期军事冲突所发出的愤怒;而无神论者把清真寺的幸存归功于20世纪上半叶荷兰工程师的建造,或归功于在建造清真寺时不像建造学校或住宅综合体那样偷工减料的现代承包商。诚然,清真寺缔造的"奇迹"也成为亚齐海啸灾后重建中伊斯兰教高涨的一大因素。

一位幸存下来的当地女性不经意间向一名外国游客,也是当时新任的驻印度尼西亚的路透社记者伊丽莎白·皮萨妮(Elizabeth Pisani)诉说了她的恐怖经历。海啸过后,这名亚齐女子刻意从滨海地区搬到了高地,并在一家宾馆担任前台接待,而皮萨妮恰巧在2012年4月住在那里。当时印度尼西亚的电视新闻报道称亚齐附近发生一起8.6级地震,并预测一场海啸马上来袭。正当电视屏幕上笼罩着席卷亚齐的恐慌,宾馆大厅天花板上的枝形吊灯已开始震颤,接着便是摇晃。大家都迅速跑出去,浸透在寒山冷雨中。霎时间,一股明显更强的震动让皮萨妮的牙齿随宾馆的窗户咯咯作响。宾馆接待员正抓紧她的手臂,她的手开始发麻。顿感血液直冲脸上,膝盖开始发软,但她依然不想坐下,坐在那里只会感到更强的震动,她又不想回到宾馆,就那样立在雨中,不断地低声重复着一个词:"创伤啊,创伤。"[6] 后来,接待员告诉皮萨妮,她的母亲、兄弟和两个姐妹都被 2004 年的海啸卷走了。所幸,2012 年预测的海啸并未如期而至。

赛义夫·马赫迪(Saiful Mahdi),现任班达亚齐地区亚齐和印度洋国际研究中心主任。2004 年亚齐的海浪吞噬了他 16 位家人的生命。他当时只身一人在美国工作。从这场悲剧的 10 周年纪实影片中回望,马赫迪以一种斯多葛派的尊严评论道:"近来,一位康奈尔大学教授对我讲,一场洪水可能只会影响穷人,而一场海啸不仅影响穷人,还有富人、有权人、军人、普通人,甚至是权势最高者。这就是缘何海啸乃史上最为民主的灾难。"[7]

受灾国海岸线上尸体遍野,绝大多数由于无法辨识身份只能掩埋在万人坑中。海啸死难者的身份仅有五六千被正式确认,其中大多数为外国人。在亚齐尤为如此,这里的死伤比例为 6∶1,而斯里兰卡的死伤比例为 1.5∶1。这是由于亚齐更靠近震中位置,沿海人口密集,房屋质量低劣,加上亚齐战争造成的社会混乱,致使自然灾难发生前几年已有 30 余万人远离家园。亚齐的创伤令人如此瞠目,但据皮萨妮观察,如今的班达亚齐海啸博物馆中"几乎没有死亡"的公开展示。"这是一座纪念碑,但所纪念之物着实不想帮人们再度记起。实为记忆缺失的博物馆。"[8]

国际社会对这场灾难迅速回应并慷慨解囊,主要是由于针对外国公民死伤情况的媒体报道铺天盖地,尤其在泰国。而灾难发生的时间正值圣诞节期间。实际上,外国政府间产生了某种程度的"竞争性同理心"现象,用两位美国学者的话讲:

> 在海啸过后一段时日,所有东南亚地缘战略利益的主要大

9 海啸带来的战争与和平:印度洋(2004)

国——中国、印度、日本和美国均为救灾工作提供了捐助。海啸袭击两日内,日本就宣布3 000万美元的援助计划,是最初美国承诺的2倍。美国随后将援助提高到3.5亿美元,而中国承诺给予6 300万美元的援助。日本回应称将援助提高到5亿美元。泰国和印度也受到海啸袭击,但也明确了地方立场,将援助提供给较小的邻国,同时自身拒绝大多数外界援助。[9]

这场灾难,伴随外国救援资金和人员的流入也必然引起国内及国际对解决亚齐和斯里兰卡军事冲突的呼声,但海啸对这两大冲突的长期政治影响却是截然相反的。在亚齐,叛乱者获得了印度尼西亚政府的让步,战争于2005年宣告结束。而在斯里兰卡,叛军被斯里兰卡政府逼到死角,并在2009年一场惨烈的军事斗争中被一举歼灭。要厘清缘何会出现这两种截然不同的结果,首先我们要追溯两大冲突的历史根源。亚齐的历史较之斯里兰卡可能更易于回顾,因此我们首先从亚齐开始,然后再考虑斯里兰卡。

1949年印度尼西亚建立新的国家,并将亚齐纳入,作为亚齐省。在此之前,亚齐是长期独立存在的。13世纪,它成为印度尼西亚群岛中首个穆斯林大本营;自1511年起,它便以亚齐苏丹国(Sultanate of Aceh)而著称。17世纪期间,在苏丹伊斯坦达尔·幕达(Iskander Muda)的统治下,亚齐的影响力遍布大部分苏门答腊岛以及马来半岛。尽管和欧洲殖民主义国家产生频繁的交涉和冲突——首先是葡萄牙,后来是荷兰,再后来是英国,但亚齐苏丹人从未真正屈服于殖民统治,反而建立了他们自身对区域贸易的控制权,包括到19世纪20年代超出世界一半的黑胡椒供应。但1873年,亚齐海盗开始活跃于马六甲海峡,对该地的欧洲贸易构成了威胁。后来亚齐遭荷兰进攻,在持续25年多的游击战后,苏丹最终在1903年投降,并于1905年遭流放。即便那时,在未来数十年中荷兰依然无法平定亚齐。但第二次世界大战期间亚齐被日本军占领,亚齐人民开始反击。1942年他们以伊斯兰教的名义开始反抗日本人以及荷兰人。1946年,日本战败后,荷兰军队重新夺回印度尼西亚,亚齐依旧是群岛中唯一的自由地。

1948年,印度尼西亚首位总统苏加诺(Sukarno)保证亚齐在新成立的国家内拥有特别行政区自治权,并官方承认了伊斯兰教。但实际上,1950年后,亚齐并入北苏门答腊省,成为非宗教、中央集权化的印度尼西亚联邦共和国的一部分。1953年起亚齐开始叛乱,一直持续到1959年,这一年苏加诺最终特许亚齐独立省份的地位,在伊斯兰教习俗方面拥有广泛的自由权。直至20世纪60年代末,苏加诺被苏哈托将军(General Suharto)赶下台时才获取了相对的和平。随后,1971年,亚齐北部发现储量丰富的石油和天然气资源。印度尼西亚政府联合埃克森美孚(ExxonMobile)国际石油公司启动开采工作,其中没有亚齐人参与,也没有给亚齐带来利好。为修建炼油厂,印度尼西亚政府甚至无偿没收村民的土地。所有这一切都催生了1976年的另一起叛乱——自由亚齐运动(Gerakan Aceh Merdeka-GAM),而这一次旨在实现亚齐的完全独立。

自由亚齐运动的领导人,哈桑·迪罗(Hasan di Tiro)为亚齐商人。他参与新建炼油厂的管道合同竞标,未果。他也是先前亚齐苏丹国人的后裔,是1873—1903年战争印度尼西亚民族英雄东古·齐克·蒂·迪罗(Teungku Chik di Tiro)的直系后人。1977年在一次伏击中被印度尼西亚军队打伤后,他随亚齐运动的另一个关键领导人外逃并最终定居在瑞典。1979年他们在那里创建了流亡政府。迪罗有30多年未曾返回亚齐,直到2005年和平协定签署。与此同时,特别是在20世纪90年代,自由亚齐运动在亚齐与印度尼西亚军展开了激烈的斗争。2000—2003年间,印度尼西亚政府向亚齐做出让步,特别是赋予亚齐更多自然资源的收益权,实行伊斯兰教法和伊斯兰法庭以及创建自治政府标志,战事在很大程度上才得到平息。但2003年和谈失败,总统梅加瓦蒂·苏加诺普特丽(Megawati Sukarnoputri)在亚齐宣布戒严令,称亚齐进入紧急状态并派驻了大量兵力和警力。他们杀害了6 000名左右的反叛战士（占总兵力的四分之一），以及数千名与亚齐自由运动有关的亚齐人，并至少转移人口12.5万人；运动的支持者被逐出城乡，赶往深山老林。到2004年，自由亚齐运动不仅开始采取守势，同时也失去了大部分迫切要求和平的亚齐人的支持。2004年10月新当选的总统尤多约诺（Yudhoyono）意识到这一点，提出与亚齐自由运动的领导人再次展开秘密协商。正值12月26日海啸来袭4天前，亚齐自由运动领导人接受了这一提议。

2005年5月戒严令解除，8月，在5轮谈判之后，双方正式签署了号称谅解备忘录（MoU）的和平协定。协议中保证政府军从亚齐撤出，解散自由亚齐运动的军事派别，亚齐享有能源、矿业、伐木和渔业较大份额的收益，并享有更多的地方政府自治。更重要的是，前自由亚齐运动的领导者还享有建立地方政党的权利。2006年，不顾强硬派反对，大部分谅解备忘录中的条款都获通过，成为法律。尽管亚齐还存在诸多持续的紧张问题，特别是围绕海啸幸存者比战争难民获得更多的资金分配方面的问题，但自2005年起，和平已成为该地的主旋律。

海啸的中心地位在备忘录中有特别记录："双方都深度认同只有和平解决冲突才能保证2004年12月26日亚齐海啸的灾后重建工作取得进展和成功。"[10] 2006年在谅解备忘录的一周年纪念会上，尤多约诺总统讲道："这场海啸无论从道德、政治、经济还是社会层面均产生了无法抑制的结束冲突的迫切需要。我受人指摘，那些人看不到和自由亚齐运动组织重新谈判有任何好处……但我更关心的是错失这个解决冲突的难得机会的窗口将要面临的历史评判。"[11] 2007年，在问及自由亚齐运动的前指挥官"海啸对和平进程有何影响"时，他答道："自由亚齐运动是站在人道主义的立场上才决定就此止步。印度尼西亚政府的立场也是如此，不管他们是否愿意，都要签下谅解备忘录。"[12] 皮萨妮在其2014年出版的有关印度尼西亚的旅游书中提到：

难以想象的海啸悲剧让雅加达和叛军首领都爬出他们为各自挖掘的战壕而走向和平对话。普通印度尼西亚民众的大力支持也起到了促进作用；叛乱者不再争论印度尼西亚人只想从亚齐身上索取，而不想付出。[13]

总之，詹妮弗·辛德曼(Jennifer Hyndman)在对海啸及其政治、经济和社会影响的研究中写道："这场海啸并非和平协定的起因，但它确实为加速和平协定的签署创造了一定的条件。"[14]

而在斯里兰卡，内战的根源要比亚齐久远得多。主要信奉印度教的斯里兰卡泰米尔少数民族以及主要信奉佛教的绝大多数僧伽罗人之间的冲突可上溯到公元前2世纪。据僧伽罗人在《大史》(Mahavamsa)中的记载，此时，南印度朱罗(Chola)王朝的泰米尔统治者埃拉拉(Elala)也统治着包括首都阿努拉德普勒在内的斯里兰卡北部，直到败给僧伽罗的杜多伽摩尼(Dutthagamani)国王。这些古代统治者直至今日依然是各自群体中的英雄人物。

1815年至1948年间，锡兰（即后人熟悉的斯里兰卡）处在英国的殖民统治下，泰米尔人口创下了新高。当时殖民国家从印度南部输入了大量的泰米尔劳动力，使之在中部高地种植咖啡、茶叶和橡胶。待政权独立时，岛上22.7%的人口都是泰米尔人，其中斯里兰卡泰米尔人占到了一半，另外一半是印度泰米尔人。此外，该岛的北部，贾夫纳半岛周围，绝大多数都是斯里兰卡泰米尔人，在东部的亭可马里周边也是如此。但在该岛的其他地方，斯里兰卡泰米尔人只占一小部分。

1948年以前，僧伽罗人和泰米尔人之间的民族和宗教冲突在很大程度上得到抑制。但锡兰独立后，1956年，政府通过了僧伽罗语为唯一官方语言的法案，锡兰的僧伽罗语取代了英语成为官方语言，而且否定了对泰米尔语的官方认可，致使两族人民之间的矛盾激化。两年后，僧伽罗的民族主义者挑起了全岛范围内的反泰米尔人暴乱，多达200名泰米尔人在暴乱中被杀。后来政府以一种对泰米尔人十分不利的方式

9 海啸带来的战争与和平:印度洋(2004)

规范了大学的准入要求。1972年又出现了另一起对泰米尔人的不友好行动。国家的名称——锡兰,或源于泰米尔语的名称伊拉姆(Eelam),被正式更名为斯里兰卡,该词源于梵文,意为"众神眷顾之岛"。很快,1976年,泰米尔民族主义催生了泰米尔伊拉姆猛虎解放组织(Liberation Tigers of Tamil Eelam-LTTE,俗称泰米尔猛虎),由铁面无情的韦卢皮莱·普拉巴卡兰(Velupillai Prabhakaran)创建,恰好与亚齐独立运动组织(GAM)同一年创建。在苏门答腊以及斯里兰卡,反叛者计划在岛上建立一个割裂的政权,由他们自己统治。

从一开始,泰米尔伊拉姆猛虎组织(下文简称猛虎组织)就采用极端的暴力行为来反抗政府和平民。他们享受了极大的胜利果实。在20世纪80年代中期取得了贾夫纳半岛大部分地区的控制权,直到拉吉夫·甘地(Rajiv Gandhi)领导的印度政府在1987年派遣维和部队进驻。然而部队1990年撤离后,猛虎组织再次控制了北部和部分东部地区。在整个20世纪90年代,猛虎组织与斯里兰卡政府力量之间持续斗争。在这期间,猛虎组织利用"人体炸弹"杀害了印度前总理拉吉夫·甘地和时任斯里兰卡总统拉纳辛哈·普雷马达萨(Ranasinghe Premadasa)。最终,2002年,猛虎组织提出建立一个支持区域自治的独立国家的要求。当新一届政府在首都科伦坡开展选举后,猛虎组织和政府签订了停火协议,促成了和平谈判。尽管仍有暴力事件不定时发生,但该协议在2004年海啸来袭时依然有效。这次海啸严重地破坏了猛虎组织所控制的北部和东部地区。

在印度尼西亚和斯里兰卡均起草了有关重建的谅解备忘录,号称海啸灾后运行管理架构(P-TOMS),于2005年6月签订。它是由国际捐赠机构,包括斯里兰卡政府代表、猛虎组织以及穆斯林政党(海啸对海岸线上的穆斯林群体造成了严重的损害)共同设计起草,国外援助不用经过政府直接转向岛上受灾地区。猛虎组织支持该备忘录,并且要求救援管理中尽可能多地实行自治。而僧伽罗的民族主义者反对这份协议,并在最高法庭质疑其合法性。他们的主要理由是猛虎组织是恐怖组织,并非政府机构,因此不能合法参与这种协定。此外,谅解备忘录中描述的委员会在不修改《宪法》的情况下不能合法地开展工作。还有,国际捐赠基金不能被诸如世界银行这样的非政府机构控制。最终,僧伽罗民族主义者指出仅给海啸受灾地区提供援助对那些灾区以外受到海啸影响的受害者来说是一种歧视。在这种种争论的背后是民族主义者根深蒂固的信仰——大多数僧伽罗人都认为对猛虎组织控制的区域只应提供少量的救援资金。因此,海啸灾后运行管理架构深陷种族政治的漩涡。海德曼(Hyndman)评论道:"如果海啸灾后运行管理架构的谅解备忘录成功的话,它可能被用作斯里兰卡长治久安所需的宪改蓝图。但它并没有成功。最高法院非常赞同原告,且备忘录一直未被采纳。"[15]

同年晚些时候,强硬的僧伽罗族总统马欣达·拉贾帕克萨(Mahinda Rajapakse)被选出负责反海啸灾后运行管理架构(Anti-P-TOMS)的平台。他迅速把政府的海啸应对机构名称从"重建国家特别工作组"改为更加中立的"重建和发展机构"。然后开始巩固自身的权力基础,增加军事预算,为攻击猛虎组织北部据点作准备。与此同时,猛虎组织军事行动愈演愈烈。2008年初,拉贾帕克萨政府终止了2002年签署的停火协议。战争再次开始,猛虎组织胁迫百姓留在冲突地区,双方的残暴行为使百姓深受其害。2009年前五个月,遭屠杀的斯里兰卡人比2004年海啸中丧生的人数还要多。最终,猛虎组织的士兵们,包括其首领普拉巴卡兰被困在东北海岸线的一角。5月政府军发起攻势,他们在此遭到屠戮。战争结束了,但是考虑到泰米尔少数民族持续受到压迫,在较长时间内斯里兰卡要想获得长治久安似乎也只是天方夜谭。"泰米尔猛虎已被彻底清剿,但胜利者也未表现出更多意愿来分享他们的美丽小岛。"前BBC常驻记者弗朗西斯·哈里森(Frances Harrison)在她严肃的新闻报道《死亡人数仍在统计》中这样总结道。[16]

9　海啸带来的战争与和平：印度洋(2004)

缘何印度洋海啸促成了亚齐和平，却在斯里兰卡引发了战争呢？两地同样都出现了周期相似的现代暴动，同样拥有大量的支持，同样激起了大量暴行、死亡和大规模的迁移。然而，海啸过后，亚齐战争迅速以和平谈判结束，而斯里兰卡战争最后则以大屠杀告终。

对于这两种截然相反的结果并不能用单一的压倒性的理由来解释。毫无疑问，地理起到了部分作用。班达亚齐地处沿海平原地区，靠近地震震中位置，在自由亚齐运动的支持者和其他人群中所造成的死亡和破坏几乎相当，其程度远比斯里兰卡的沿海地区严重。这迫使自由亚齐运动的领导人进行和平谈判，从而给了泰米尔猛虎组织更多的操纵空间。此外，印度尼西亚是由诸多大岛组成的巨大群岛，而斯里兰卡基本上是一个孤岛。因此在印度尼西亚有足够的空间允许亚齐自治，但斯里兰卡没有足够的空间允许建立伊拉姆。地理位置同样使亚齐在救援分配上比斯里兰卡更加直截了当，从而少了一些政治化倾向。在亚齐，军事冲突的主要区域在东海岸，而非海啸破坏最严重的西海岸和北海岸。但斯里兰卡的军事冲突地和海啸重创地往往不谋而合，并且受到猛虎组织控制。此外，宗教扮演的角色也是支持区域自治的和平协定：尽管有相当丰富的民族多样性，但亚齐人口中98%以上为穆斯林。相比之下，斯里兰卡只有70%为僧伽罗佛教徒，还有相当数量的印度教徒、穆斯林和基督教徒等少数宗教群体。在政治上亦如此。尤多约诺总统意识到印度尼西亚和他自身作为总统的声望均可以从亚齐的长期和平协定中获益良多。拉贾帕卡萨总统领导下的僧伽罗民族主义者领袖却不同，他们在利用海啸削弱猛虎组织的共同目标上获得了广泛的支持。在历史方面亦如此。20世纪以前，亚齐人就已经奋斗并保持独立国存在长达五百年。史实也激励着亚齐人和印度尼西亚政府来制定一个彼此都能接受又能解决当代冲突的决议。相反，斯里兰卡在过去的近两个世纪一直是政治统一体。这一事实也阻碍了对民族分离行为做出任何让步。

海啸产生的另一个积极影响就是印度洋国际海啸预警系统应运而生。2004年以前,印度洋尚无任何海啸预警系统,因为该地似乎从未受过海啸威胁。没有人注意到1833年、1861年和1907年印度尼西亚地震所引发的海啸,也没有人把喀拉喀托火山的爆发与海啸联系在一起。事实上,该地的大多数人对这个外来的日语词都闻所未闻。

相反,在太平洋,这样的预警系统由来已久。自1946年阿留申群岛发生地震,阿拉斯加和夏威夷的海啸致人丧生,1949年就开始建立该系统,并在1960年智利大地震引发太平洋海啸后进一步加强。该预警系统在阿拉斯加和夏威夷建立了海啸预警中心,由美国国家海洋和大气管理局控制。

自2004年以来,一系列地震仪、沿海海平面探测仪以及大量的海上海啸探测仪,即开阔海域上能够探测巨浪通过的卫星浮标,这一网络均现身于印度洋内部及周边的所有国家和主要岛屿。位置从南非和阿曼经印度和斯里兰卡到印度尼西亚和澳大利亚。这些仪器由澳大利亚、印度尼西亚和印度的三个区域警报中心监视:建立系统所需的4.5亿美元资金绝大部分是由这几个国家资助的。《自然》(Nature)杂志在最近的一篇报告中指出:地震发生时,"科学家根据地震数据来估计地震所能造成的海床位移,然后他们把算出的可能引发海啸强度的假定模型与真正的地震做比对"。然后就其海岸线可能发生的情况向国家政府发出预警。[17]

不管怎样,这只是理论,实际上印度洋海啸预警和减灾系统还面临着诸多困难。首先,每年维护这些仪器(尤其是海啸探测仪)要花费大约5 000万到1亿美元;而且国家的投入往往与国家受地震灾害的程度成正比。其次,留给政府的问题是要正确决定如何将科学预警传达给地面上确实存在风险的群体。再次,可能会存在错误警报的情况,因为大地震并非总会引起情景模型中所预测的海啸。2012年印度洋震后海啸预警的发布不仅针对亚齐,还针对印度洋周边的25个国家,并预测

9　海啸带来的战争与和平：印度洋(2004)

海啸会在远及南非几倍的地方着陆，这就是一次错误预警。海啸并没有发生，这是由于 2012 年的断层移动有别于 2004 年，此次并非是导致纵向滑移的俯冲，而主要是横向滑移，海洋产生的位移较小。最后，可能也是最重要的，考虑到靠近震中海岸线的迫切需求，如 2004 年的亚齐以及太平洋海啸频发的日本东北海岸，该预警系统的反应还不够迅速。因此，日本靠的是自己的预警系统，由日本气象局运营，而非美国运营的太平洋预警系统。但在 2011 年日本东北部大地震中，即使这个系统也无可避免地暴露了不足。

10

熔毁之后：日本福岛(2011)

福岛第一核电站(Fukushima Daiichi)在2011年海啸中局部被毁，这是3天后的卫星图片。

2011年3月11日下午2时46分,日本经历了史上最大地震,全国大部均有震感,持续时间约6分钟。东京的摩天大楼在地震中仿佛风中的残竹来回摇晃。此次地震在全球范围内加快了地球的自转速度,把一天的长度缩短了差不多两微秒。地震的震中位于太平洋海底,震源深度约24千米。在震区,太平洋板块沿日本海沟向承载日本北部主要海岛——本州岛的板块俯冲,导致太平洋板块明显西移30—60米;相比之下,2004年苏门答腊岛地震的板块滑移仅10米左右。"如此巨大的海床移动在全球范围内也未曾有过记录",日本地震学家佐竹键治(Kenji Satake)提到。[1]这次的海底灾难发生在宫城县牧鹿半岛以东约50千米,位于本州岛东北海岸的三陆海域,属东北地区。在日本国内,此次地震通常被称为东日本大地震,国际上号称日本东北大地震或日本东北地区太平洋冲地震(以示它发生在公海)。

下午2时49分,日本气象厅最先通知地震震级为7.9级,与1923年关东大地震的估计强度相近,同时发布了海啸预警。2011年,日本气象厅的海啸预警系统包括三类:海啸情报(估计浪高为0.5米)、海啸警报(浪高约2米)和大海啸预警(浪高3米)。浪高2米以上可以摧毁木质结构房,16米以上可以摧毁混凝土建筑。据日本气象厅估计,日本东北地区海啸在宫城县海岸浪高可达6米,在宫城县南部的福岛海岸浪高为3米,在宫城县北部的岩手县海岸也是3米。许多已经历强震的沿海居民迅速准备向高地撤离。

这些初始预报的浪高是基于日本气象厅利用由几百个观测站组成的地震勘测网对地震的位置、深度和强度进行估计,再结合海啸模型仿真数据库,在地震发生的几分钟内提供快速预警。日本气象厅的海啸预警信息还可以进行更新,通常在15分钟之内,利用宽带地震仪,可探测更大范围的震动频率来提供更全面的地震观测,并结合海上漂浮的卫星链路海啸探测仪和海底压力计来判定海啸,从而减少误报率。

但由于日本东北大地震强度太大,日本国内大多数宽带地震仪都已经爆表,日本气象厅无法根据本国数据估计震级。结果,日本气象厅耗费一个多小时,根据国外的地震仪观测结果估计了这场地震的震级。下午 4 时 08 分,气象厅正式将震级提升至 8.4 级,下午 6 时 47 分又升级至 8.8 级。直到 3 月 12 日,地震发生大约 24 小时后,日本气象厅才宣布准确的震级为 9.0 级。

"由于最初估计的震级要远小于实际地震大小,海啸预警程度和预计海啸浪高均被低估。"佐竹键治谈到。另一个导致缺乏足够警惕的原因在于日本气象厅下午 2 时 59 分的通报称:最早到达岩手县大船渡港的海啸浪高仅有 0.2 米。"这只是后续大海啸的先兆,但有些人误解了最初发布的信息,以为实际上海啸很小,也就延缓了撤离的速度。"[2]

下午 3 时 14 分,地震发生 28 分钟后,大海啸还没有抵达海岸线,日本气象厅依据海上仪器的记录,将海啸预警级别进一步提高:预计宫城海岸浪高将超过 10 米,福岛和岩手县海岸也将超过 6 米。下午 3 时 30 分,预警进一步升级,福岛和岩手县也将达到 10 米以上,同时还有东北海岸的其他地区,包括东京附近的千叶县。预警持续多次升级,最终覆盖整个日本海岸线。但预警没有传到所有的沿海地区,因为出现了断电,而且很多人员已经开始撤离。

大海啸真正抵达大船渡时,海浪峰值达 23.6 米,低于 2004 年印度洋海啸的最大测量值,也低于大船渡在 1896 年明治三陆(Meiji Sanriku)海啸中的历史最大浪高——38.2 米。1896 年的这场灾难将"海啸"(tsunami)一词引入了英语,这也承蒙同年小泉八云(Lafcadio Hearn,原名拉法卡迪奥·赫恩)在一家美国杂志发表的一篇文章,文中写道:

> 自古以来,日本海岸每隔几百年都会不定期地遭遇地震或海底火山活动引发的巨大海啸冲袭,这种可怕的海面陡升被日本人称为"海啸"。上一次海啸发生在 1896 年 6 月 17 日晚,长达 200 英里的海浪袭击了宫城县东北部、岩手县和青森县,破坏了大量城镇

和村庄,几乎摧毁了整个地区,夺走了近 3 万人的生命。[3]

据说,大船渡若非自 1896 年就采用了防波堤和其他海啸应对对策,2011 年那里的海啸最大浪高很可能要高于 1896 年。

据历史记载,小泉八云低估了海啸发生的频率:称三陆海岸遭遇海啸袭击多达 70 次。1611 年、1793 年、1856 年、1933 年和 2011 年均出现了大地震伴随海啸同时发生的情况。但从考古学和古地震学中可以明显看出,海啸现象可追溯到更早的时期。2011 年,宫城县仙台平原距海岸线 5 千米的范围都在海啸中被淹没,此处进行的考古挖掘表明,多个史前地层均有被海水淹没的痕迹。特别是 869 年的那场贞观（Jogan）大地震(在一份历史记录中有所提及),可能和 2011 年日本东北大地震一样强烈。的确,据佐竹键治所言,这种大地震可能会复发,平均大概每 1 000 年才发生一次。

根据历史和史前年代,我们可以轻易算出三陆地震海啸概念上的平均复发周期。但这并不具备预测价值,正如圣安德列斯断层发生大地震的平均复发周期一样。此外,海啸有它独有的特点,也会违背预测规律。每场海啸都取决于引发这场海啸的地震断层运动的特点,除此之外,也受到奇特地理构造的巨大影响,如海岸线的海湾和水湾,它们像漏斗一样使海水倒灌,从相反方向抵岸的海啸波浪也可能对人和建筑物进行夹击。1611 年,海啸大浪(波峰 25 米)在回退时所造成的破坏甚至比最初汹涌抵岸时更加严重。1793 年的海啸浪高较低(只有 4—6 米),但海水影响的范围很广。1856 年发生了强震,但海浪节拍缓慢,相对浪头较低(与 1793 年的情况相似),使人有足够的时间撤离。但 1896 年的情况却相反,地震强度较小,但海浪来势凶猛,浪头又高(如前文提到波峰达 38 米),造成巨大的财产损失和人员伤亡。"很多现代金融投资中都有一个标准化的警示语,即'过去的表现不保证未来的结果',这更适用于大地震和海啸的情况。"历史学家格雷戈里·史密茨(Gregory Smits)在他充满启示的研究《大地怒吼:日本地震历史的经验教训》

(*When the Earth Roars*: *Lessons from the History of Earthquakes in Japan*)中评论道。[4]

关于地震与海啸关系的持续争论始于1896年的那场灾难。1897年至1900年间,成功"预测"关东大地震的地震学家今村明恒发表了他的海啸成因理论。当时,世界各国地质学家尚不确定究竟是断层引起地震,还是地震引起断层,具有先见之明的今村明恒就已经深信,是地震中海底以下的地质断层运动导致了大量海水位移,只有这些海水抵达岸滩时才形成很高的大浪。因此,海浪在海面移动时的波浪起伏平缓得几乎难以察觉,而从地震发生到海啸抵岸也有一段时间差。此外,今村明恒还发现,只有某些类型的海底断层活动会造成大量的海水位移,而海啸的浪高也将取决于海岸线的坡度和形状。

今村明恒的竞争对手大森房吉并不赞同这一理论,并于1900年提出自己的理论。大森房吉认为,世界上每个地区的海洋都以其特有的频率振荡,就好像一个"液体钟摆"。这样的振荡可由具有相同频率的波浪刺激而产生,正如声波会使音叉在一定频率产生共鸣一样。因此,地震波,哪怕发生的距离非常遥远,也可能引起震荡并在海岸线的封闭海湾、水湾或湖泊引发海啸,就像1755年里斯本大地震期间,苏格兰到芬兰等各大欧洲湖面上出现的湖啸一样。湖啸和海啸属于相似现象,按大森房吉所言,两者均可由地震引发。

1905年今村对大森的理论进行回应,把重点放在两处不足之上。首先,若他的理论正确,考虑到地震波的速度,海啸就应当与地震几乎同时发生。但1896年,明治三陆的海啸在地震三四十分钟后才来袭。其次,若大森所言极是,那么海啸波浪应与地形无关,而只和特定海洋区域海水的特有频率有关。而1896年,海啸的浪高无疑随三陆海岸上的海湾或水湾形状的各异而迥然不同。"显然,今村争论道,引发海啸的不是海湾和水湾中的海水,而是发端于近海海底的某些东西。"史密茨提到。[5]大森并未对今村的批判予以回应。

不管对海啸正确的地质学解释是什么,人们在 20 世纪中都对海啸的破坏行为有了更清楚的认识。1896 年的海啸中有 2.2 万人丧生,但对这场地震的记忆却挽救了 1933 年昭和三陆海啸中的生灵,此次海啸大约夺去了 3 000 人的生命。在今村的积极鼓励下,三陆海岸竖立起了标石,也同样起到了警示作用。1896 年海啸的苦难曾让今村深受触动并相信通过训练,日本人也能有效规避灾难。如今三陆海岸线上立着大约 200 座海啸纪念碑。"粗糙的石碑,大小像小墓碑一样,警示后人建造房屋时要远离海岸。"日本前驻外记者戴维·皮林(David Pilling)写道。[6]大多数纪念碑都标识了 1896 年和 1933 年的水位并提供了基本建议。其中最著名的石碑建在姊吉(Aneyoshi),是 1933 年被毁的一个村庄,现今为岩手县宫古岛的一部分,石碑上的碑文如下(用日语铭刻):

子孙于高处居得安乐,
记取大海啸之祸,
勿在此处以下盖房,
明治二十九年,昭和八年,海啸均到达此处,
部落全灭,生存者仅前者二人,后者四人;
几岁逝去,都要心存戒备。[7]

这些提醒似乎在姊吉地区很奏效。2011 年,经历三代以后,也没有人在石碑以下的地方盖房。2011 年日本东北地区发生海啸,水位几乎和 1896 年持平,但也只破坏了石碑以下的地方,留下折断和连根拔起的树木,没有影响到姊吉地区石碑以上的少数房屋。

相比之下,很多日本海岸线上的村庄和城镇都试图通过建筑 10 米高的防波堤来对抗未来的海啸。2011 年,日本三分之一的海岸线都有防波堤保护,总长度比中国的长城还长。太郎村是岩手县海岸的一个村落,分别在 1611 年、1896 年和 1933 年的海啸中被毁,人们绕着村庄筑了一道墙,到 20 世纪 50 年代末,那道墙有 1 350 米长,高出海平面 10

米,使得该地在1960年智利大地震(9.5级)引发的环太平洋海啸中逃过一劫;世界各地的人们纷纷学习太郎村的经验。当地人在城墙上方骑车、散步、慢跑。城墙经过进一步加固,2003年,在1933年海啸70周年纪念上,太郎村公开自称为"海啸卫城"。2010年智利的另一场大地震(8.8级)引发海啸,他们更加信心满满:日本气象厅预测最大浪高为3米,实际到达时不到2米。"但是,地球另一端的大地震所引发的海啸和自家海岸近距离的大地震所引发的海啸着实不可同日而语。"地震学家罗杰·穆森(Roger Musson)评论道。[8] 2011年,太郎村再一次被海啸席卷,海浪轻易漫过那道著名的墙垣,那道墙甚至多处被海浪冲毁。同样势不可挡的水灾在很多其他沿海村镇也时有发生。陆前高田是岩手县人口达2.3万余人的城镇,在1896年和1933年中也被冲毁。这次海啸中,13米高的海浪淹没了6.5米高的防波堤,导致80%以上的房屋被冲毁,只留下一棵200年的老松还奇迹般地挺立着,遇难的居民近1900人。在宫城县的南三陆町镇,港口护堤也同样失效,海啸漫过四层建筑,镇上的1.7万人中大约1200人罹难,包括镇政府大厅的130名员工,其中除10人之外,其余全部丧生。这10人有幸被水冲到屋顶的一端,抓住了那里的钢杆才得以幸存。

总的来说,日本东北大地震和海啸共造成1.9万人遇难,其中92%都是溺亡,其余死于建筑倒塌;罹难者中60岁以上的老人超过三分之二,缘于他们无法轻易迅速撤离。海啸波及范围沿海岸线绵延500千米,12.9万幢房屋彻底被毁(多数情况下是被完全冲走),25.5万幢房屋部分损毁,另有69.7万幢遭到破坏。大约50万人被转移到临时安置点,而300多家医院和其他医疗机构因损毁也不得不关闭。全部经济损失预计16.9万亿日元(约2000亿美元),大约相当于日本全年国家预算的20%。清理和重建工作挑战如此巨大,以至于灾难9个月后,传记作家皮柯·耶尔(Pico Iyer)到访仙台时,发现脚下依然是一片废墟,据他所言:

10 熔毁之后:日本福岛(2011)

房屋像坐落的空壳,一层彻底毁掉,又经过暴风雨的摧残(二层还原封不动);电线杆呈45度倾斜,汽车依然漂在水里。……建筑都只剩下窟窿,巨轮在海中倾覆。昔日明显一派繁华的城区如今沦为鬼城,一排排的房屋被压垮崩塌,汽车变成废铁,堆积如山……

一会儿,长长的缁衣僧侣队伍里,响起庄严的诵经声……。道路两边都是废墟残骸、压碎或倾倒的墓碑。他们向一群身着蓝色校服的幼儿园小朋友打招呼,灾难发生那天,孩子们都在学校,因此得以幸存。周围的树木都成了断木残枝,他们脖子上围着红脖领,还戴着一小串地藏菩萨(Jizos,日本儿童的神)石像,既保护着生者,也守护着逝者。[9]

但东日本大地震被列入改变世界历史的地震名录,当然还是因为海啸对福岛第一核电站所造成的破坏。讽刺的是,福岛之名,在日语中意思是"蒙福之岛",现在同广岛、长崎一样成为全球核灾难的代名词。正如日本时任首相菅直人(Naoto Kan)在2011年3月13日毫不夸张地表示的:"地震、海啸以及核事故已成为日本自第二次世界大战后65年来所遭遇的最大危机。"[10]

3月11日下午2时46分的地震,虽然是强震,但也不是主要问题。核电站剧烈摇晃,产生东西方向的加速度超出设计基准最大限度的20%,但由于建造在坚固的岩石上,所以也经受住了摇撼。当时正在运行的3个核反应堆(共6座核反应堆),在地震波自动感应器的触发下,完全按设计师设计,全部自动停止运转,但控制室的警报表明核电站现已与电力网连接中断。作为应急手段,只能立即启动柴油发电机恢复电力供应,防止核燃料过热。

海啸才是主要问题。这座核电站的反应堆是美国设计的,在1971年首次开始运转,考虑到1960年智利大海啸的前车之鉴,就设计了像命运多舛的太郎镇那样的防波堤。日本气象厅在下午2时49分发出的最初海啸预警显示福岛海岸的浪高为3米,没有引起核电站经营者东京电力公司(TEPCO)的恐慌,因为核电站周围的防波堤有10米高。但下午3时14分预警升级至6米时,福岛第一核电站的站长吉田昌郎(Masao Yoshida)开始担心岸边的应急海水泵设施可能会遭到破坏。海水泵主要是用来散发反应堆余热、支持包括水冷应急柴油发电机在内的设备。他想到的是,若这些发电机出现故障,还可以用其他可用的设备代替,但他万万没有想到的是很快就发生的整场灾难。

下午3时27分,第一波海浪打在防波堤上。浪高4米,很容易就被挡住了。3时30分,据我们所知,海啸预警再一次升级,称福岛浪高将超过10米,这个估计后来经证实准确无误,充满了不祥之兆。

对于接下来3时35分所发生的一切,美国"忧思科学家联盟"(Union of Concerned Scientists)两位核专家大卫·洛克博姆(David Lochbaum)和艾德温·莱曼(Edwin Lyman)在《福岛:核灾难的故事》(*Fukushima: The Story of Nuclear Disaster*)中描述了令人不寒而栗的事实真相:

> 第二波海浪来袭,高耸的海浪大约50英尺,远远高于所有人的预期。海浪摧毁了吉田担忧的海水泵,冲破了海滨涡轮建筑紧闭的大门,淹没了向水泵、阀门和其他设备配电的电源板。海水涌入大楼的地下室,大部分应急备用的发电机都存放在这里。(后来发现两名工人溺死在某个地下室中。)虽然有些柴油发电机位置较高没有淹没,但海浪冲毁了配电系统,致使发电机也无法使用。反应堆1至5号机组交流电源全部失效。用核电术语来说就是全厂断电。

核电站的员工从反应堆设施后面山坡上的疏散点看到,海浪退去时,卷走了车辆、珍贵的设备以及核站严重损毁后的其他残骸,使人陷入了绝望的境地。按专家的话说:

> 日本和全世界的管理者一样,几十年来一直都很清楚,全厂断

电是核电站可能发生的最严重事态。如果交流电源无法恢复,电站的备用电池很快就会耗尽。没有电力供应,水泵和阀门就无法提供稳定的冷却水流,放射性燃料将会过热,剩余的水就会蒸干,堆芯就会不可阻挡地熔毁。应对全厂断电基本上就是和时间赛跑,就是要在电池耗尽之前恢复交流电源。[11]

交流电源未能恢复。1号反应堆在3月12日熔毁,导致3个反应堆氢气爆炸,对结构造成了巨大破坏,1号反应堆升起了巨大的蘑菇云。所有这些都通过远处瞄准核电站的日本电视摄像机实时向东京转播,东京电力公司总部、日本首相办公室、政府、科学家和他国公民都在战战兢兢地观看。恰恰是那些离事故现场最近的人,核电站周边区域的居民,由于电话、电视服务中断而对所发生的情况一无所知。3月16日莱曼在华盛顿向美国国会小组委员会证实日本事故时提醒道:"我们也有同样老化的核电厂。我们也曾出现过全厂断电。我们的监管系统也没有比日本好多少。我们也经历过超出预期的极端天气,使我们的应急预案完全失效,如卡特里娜飓风(Katrina)。"[12]

放射性物质的泄漏导致核电站方圆20千米内成为当地居民的禁区,特别是邻近的大隈镇;3月12日晚日本政府通知居民从家中撤离。3月25日,半径在20—30千米范围内的居民全部要求撤离。4月12日,距离1号反应堆熔毁一个月后,核电站的放射物持续外泄,日本政府被迫将此次事故的国际评级提升至最高等级7级,与1986年发生在前苏联的切尔诺贝利核事故同一级别。4月末,政府下令日本饭馆村全村撤离。该村曾被视为日本最秀丽的村庄之一,虽然位于30千米禁区以外,但核电站废墟方向刮来的风也对其构成了威胁。在熔毁发生后的那些狂乱的日子里,东京电力公司与政府争论是否要全部排空核电站,为避免群众恐慌,日本政府甚至还私下里,考虑过首都东京的撤离。但直到6月,政府才正式承认3个反应堆全部发生熔毁,实际上3月12日政府"基于探测厂区外的碲-132,只在熔毁的堆芯中才有的一种裂变产物"就已经知道情况,洛克博姆和莱曼提到。[13] 直到 11 月,事故发生的 8 个月后,东京电力公司才开始向政府透露,事故要比当前悉知的情况严重得多。4 年后,据估计高度放射性的福岛第一核电站要最终报废停用还需要 30 到 40 年,而成本,据东京电力公司称,至少达 80 亿美元。

这场灾难是否可以预见?甚至说是否可以预防?对于这两个问题的简短回答都是肯定的。但想要预防,必须要彻底改变日本的核工业和政府管制政策,这没有灾难的刺激显然是不太可能。

就在 2011 年事故发生的前几年,日本地震学家还争辩日本不可能发生 8 级以上地震,助长了企业和政府的自满情绪。但他们得出的观点是"基于错误的假设,认为日本海沟不同地段不会同时发生断裂,因此任何区段的地震最大也就是 8 级",地震学家塞思·斯坦(Seth Stein)提到。[14] 海底压力计可能会纠正这个错误观点,但目前这类压力表安装得不多(2011 年后会安装更多)。接着 2004 年苏门答腊-安达曼群岛发生了 9.1 级地震。一些地震学家才开始改变对日本海沟板块潜没过程的认识。到了 2008 年,新的研究表明三陆海岸以南的海沟可能发生大地震,迫于压力,东京电力公司不得不考虑福岛沿岸可能发生与 1896 年引发明治三陆海啸的大地震相匹敌的地震及海啸。明治三陆的地震估计强度在 8.3—8.5 级。根据这个强度,公司的模型预测核电站应急海水泵附近的浪高为 10 米多点,可能会席卷内陆,到达核反应堆附近的浪高超过 15 米。但东京电力公司管理层否定了这些研究结果,认为不够现实,理由是太平洋该区域的海底断层和地震并不属于那种引发如此大海啸的类型。

随后不久,日本地震学家提出 869 年的贞观大地震及海啸可能再次爆发,强度可能更大,可能高达 9 级。此外,他们还在内陆地区发现了贞观地震的地质沉积证据,在福岛第一核电站以北,距离并不远。之后东京电力公司就在核电站北部也发现了不明的海啸沉积。但这些似乎与公司基于贞观地震建立的模型并不相符。核电站故此没有采取任何行动,比如增加防波堤高度。"建筑堤坝来应对海啸,最终可能会牺牲附近的村庄,以达到保护核电站的目的,"东京电力公司的内部文件总结道,"这可能无法得到社会接受。"[15] 2009年在日本核工业安全局(NISA)会议上,地震学家冈村行信(Yukinobu Okamura)直言不讳地质问东京电力公司代表关于贞观地震的问题,代表试图回避问题,称这是"历史上"的地震,和当前情况无关。冈村心有不甘,在第二次核工业安全局会议上继续质问,并引用了2004年苏门答腊-安达曼地震提出警告。政府地震研究委员会也提出了贞观海啸以及灾难可能重新上演的观点。作为回应,东京电力公司和其他电力公司开始向管理者施压,恳求委员会软化其立场。直到2011年3月,仅在日本东北地区大海啸发生的4天前,东京电力公司才开始考虑向日本核工业安全局报告新的海啸破坏评估。

公司的根本态度从长期与政府监管人员沆瀣一气、编造反应堆的安全记录就已经显露出来,这些都毫不留情地记录在《福岛:核灾难的故事》一书中。比如,2000年,核监察员发现福岛第一核电站某反应堆的蒸汽干燥器出现裂缝,但公司要求他隐瞒证据。最终,检查员向政府监管机构报告故障后,被解雇了,监管者令东京电力公司自行处理此问题。与此同时,福岛第一核电站还在继续运转。而后,2002年,公司承认多年来,所有的3个核电站反应堆堆芯套管都出现裂缝,而公司都掩盖了证据。政府监管人员公开回应称,东京电力公司保证不会威胁到安全。这一次,公司主席及董事长辞职,但两人还保留了东京电力公司顾问的职位。2007年,一场地震毁坏了该公司位于日本西海岸的柏崎刈羽核电站(Ksahiwazaki-Kariwa)——世界上最大的核电站。在国际原子能机构检查之后,东京电力公司不得不停止使用7个反应堆,同时提高抗震能力。结果发电能力下降致使公司30年来首次出现亏损。但陪伴东京电力公司40年的新任董事长利用成本削减举措使公司在

2010年扭亏为盈。"他的秘诀?"洛克博姆和莱曼讽刺地说道"就是降低检查的频率"。[16]令人大跌眼镜的是,甚至在2011年福岛第一核电站灾难之后仅20天,东京电力公司就向政府提交在核电站另建两个核反应堆的计划。"这是公众不能忽视的狂妄之举,"政治科学家理查德·塞缪尔斯(Richard Samuels)在其著作《3·11:日本的灾难及变化》(3.11: *Disaster and Change in Japan*)中写道,"系统高估了安全,低估了风险,只因监管与被监管者几十年来都串通一气。"东京电力公司可能是罪魁祸首,塞缪尔斯写道,但很多政府监管人员在退休后都成了电力产业的高薪顾问,也助长了公司确实存在的不正之风。[17]

史密茨将上述这段污浊的历史总结如下:"早在2011年3月11日以前,日本核能工业专家就知道或本应知道发生9级地震是有可能的。但实际上,不管是一般性警告还是具体性警告,业内官员都是主动忽视。"[18] 2012年发布的官方事故分析报告称,东京电力公司承认在2008年以后确实没有对福岛第一核电站采取预防性措施,因公司认为发生像贞观大地震一样的灾难只是假设。从东京电力公司的角度看或许也并不意外,于国家而言,难以量化的风险不值得公司来肩负必然的成本代价。对于政府也是如此,国家对核能的需求也凌驾于风险之上。日本是个高度工业化的国家,也是能源消耗大国;只有中国、美国、印度和俄罗斯这些比日本大得多的国家才消耗更多的能源。但日本自身的能源资源很少,84%的能源需求都依赖进口。2010年,正值海啸前一年,日本国家电力供应的能源29.2%都来自核能。根据政府的《能源基本计划》,到2030年计划核能供应达53%,到2100年供应日本全部能源需求的60%。仅东京电力公司一家就有168家子公司,且目前是日本最大的公司债券发行者(占全国的7%)。核能产业简言之就是"太大而不能倒"。

灾难对产业的初步影响在日本是相当大的,对世界范围内的核能工业也产生了重大影响。德国政府很快就宣布至2022年将逐步取消核电站。此外,海啸也引起美国和加拿大政府高度关注西北太平洋海岸的卡斯卡迪亚俯冲带(Cascadia subduction zone),这里若发生地震或将产生毁灭性后果。1700年这里曾发生过9.0级地震,引发巨大海啸,淹没了美国的海岸森林,同时对日本海岸造成了破坏。

日本立即关闭了54个正在运行的反应堆,进行检修;到2012年5月,日本自1970年以来首次实现了无核化。(尽管后来2个反应堆在2012年重新启用,但2013年又再次关闭)。日本首相菅直人迅速宣布他这任政府将放弃《基本能源计划》,终止所有核电站新建计划,并鼓励发展其他可再生能源。东京爆发了之前难以想象的群众街头抗议,反对核能源。公用事业公司股东大会上也提出反核议案并进行严肃讨论。东京电力公司会议上,在防暴警察的眼皮底下,愤怒的诘问者大声谴责一再道歉的管理层,有人一时大叫:"跳到反应堆里,去死吧。"[19]日本广播公司(NHK)在2011年6月开展的一项民调显示,被调查者中有三分之二都认为核能应该逐步淘汰并废弃。在灾后首个周年纪念上,超过半数的受访者都反对重启核电站,80%的受访者表示不相信政府的安防措施。

然而,即使在2011年,东京电力公司僵化的管理层也不顾股东抗议,重新任命了董事会成员和主席(不过2012年东京电力公司就转由政府接管了)。日本首相菅直人从倾向于支持核能又到反对核能,是整场闹剧中的"唯一主角",塞缪尔斯写道。[20] 到了2011年9月,菅直人辞职。从那时起,日本政府不再受他领导。接替菅直人成为新任首相的野田佳彦(Yoshihiko Noda)在2012年开诚布公地说道:"如果我们停止所有核反应堆或者暂停运转,日本社会将无法维持。"[21] 2014年,支持核能的安倍晋三(Shinzo Abe)内阁宣布了一项新的能源计划,其中核电被说成国家最重要的能源,计划到2030年,核电将占日本电力的22%。虽然日本法院以安全问题为由继续阻止重启多数反应堆,但还是允许重启了仙台核电站中的两个反应堆,其中一个在2015年8月开启。从长远来看,鉴于日本的能源需求,日本要想摆脱核能似乎也不太可能,但行业及政府无疑要升级核电站的设计标准,把大地震及随后引发的海啸所带来的风险考虑在内。

对核能的未来犹豫不决正是东日本大地震和海啸整体后果的一个缩影,已经成为关东大地震后20世纪20年代中期事件的重新上演,尽管形式更加温和。其中东北地区的重建及东京的改造计划"也在现有的政治、管理与社会分裂中沉没了",[22]那个时期软弱无力的中央政府也使情形进一步恶化。简单一点说,自2011年起,针对这场危机,日本表现出三种基本政治态度,某种程度上让人想起了世界范围内围绕气候变化的争端。第一种态度主张日本应"挂上挡位"并向新的方向行驶,摆脱对核电和美国的依赖。第二种采取了比较保守的立场,认为这样的灾难是如此小概率的事件,不会重演,是众所周知的"黑天鹅事件",因此,日本应当"坚持既定轨道",维持商业正常或更有效地运转。第三种态度主张日本必须"回到未来",重建其核心价值观和基本的身份认同,这些在追求19世纪现代化和20世纪末全球化的大潮中已经逐渐丧失。[23]迄今为止,支持这三种态度的群体都已经取得了一些公开进展:比如说,菅直人政府逐步停止一切核能的举措;坚持中央政府在商业和政治间的纽带作用——以核电产业为典型代表;海啸影响的日本东北地区和其他省份出现了更强大的地方政府,以及1995年神户地震后开始兴起、如今迅猛发展的全国志愿者活动。

当然这与20世纪20年代相比也有显著不同。首先,比如1923年,民众开始日益仰慕日本军人,自1954年成立军队以来一直以自卫队著称,这是他们在救援和重建中高效作战的结果。(2011年,军方首次获批可不受限制地进入核电站。)但这种批准没有引起对日本社会军国主义化的严肃关切,尽管1923年东京动用日本兵执行了戒严令促成了20世纪30年代军队崛起,走上了政治霸权之路。到了2011年,大家都清楚日本社会对战争的态度在1923年到2011年间发生了不可逆转的变化。其次,不管在日本东北地区还是国家的其他地方,日本人的表现都非常有序。没有出现1923年那样的谣言四起(当时出现了义务警员并且身在东京及横滨的朝鲜人被谋杀),这可能是因为电视对灾难进行了全天候的新闻报道,更不用说网络及社会媒体对事件和个体最新资讯的传播。第三,环保意识有所提升,其标志就是日本发起了首个致力于废除核能的绿色政党。

至于关东大地震的长远影响,历史学家依然争论不休。但若说1923年灾难的历史有什么借鉴意义的话,从20世纪20年代的政治余波中判断,似乎前述三种态度中的第二种——"坚持既定轨道"可能在当代日本要比第一种和第三种观点更占优势。正如日本主流政治家、众议院议员小川淳也(Junya Ogawa)在2011年11月直言不讳地评论道:"日本东北大地震中有2万人遇难,但日本每年自杀的人数就有3万。"[24]他谈到,不像第二次世界大战结束后国家所经历的创伤那样,东日本大地震和海啸并没有使日本达到一个"引爆点"。

卷尾语

地震、国家与文明

穿过迪纳利(Denali)断层,横跨阿拉斯加的输油管道。
管线位于滑道之上,防止其在阿拉斯加地震中断裂。

"创造性毁灭"(creative destruction)一词首先是经济学家约瑟夫·熊彼特(Joseph Schumpeter)在论及资本主义力量时使用的,但在这里拟包含的意思更加广泛——可以说构成了本书讨论的几乎所有大地震震后余波的一部分。创造性毁灭的形式多种多样,可以是经济方面的,如1906年后的旧金山和2001年后的古吉拉特邦;也可以是政治方面的,如1812年后委内瑞拉的加拉加斯、2004年后印度尼西亚的亚奇,大概还有2011年后的日本宫城县;还可以是文化方面的,如1775年里斯本地震之后的欧洲,催生了伏尔泰和启蒙哲学家,1857年那不勒斯震后开启了地震学研究。人们甚至认为黑泽明个性形成的青少年时期,在东京经历了1923年关东大地震,目睹了暴力残害和大规模毁灭的场景,对他表现人类极端行为和情感的经典影片创作也有着重要影响。另外,创造性毁灭的收效也有程度之分。或许在1906年后的旧金山收效最大,那时新型建筑、商业与创新都蒸蒸日上。而在1923年后的东京则收效甚微,当时在很大程度上已经丧失城市重新规划设计的机会,随之而来的便是金融恐慌,最终政府由军队接管。在1755年震后的里斯本收效也不明显。地震直接导致了独裁专制的实施,顺次带来了葡萄牙及其帝国的经济衰落。但实际上,在里斯本,城市的废墟已按照新的规划重新设计,时至今日也是令人叹为观止的。城市规划师劳伦斯·威尔(Lawrence Vale)和托马斯·坎帕内拉(Thomas Campanella)在其有关现代城市如何从灾难中复苏的研究著作《弹性城市》(The Resilient City)的结尾处提到:"灾难会刺激再投资和创造性毁灭,只要城市的经济实力来源没有受到根本影响。资本主义在这层意义上就会战胜灾难。"[1] 20世纪初加州的城市经济实力就呈上升趋势,而18世纪中期的葡萄牙就是在走下坡路。

收效最差的地方要属7.0级地震袭击的海地首都太子港。2010年,海地还是世界上最穷的国家之一。根据海地政府的统计,这场地震的死亡人数达30余万人,骇人听闻。倒塌建筑物预计直接损失累计达

80亿美元,但慕尼黑再保险公司(Munich Reinsurance Company)的安塞尔姆·斯莫尔卡(Anselm Smolka)指出其中只有大约2.5%投过保。斯莫尔卡写道:"该国捐赠资本泛滥,但最终组织立即救灾和有序重建过程的一致行动或恢复公共管理运行的一切努力都是徒劳。"尽管救援取得了部分成功,也有大量个体和救援组织出色的参与,但海地的震后恢复也被视为错失良机。更为尴尬的是,按地震学家所言,这里再次发生地震且距离城市更近的地震可能性依然很大。[2]

实际上,早在2008年发表的一篇地震学文章中就已经预测了海地地震。在跨越伊斯帕尼奥拉岛南部——海地与多米尼加共和国所处的鲜为人知的恩里基洛-芭蕉园断层带(Enriquillo-Plantain Garden)上,地震学家收集了5年全球定位系统所探测的应力增加数据,而后在多米尼加共和国的一次会议上总结称,若该断层带将所有的存储能量释放出来,则可能发生7.2级地震。另外,地震研究小组组长埃里克·卡莱斯(Eric Calais)在2008年与海地政府及海地矿业能源局私下会晤中重申了这一结论,但同时也承认地震发生的时间,哪怕是大概时间也无法预测。海地政府由于诸多其他当务之急需要考虑,必然没有对未来的地震灾难作出减灾规划。

也就是说,世界各地政府对这种地震"预测"的恰当回应是存在严重问题的,哪怕是在最发达的国家亦如此。1994年,一场6.7级地震袭击了圣费尔南多谷(San Fernando Valley)的洛杉矶北岭(Northridge),估计造成损失200亿美元,这是美国历史上成本最高的一次地震灾害。震后不久,"在加利福尼亚南部,当地球科学界尚对这场破坏力巨大的局部地震所带来的疯狂刺激而议论纷纷时",苏珊·霍夫(Susan Hough)在《地震科学》(*Earthshaking Science*)中提到,有人问作为"一位杰出的地震学家"是否有人预测到了这场地震。"尚未有。"他的回答近乎讽刺。[3]

无疑,他想到的是20世纪90年代初被热议的帕克菲尔德地震预测。帕克菲尔德小镇位于洛杉矶和旧金山之间的圣安德烈斯断层带。自20世纪80年代末起,多年来形成了独具风格的"世界地震之都"。据称,在这里地球是"为你而转"。可引以为豪的是,这里拥有美国唯一官方支持的地震预测。帕克菲尔德地震的时间间隔大约20年左右。1857年和1881年这里分别报道了中等强度的地震,而有科学记载的是1901年、1922年、1934年和1966年(最后一次是由地下监测阿拉斯加核爆炸的地震仪偶然记录的)。1985年,美国地质调查局公布,1992年底以前,帕克菲尔德遭遇另一场6级地震的可能性有95%。

遗憾的是,7年已过,耗资1 800万美元之后,事实证明,帕克菲尔德地区地震活动依然较弱。最大的一场地震发生在1992年10月,强度4.5级。美国地质调查局随即发布预警,称72小时内或可发生6级地震。加州紧急服务办公室(California Office of Emergency Services)在帕克菲尔德咖啡馆外设立了移动业务中心。在附近的城镇,消防车已经就位,居民也储备了额外用水。若干电视台的直升机也在头顶盘旋,几十家报纸的新闻记者也赶到了现场,但还没有任何地震的征兆。这场地震最终于2004年,即1966年地震的38年后来袭。除了断层破裂是东南至西北方向,与1922年、1934年和1966年相反外,其裂度和震级(6.0级)均在预料之中。但作为地震预测的典型,帕克菲尔德的地震预测充其量也只能算是一次合格的成功预测。

地震预测是一种充满吸引力的海市蜃楼,它永远在向你招手示意,却总是遥不可及。在专业人士中,自地震学伊始,有关地震预测的乐观期便与悲观期交替出现。赫赫有名的地震学家和地质学家往往都受到驱策开始走上地震预测之路。众所周知,1905年在日本,地震学家今村明恒准确地预测了1923年关东大地震的震中位置(相模湾下)以及地震的发生时间是在50年的窗口期内,但他的预测没有可靠的理论支撑。1911年,极具开拓精神的约翰·米尔恩在《自然》杂志中评论道:"若地震学家能够像天文学家那样有预测的权利,地震学家的声望也终将提高……天文学家自占星术时代起就得到了国家的支持,而地震学在寻求更多认可的成长过程中仍处于孩提阶段。"[4]

1980年,地震预测的乐观情绪高涨,美国矿业局预测1981年6月秘鲁会遭遇一场大地震。布莱恩·布雷迪(Brian Brady)一直对矿区内与地震相似的岩爆进行研究。当采矿活动降低周围岩石的围压时就会发生岩爆。布雷迪在实验室中检测岩爆,并确信在岩石破裂过程中存在一个"时钟",一旦启动,便无法逆转,同时会引发地震。时钟发出的滴答声就是爆发了中等强度的前震。布雷迪说:若给出所需的历史及当前地震活动的数据,就可以确切预测地震爆发的时间。同道的地球物理学家并不接受岩石破裂的小规模(微观)过程和大规模(宏观)地震机制基本同属一类,用科学的术语讲就是"缩放不变性"(scale invariant)这一理论,原因在于地质断层不似矿井墙体那样总是处于巨大的围压之下。1981年初,他们在美国国家地震评估预测理事会(National Earthquake Evaluation Prediction Council)上使布雷迪在同辈面前近乎"受审"一般,接近尾声时他们义正言辞地发表了上述看法。地震预测从前是新闻,如今已成了头条新闻。但布雷迪拒绝收回自己的立场,因此彻底卷入了秘鲁与美国的政治漩涡。秘鲁总统、政府和科学界对此高度关注,而在华盛顿特区以及美国地质调查局和矿业局的办公室,若干不同群体正竞相利用地震预测来达到一己之利。就在1970年,有6.6万名秘鲁人在一场地震中丧生。随着1981年6月28日的临近,人们越发战战兢兢。秘鲁首都利马出奇地安静,周末穷人富人都纷纷搬出城外。但一切都安然无恙。

另一方面,鉴于意大利中部地震多发的阿布鲁佐区震动频繁,2009年意大利科学家预测这里发生大地震的可能性很小。一周以后,6.3级地震袭击了大区首府拉奎拉,致309人死亡,城市多处受到破坏。那些守在屋里而死于房屋倒塌的部分人是听信了科学家和政府官员公开的安全保证。这些个体被城市当局指控为"过失杀人",当时也成了众所周知的法庭案例,其中似乎是科学本身成了受审对象。

地震预测作为一门科学有着如此这般失败与成功并存的历史沉浮几乎是不容争辩的事实。"这就好比一个人把一块木板横在膝盖上压弯,试图判断哪里会首先出现裂缝,何时会出现一样,"查尔斯·里克特(Charles Richter)1958 年写道,"所有声称预测未来的人都对想象力有一定控制力,但即使是资深的地震学家,被预测的幻象引入歧途也并不为奇。"[5]对于预言者本身,里克特在 1976 年未公开发表的一些杂记中直言:"困扰他们的是夸大的自我意识,加之教育的缺憾和不力,因此他们未能吸收科学的一个基本原则,即自我批评。他们对外界关注的渴望歪曲了他们对真相的洞察,有时甚至会导致他们在现实中编造谎言。"[6](但这里,里克特所指可能主要是非专业的预言者,而非他的地震学家同仁)。

科学家对地震长期预测的希望主要寄托于源自"弹性回跳"模型的周期性概念:一般认为断层应力以恒定速率累积,然后在定期发生的破裂中突然消散。短期看来,地震预测靠的是前兆,引申开来,还包括对其进行观察和测量所需的仪器、人员和社会组织。可能的前兆包括前震、地面应力变化、地面倾斜、高程变化和地电阻率、当地磁场和重力场变化、地下水位变化、氡气的释放、沉闷的地声、地光、动物异常行为等。这些前兆中有些在大地震发生数月甚至数年前就可能出现;而有些仅在地震爆发几天或几小时前才出现。

前震是最有用的前兆信息。但罗杰·穆森(Roger Musson)也提醒我们:"将前震划分开来的是随后发生的大规模主震。在大的主震发生前,前震似乎和其他微震别无二致。"[7]对预测者来说更为尴尬的是前震经常不会发生,至少在地震前阶段没有即刻发生。1923 年的东京大地震没有前震,2001 年的古吉拉特邦地震几乎也没有前震,1971 年圣费尔南多地震(6.5 级)这类典型的加州大地震也没有前震。后来对该地 30 个月中致圣费尔南多地震的微震进行回顾显示,地震纵波(初级波)的速度下降10%—15%,就在大地震爆发前恢复到正常速度。苏联地震学家在仔细监测了20世纪50至60年代塔吉克斯坦的大小地震后发现了类似的现象:地震学家们发现纵波(P波)与横波(S波,又称次级波)的速度比值在可变周期内下降,又在大地震爆发前突然恢复正常。美国监测人员受到苏联监测结果的鼓舞似乎证实了这一总体情况。一时间,对地震预测的乐观态度水涨船高。《科学美国人》(*Scientific American*)杂志在1975年引入一篇有关该主题的文章,甚至宣称:"近来的科技进步已使这种长期追求的目标近在咫尺。若有足够的资金支持,一些国家,包括美国在内,在十年之内就可以实现可靠的长、短期地震预测。"[8]但随后在圣安德烈斯断层带对地震活动的大范围监测并未显示纵波的这种可预测行为。若该法确实对地震预测有效,也只能是(和地震学中很多其他方法一样)在长期广泛研究的特定地质环境中对某些局部地区有效。

当然对于了解地面隆起和沉降的尝试也是如此。1964年6月16日,一场大地震袭击日本西部沿海城镇新潟县,震中就位于淡路岛沿岸,海岸线突然沉陷15—20厘米。这就其本身也不足为奇,但若将1898年来陆地相对平均海平面的高程以曲线绘出,可以看到陡降之后,淡路岛对面的陆地每年的上升速度大约在2毫米左右。当然这只是在震后才被发现。借助激光测距仪和GPS卫星,对可能出现问题地区的高程变化进行持续监测,地面隆起可能终会成为预测地震来袭的一个有用指标。

但即使地面隆起可以在灾难之前进行成功量化,也存在着阐释的棘手问题。最有名的例子就是"帕姆代尔隆起"(Palmdale Bulge)——位于洛杉矶以北约72千米,沿圣安德烈斯断层绵延160千米,以帕姆代尔为中心的加利福尼亚南部区域的地面抬升。该地的隆起自20世纪60年代起(即GPS出现以前)就开始被测量,据悉地面抬升高达35厘米,但随后的研究指出这个数字是测量误差引起的,致使20世纪70

年代围绕地面凸起是否存在展开了激烈的争论。若地面隆起确实存在，又意味着什么——可能意味着该地存在地震的祸患，位于断层带的南段，自 1857 年起就未曾滑动过的 300 千米断层带。最终判断似乎有确凿证据证明帕姆代尔地区的确存在一定的地面隆起，这是 1952 年克恩县的地震所致，霍夫（Hough）提到。"但作为厄运的前兆，显然它并不符合人们的预期。"[9]

某些震前的动物异常行为也有待对照实验的证实。研究已表明蟑螂活动和即将爆发的地震之间并不具有相关性，佩戴地震传感器的母牛也无任何反应，甚至对地震本身都没有反应。宠物丢失的广告数量和暴风雨之间存在相关性（动物可能在暴风雨中跑丢），但这种广告数量和大地震之间并不存在相关性。针对动物的地震实验设计也明显受阻，加之地震学家本能地对传闻报道持怀疑态度，更愿意将稀缺的研究资金投入到更具有潜在产出的研究中，这也使现实情况进一步雪上加霜。

但有充分证据显示动物对地震的来袭或有感知，如 1975 年的海城大地震。世界各地都存在类似报道并可上溯到远古时期，科学家赫尔穆特·崔伯许（Helmut Tributsch）在其著作《当蛇苏醒时》（*When the Snakes Awake*）中记录到。在古代，历史学家普鲁塔克（Plutarch）提到曾有兔子事先对前 464 年左右的斯巴达地震有所预感。老普林尼（Pliny the Elder）在其著作《自然史》（*Natural History*）中也进行过类似描述。1755 年，伊曼努尔·康德（Immanuel Kant）特别提到里斯本大地震：

> 地震似乎打算将其影响力传播到周围的空气中。大地摇晃的前 1 小时，可以看到红彤彤的天空，还有其他迹象表明空气成分发生了变化。动物在震前不久都恐惧异常，鸟儿飞窜入户，老鼠都从鼠洞里爬出。[10]

1923 年的东京大地震前夕，有人目睹鲇鱼（传说中恶作剧的鲇鱼）

惊惶地在水塘中跳,可以满桶满桶地抓。在中国,老鼠仓皇出洞也被官方认为是地震的前兆。1974年5月,据科学报道,这种前兆挽救了云南省一家人的性命。主妇自5月5日起就发现老鼠在自家房屋乱跑乱窜。5月10日晚老鼠吱吱乱叫,她起身去打。就在那时她突然想起一次参观地震展览,于是便开始撤离。次日早晨就爆发了7.1级地震,房屋也在地震中倒塌。

解释这些现象及诸多报道中类似情况时可能涉及动物对震动、声音、电磁场及泄漏气体的味道比人类更加敏感。而电学方面的解释似乎可能性最大,认为动物可能接触到地面发出的带电粒子群。若确定这种机制并设计出经济适用而又异曲同工的探测仪,那么就不再需要动物来预测地震,就像无需再利用金丝雀来探测矿井中是否有毒气一样。

希腊科学家三人组,包括两名固态物理学家和一名电子工程师,他们对地面电阻率的研究或可对帕姆代尔隆起等现象有所启示,同时也提供了一种地震预测方法。VAN地震预测法是以三位发明者帕纳约蒂斯·瓦罗特索斯(Panayotis Varotsos)、凯撒·亚历克索普洛斯(Caesar Alexopoulos)和科斯塔斯·诺米科斯(Kostas Nomikos)的姓首字母来命名的,该法是在米尔恩公布的事实基础上提出的。1898年米尔恩撰文,先于英国皇家学会首次发表:大地震前,地下循环波动的自然电流(大地电流)受到干扰,使得地面电阻率发生变化。很多国家努力探测这种所谓的地震电信号(SES),用来进行地震预测,但均未果,就放弃了这种方法。但20世纪80年代,希腊科学家又重新开始研究这种方法并取得了可观的成绩。1988年至1989年间,他们颇为成功地预测到了希腊周边17场地震的时间和震级。

VAN法虽然在世界范围内都有一定的科学支持者,但此法也引起了高度争议。其中一个难点,也是地震学作为一个整体的共性问题,就是世界各地均呈现出各自独特的数据阐释问题。另一个问题就是在那些有别于希腊这样罕有震动发生的地区进行 VAN 观测站网络定标需要的时间很长(数十年)。另一个困难就是缺乏对地震电信号的满意解释。但最大的困难还在于按照 VAN 的假设,地震电信号在地震中并非普遍存在,只有在某些"敏感地带"才能探测到。因此"任何否定性证据——大地震前未出现地震电信号,都无法对假设进行反证,"持怀疑态度的霍夫写道,"因所有的消极结果均可归咎于记录的地带不敏感而由此不予考虑。"[11]

至于长期地震预测,其收效远不及长期天气预报,但潜在的危害却大得多。对此穆森做了形象的比照:"我们可以追踪每一个天气系统和每一团云雾,但在预报天气方面依然马马虎虎。现在试想所有的云雾和天气系统都位于遥远的地下,看不见、摸不着,现在要试图预报天气么?嗯,地震预测就是如此。"[12]地质进程如此缓慢,就算用 100 年的数据来进行预测都好比只用 1 分钟观察就预报明天的天气一样。在 20 世纪 60 年代板块构造学说出现以前,人们大抵能够自信道来的只是"之前发生过地震的地方再次爆发地震的可能性最大"。如今的理论在强调这句话时重点指出"自地震发生起周期越长,则再次遭遇地震的可能性就越大"。很多科学家也认为随断层静止期时间的增长,地震的震级也会加大。

比如说,在洛杉矶东北部 55 千米处的帕莱特-克里克(Pallett Creek),地质学家西凯瑞(Kerry Sieh)在 20 世纪 70 年代向圣安德烈斯断层挖出一道沟渠,显示出了淤泥、沙子和泥炭高分化的地层,看似在过去的 1 400 多年中遭受过一系列大地震的干扰。它利用碳定年法(又称碳-14 年代测定法)确定了古地震运动的以下时间,545 年、665 年、860 年、965 年、1190 年、1245 年、1470 年、1745 年和 1857 年,其中除了最后一次外,其余都是近似估计的时间。其中最长的时间间隔为 275 年,最短间隔为 55 年,平均间隔为 160 年。加利福尼亚南部是否会在未来的 10 年(鉴于 1 857+160＝2 017)或仅在 21 世纪再次遭遇一场大地震的洗礼？这种重复周期显然对于任何重大预测都充满变数。在加利福尼亚北部旧金山附近的海沃德德断层（Hayward Fault），形势似乎更加明朗。另一位地质学家詹姆斯·里恩克蒙珀（James Lienkaemper）挖了一道沟渠显示在过去的 1650 年中发生过 12 次大地震（7 级），最后一次发生在 1868 年，其中最近 5 次地震的平均复发周期为 140 年，但这也不足以预测海沃德断层下一次爆发大地震的时间，且看以下分析。

1979 年，4 位地球物理学家将太平洋周围 30 年内未遭遇过大地震的板块边界部分定义为"地震空白区"，他们认为这部分区域未来发生大地震的可能性很大。但在 1979 年之后的 10 年里，北太平洋发生的 37 次 7 级地震中，只有 4 次发生在这些地震空白带，而 16 次发生在预测地震爆发可能性居中的地带，17 次发生在可能性很小的地带。另外，若只考虑最大的地震（7.5 级或以上），只有 1 次发生在预测地震爆发"可能性极大"的地带，相比之下，有 3 次发生在"可能性居中"的地带，5 次发生在"可能性较小"的地带。若这些地带爆发地震的可能性随意分配，则地震的预测与结果之间也会得到更好的拟合。"这种空白区模型的明显失败不禁令人感到意外，因为直观预测似乎颇显见地，"塞斯·斯坦（Seth Stein）在《自然》杂志中评论道，"这可能是由于某些地区的地震活动呈准周期性，而其他地区的地震活动呈群聚性。"[13]

整个地震预测领域显然门庭大开，任由推测。很多地震预测的手段并不科学或是伪科学，而其中大多数都被忽略了。偶尔不知何故，其中某次被人们接受，还会引起恐慌。在 1989 年 12 月发生过一次，当时自学成才的气象学家伊本·布朗宁（Iben Browning）预测由太阳和月球引力造成的地球轻微凸起，天文学家计算将在 1990 年 12 月 3 日达到峰值，将引发密西西比河流域灾难性的地震，堪比 1811—1812 年密苏里州新马德里发生的地震。除了拥有博士学位（动物学）以及东南密苏里州立大学地震信息中心主任的支持外，《纽约时报》也曾评论布朗宁竟然"提前一周"预报了 1989 年 10 月 17 日发生在旧金山的一场大地震。[14]《旧金山记事报》(San Francisco Chronical)写明："他在1985年发表的地震预报和10月17日恰好击中旧金山的地震时间上只差6小时,而在灾难发生一周前的最新报道中预测和实际爆发时间只差5分钟"。[15]正如旧金山海湾区域防震项目主任后来评论称："这些事物也有自己的生命轨迹。"[16]

布朗宁的预测在中西部引发了数月的狂乱。密苏里人在地震保险方面就耗资2 200万美元。在预计地震发生的当天,密苏里州长和全国媒体队伍都涌向新马德里。公众反应几乎没有受到合理论证的影响,比如地震学家委员会针对布朗宁1989年10月对加州地震预测的录像资料和文字记录进行考察,发现此次预测毫无根据,或者说持支持态度的密苏里地震学家,虽然有地球物理学的博士学位,但据悉信奉的都是精神现象(psychic phenomena)这样的事实。在10年后出版的有关该地区的短篇小说《比较地震学》(A Comparative Seismology)中,冒充美国地质调查局地震学家的骗子对一个孤单的老妇人说："西尔弗女士,新马德里断层带已沉寂了近乎200年。地层的压力逐日积累。这就是缘何感觉不到活动,因为还没有活动,但最终一定会有,我用科学保证。"[17]她信了,接受了他的建议,逃离这场即将到来的浩劫,也因此损失了一大笔钱。

现实中的科学界本来或许在一开始就可以阻止布朗宁的预测,但未能快速采取行动。其中部分原因在于他们并没有重视这场预报,部分原因在于对这一主题的科学方法大体还是缺乏自信,特别是涉及对密西西比河流域的地震预测(完全不同于监测比较到位的加州),另一部分原因则在于美国地质调查局等联邦机构和大学地震学家之间内在的权术之争。斯坦属于后者,他不愿成为媒体关注的焦点,但他在有关中西部地震灾害的一部发人深省、客观公正的著作《灾难延时》(Disaster Deferred)中承认科学家应对1989—1990年间公众的夸张反应负有部分责任："布朗宁的预测是点燃备好木柴的星星之火。这个木柴就是联邦及州政府机构,还有一些大学的科学家对公众讲述的以往的地震以及未来的灾难风险。其中有很多被严重夸大,甚至达到了让人局促不安的程度。"[18]

遗憾的是,对于科学家来说,地震的弹性回跳模型就其本身而言并不足以解释地震发生的机制。布雷迪的岩爆理论收效更是欠佳,致使他的预测失败。但布雷迪在1981年捍卫自身的立场时却是很有先见之明的:

> 当前地震学界的很多人都热衷于研究简单的断层模型,而表面微凸体的增加也使其复杂化(沿断层面的硬化区),这往往抑制了沿断层的自由体运动;一旦表面的微凸体破裂就会产生地震……我认为我们首先应当解决断层是如何产生的这一根本问题。[19]

直到现在地震学家才开始迎头面对这样的挑战。其中一个带着懊悔与率直的人将自己比喻成18世纪的医生:"虽然不太懂疾病,还要被迫有所作为,所以就作出了放血的诊断。"他谈到,认识断层起源的科学问题很可能还未见改观就已经每况愈下了:我们的地球知识不断膨胀,源于异常先进的新型仪器,但讽刺的是"也放大了我们认识的匮乏"[20]。要阐明其中的真理,恐怕哪也比不过美国中西部的地震。这种看不见的板内断层所引发的地震被"禁入"板块构造学说,它的起源在哪里,本质是什么?幸亏有20世纪90年代初在密苏里州新马德里地区启动的异常准确的GPS测量,现在我们得知北美板块显示的移动每年不到2毫米(与圣安德烈斯断层平均每年约36毫米的移动形成对照)。换句话说,北美板块几乎是静止不动的。这是否意味着另一场类似1811—1812年那样的大地震即将到来?还是恰恰相反,说明该地应被视为非地震活跃地带?对此,科学家、政府机构和居民都要担负很高的风险。争论是激烈的,但真相同一如既往的地震预测一样,很可能在未来的许多年中都难以寻到。

在各门学科的科学家对地震及地震预测进行努力探索并建立理论时,政府、机构和个体要如何自我保护从而免受地震危害?如今世界上有近一半的大城市位于存在地震隐患的地区。比如说人口800万余人的伊朗首都德黑兰就建立在15个活动断层之上,据悉有历史记录以来共发生10余次7级或以上地震。整个伊朗仅在20世纪就遭遇了14次这种震级的地震(且不说2003年将巴姆市夷为平地的6.6级地震)。

存在地震风险的地区还包括地震活动水平较低但依然有地震意外偶发的城市和国家。埃及,无论是古埃及还是现代的埃及都鲜有地震发生。但1992年,开罗遭遇了一场5.8级地震的袭击,震中仅位于旧开罗以南10千米。地震造成545名埃及人丧生,约6 500人受伤,50 000人无家可归,彻底损毁建筑350座,另有9 000座严重损毁,其中包括350所学校、216座清真寺(爱资哈尔清真寺[Al-Azhar]的一个尖塔顶端倒塌)以及吉萨金字塔(很大一块石头滚到地上)等古代历史遗迹。这种与震级不成比例的生命损失和建筑结构损毁部分原因在于开罗自1847年起就未曾遭遇过地震袭击。因此,城市没有用于降低地震破坏的建筑规定,也没有发生地震时居民的应急预案。地震中罹难的大多数都是建造粗劣的公寓房中贫穷的租户或是从倒塌的教室中逃生在人群踩踏中致死的儿童。城市中很大一部分结构比较稳固的建筑都毫发无损。

"地震不杀人,杀人的是建筑"这句谚语自尼古拉斯·安布拉塞斯(Nicholas Ambraseys)在1968年一次演讲中首次使用以来在地震学家中一直颇受欢迎,特别是直接关系到劣质工程。安布拉塞斯及其地震学同仁罗杰·比尔汉姆(Roger Bilham)2011年在海地地震的1周年纪念上在一篇题为"腐败杀人"("Corruption Kills")的文章中提到:"建筑的装配,从地基浇筑到最后一道漆,是一个隐匿的过程,这种情形最适合于对昂贵但重要的建筑结构组件偷工减料。"[21] 2010年太子港的死亡人数极高,建筑物被夷为平地,原因是很多建筑物的支柱使用了劣等的混凝土或缺乏钢筋加固的煤渣砖。据安布拉塞斯和比尔汉姆计算，1980—2010年间在地震中死于建筑物倒塌的案例83%左右都发生在异常腐败的国家。"你可以贿赂建筑检查员，但你无法贿赂一场地震。"穆森写道。[22] 不管是由于腐败还是其他的建筑劣势，现在全球范围内有亿万群众，同时还有价值数不尽的财产长久地处于地震的危险之中，而生命和财产的数量无疑会进一步上升。

与德黑兰、开罗和太子港相比，实际上几乎所有城市都存在地震风险，在东京，一系列科学仪器设备都已就位，用于监测可能影响城市区域的各个断层，而这些仪器又与高科技控制中心相连。自1977年起，由科学家组成的应急委员会一直在作长期准备，以应对突发的地壳运动并就是否发布预警向日本政府提供建议。政府指定了疏散地并通过大量宣传向群众介绍。每年的9月1日关东大地震的周年纪念，都会有全城性的地震演习。严格的建筑规范一直在有效实施。东京大多数重要建筑都经过抗震翻修，而新的建筑多年以来通常都秉持抵抗最大可能震动的原则来建造。东京的摩天大楼和高层建筑应该是东京市安全系数最高的建筑。实际上，地震发生时上班族和居民还收到建议待在屋里，不要冲到室外，以免被飞溅的玻璃碎片划伤或被街头悬挂的店铺招牌砸中而丧命。事实证明，这条建议在2011年的东日本大地震中是完全正确的。

但正如1923年那样，大地震来袭，震中靠近首都，城市的人口还有待考证。尽管每年都有地震演习，但据新闻记者彼得·海德菲尔德（Peter Hadfield）1990年左右关于该主题的著作《改变世界的60秒》（*Sixty Seconds That Will Change the World*）对居民进行的非正式询问可以看出生活在东京的大多数人对可能发生什么情况都没有过多的考虑。在东京谋求事业的27岁的日本时尚设计师告诉海德菲尔德："我不知道会死多少人，100万？10亿？真不知道。我和朋友们从来都不谈这种事，我知道地震可能发生，但在内心深处真的无法相信。"在一家国际食品公司工作的25岁生意人更加实际一点:"对此我没有太过担心,也没有和朋友谈论太多,只是偶尔开车穿过隧道,我可能会拿它开玩笑。我不知道会死多少人,这取决于地震的严重程度。可能有200万?"[23]海德菲尔德说:"在做这本书中的研究的过程中,和我交谈过的大部分日本普通民众都有一种感觉,就是虽然他们知道,也有人告知一场大地震即将来袭,但这种事情真的来了,还是令人难以置信。"[24]

1995年,东京以西500千米的日本第6大城市神户爆发了意想不到的6.8级地震。震后的死亡和破坏以及政府回应的迟缓速度都令人感到不安。不仅有6 400人丧生,1970年以前的建筑结构有55%倒塌,其中包括据称防震的阪神高速路,这是由于地震最大地面水平加速度等于重力加速度的80%,这是关东大地震中估计地面运动加速度的2倍。很多东京市民首次意识到自身所面临的高危风险。小说家村上春树(Haruki Murakami)的回应——一部标题小写的小说集《地震之后》(after the quake)以东京一位连续5天都盯着电视机的已婚女开场:"眼睁睁地看着地震袭击的神户银行和医院垮塌,整个街区的商店都在烈焰中,铁路和高速路切断停运。"这种虚无的媒体曝光促使女子和丈夫离异,只在厨房桌上留下一张纸条,写着"和你在一起生活就好像同一团空气在一起",[25]然后离他而去。后来她的前夫试图和女子交欢时便欲行又止,只因无法拂去"公路、火焰、烟雾、成堆的碎石瓦砾、街道的裂缝",这些无声的幻影,在大脑中像过电影一样——闪现。[26]

探究东京的物理现实和地震防护显示出了尚且还有多少漏洞存在,更为严重的是,现代城市与1923年的东京相比又是多么地脆弱。地震时时速高达240—300千米的子弹头列车会怎么样呢?由地震仪触发的列车制动系统可以使子弹头列车对即将到来的冲击波提前几秒发出预警,使列车嘎的一声停住。这一幕在2011年3月就发生了,当时27辆子弹头列车为避免脱轨而采取了紧急制动,9秒之后东日本大地震的地动山摇就开始了,27秒之后开始了最强烈的震动。但若东京爆发一场严重的大地震，而列车又恰巧靠近震中位置，那么制动是否能够反应足够快？而建在东京湾旁松软的回填土之上的炼油厂和化工企业，不顾专家反对在此处新建起来的高层建筑，20世纪70年代在两大板块连接处附近，东京西南200千米处建造的滨冈核电站又会怎样？（滨冈核电站在福岛核灾难后已经关闭。）而建筑行业的腐败呢？这在半世纪前黑泽明的影片《懒汉睡夫》（The Bad Sleep Well）中得到了生动的刻画，而众所周知，在2011年的核电产业中也依然盛行。还有供电电缆、煤气管道、水管、电话和电脑线路，概括地讲就是通信系统又将会发生什么？同时也不应当忽视到处是窄巷木屋的东京老城区所存在的火灾风险，正如1923年被烧成灰烬的区域。谁又能协调救援工作、面对搅扰应急预案的官僚主义对手，谁又能突出重围、乘风破浪？

不用说，在地震国家，把建筑物建在不良地基上是司空见惯的。纵观历史诸多文明中几十个案例都在阿莫斯·努尔（Amos Nur）的《启示录》（Apocalypse）中详细记述（1989年旧金山附近发生地震，阿莫斯·努尔当时正在斯坦福大学的办公室中，他箭步冲到桌子底下，才侥幸避免被倒塌的钢质书架砸成重伤）。由此就有了大抵1349年的地震致罗马圆形大剧场一半损毁的状态：这个古代竞技场外墙的北部依然屹立不倒，但南部却已经坍塌。利用声波建立地下结构图像对圆形剧场的地基进行抗震研究显示，1995年时南半部分地下是冲积层，累积的沉积物填充着台伯河史前的支流河床，如今这条支流已不复存在，而北半部分保持完好是因为有一半位于河堤之上，土壤年限更久，也更加稳固。

千百年来，人们不断地摸索，学习了不少有关抗震建筑方面的事宜。由此衍生出了日本宝塔建筑中用于支撑顶部的复杂木质接合。"宝塔的建筑结构中有一个中立柱嵌入到基石中，木质的多层结构用托架固定排列在周围，使得建筑物能够围绕着中立柱独立摇晃"，艺术史学家吉纳·巴恩斯（Gina Barnes）提到。[27] 1923年，东京宽永寺佛塔（Kan'eiji Temple）是地震中鲜有的保存完好的建筑之一。其设计显然为日本首座摩天大楼中柔韧的钢架格子结构提供了灵感,它就是工程师武藤清(Muto Kiyoshi)1968年建造的霞关大厦(Kasumigaseki)。在土耳其和克什米尔,苏珊·霍夫特别提到,"人们很早就意识到嘎吱声和裂缝是对地震破坏的一种有效防御",因为这些瑕疵有助于防止建筑遭遇毁灭性的摇晃。"这些地区的传统建筑结合了木质成分和石料填充,拼合而成的建筑可以通过无数次的移位摆动来消散震动的能量。"[28]位于伊斯坦布尔(之前称君士坦丁堡)的圣索菲亚大教堂(Hagia Sophia),也是最大的拜占庭式教堂,公元6世纪的建筑工程师利用柔韧的接合剂使建筑墙体在地震中做出一点点"让步"。他们在石灰砂浆和碎砖中加入了火山灰或高硅氧材料,使之与石灰和水发生反应,产生硅酸钙基质,类似于现代的硅酸盐水泥(与如今的波特兰水泥类似),可以吸收地震释放的能量。

现代抗震设计中包括钢架和钢筋混凝土结构,因钢筋具有很大的张力(但没有压缩力),而混凝土具有很大的压缩力(但没有张力),同时还有"剪力墙"(又称抗震墙),即为防止建筑产生过大水平位移而建造的坚实墙体。剪力墙是继1971年圣费尔南多毁灭性地震中医院建筑物倒塌之后不久由帕萨迪纳加州理工学院(California Institute of Technology at Pasadena)的地震学实验室创造的,以免今后再发生让地震学家难堪的事情。地震工程学中一种较为新近的发明,即所谓的"基础隔震"(base isolation),在建筑物和基础之间采用滚动橡胶垫或铅芯轴承,因此大部分水平地面运动不会传播至建筑物本身。在阿拉斯加,至关重要的纵贯阿拉斯加输油管穿越德纳里断层,部分管线经工程设计以便于滑动。2002年这里爆发了7.9级地震,该断层移动了7米,但管线也没有破裂(不过考虑到特殊工程设计的成本,平常的普通管线都允许在地震中破裂,然后再尽快修复)。

检验工程设计在地震中的大概抗震性能有以下三种方法。第一,建筑物可能发生的移动可基于建筑整体大小、"刚度"及结构的其他特征由公式算出。第二,可在计算机上仿真建筑物并承受模拟地震震动。第三,可制作建筑物的缩尺模型,在所谓的"振动台"上进行震动实验。最后一种方法除了明显的成本以外,还有另一个局限,就是不一定会保持缩放的恒定性,就是说小比例模型与实物大小一样的建筑对同样的震动可能产生不同的反应。尽管如此,世界范围内可能还有十几个大型振动台在使用中,其中一个在加州大学圣地亚哥分校,有 93 平方米的钢结构平台,足以对实物大小的 7 层建筑剖切面进行测试,其最大承重为 2 000 吨。

建筑体摆动的自然周期在地震中至关重要,在自然周期内如果施加一个推力,建筑体就会前后摆动(如游乐场的秋千)。一个 10 层建筑的自然周期大约为 1 秒,建筑体每高出 10 层,自然周期则相应地增加大约 1 秒。因此摩天大楼与低层建筑相比自然周期更长。若震动时间较短,比如说地面水平震动 0.1 秒,那么地震会使建筑内的家具和其他物件发出嘎吱声,但建筑物本身依然岿然不动。若震动时间较长,比如说 10 秒,则整个建筑体都会轻摇,不会大幅摇摆。但若震动时间与建筑体的自然周期相当,两者就会产生共振,正如在每次摇摆的最佳时机推动秋千就会使它越荡越高一样,这时建筑物也会摇摆。若震动继续,建筑物将极有可能坍塌。

但建筑物是否易于坍塌更为关键的还是建筑材料的选择(当然还有建筑质量)。钢筋水泥建筑通常抗震能力最强,木构建筑次之,砖结构建筑比木结构建筑还差一些,砖坯(太阳晒干的砖)建筑最差,2003 年的伊朗巴姆地震证实,这个以砖坯建筑为主的城市有 2.6 万余人丧生。中东和南美的砖坯建筑虽然经久耐用,从气候方面讲内部也凉爽怡人,但哪怕 10% 的水平重力加速度都无法抵挡。更糟的是,由于砖坯不够坚固,建筑商会通过加厚墙体来弥补不足,使之变得厚重,但这在地震中对居住者来说却是致命的因素。

在《灾难延时》中,斯坦用麦加利地震烈度表(Mercalli scale, I-XII)

探讨了使用不同的建筑材料时,倒塌建筑的比例如何随地震烈度不同而变化。之后他通过如下分析将1811年12月的新马德里地震与此联系在一起。正如在所有地震中一样,斯坦写道:

> 地震震动的烈度随震中距加大而逐渐减小。新马德里本身经历的震动烈度大约为9度。那里的建筑若是没有钢筋加固的砖块,有一半都会倒塌。20%的木质结构房屋和10%的钢筋混凝土建筑(当时还没有建造)都将面临倒塌。距地震较远的孟斐斯(当时还尚未存在)将会遭遇烈度大约7度的震动,5%非钢筋加固的砖结构建筑将会倒塌,但木结构或混凝土建筑就算有倒塌,数量也会非常少。再远一点,圣路易斯(当时确实存在)的震动烈度为6度,建筑体没有倒塌现象。[29]

对斯坦而言,这些数字的意义在于真实地量化美国西部地区遭遇另一场强震的风险。在他看来,随着当地板块运动的GPS测量数据随时间推移覆盖面越来越大,当地发生强震的可能性似乎更小了,而美国政府的"宁可事先谨慎有余,不要事后追悔莫及"的观点也是根据不足。美国联邦应急管理局(FEMA)在美国地质调查局的支持下,一直在中西部奋力推行和加州同样严格的建筑规范,尽管预计会产生极大的财政影响,这要由当事的城市来承担,需要削减城市其他服务业的开支(即使在加利福尼亚,该州的大多数医院也都没有达到抗震翻修标准,这种抗震翻修成本要达500多亿美元)。斯坦对中西部地震复发的风险以及所提的联邦对治方法还存有疑虑。"对于严格建筑标准的成本之所以讨论甚少是因为据推测会有其他人为此买单。"斯坦写道。[30]他把美联邦应急管理局的提议称为"疗方钱再好,没有治对病",就像"用化疗来治感冒"一样。[31]

在未来的几十年,密苏里发生重复、高震级的板内地震可能性到底有多大?众所周知,板块构造学说无法预测发生在板块中间的任何大地震,GPS测量测得中西部板块运动缺乏就可以支撑这一点。不同于圣安德烈斯断层区域，这里两个世纪以来都没有发生过大地震，但中西部，特别是过去的一百年中发生过低震级的余震。对砂土液化喷射（sand blows①）进行的古地震观察表明，之前在公元900年和1450年中西部曾发生过大地震。诚然地震记载与位于加利福尼亚帕莱特-克里克的圣安德烈斯断层发掘物相比还是相当贫乏，因为新马德里地带缺乏可供挖掘的地表断层。因此那个"6.4万美元的问题"的答案似乎是这种情况发生的可能性非常小。加利福尼亚耗费巨资使自身免受强震之害是合乎情理的，但密苏里和中西部则缺乏合理的理由。新马德里的建筑物由于自然风化而倒塌的概率要更大于在地震中倒塌的概率。至少这对在该领域工作三四十年的斯坦来说，他了解这种观点但不同意。

回到地震多发地，比如加利福尼亚，很多能够负担得起的业主都会不断地进行房屋改造，用螺栓固定房屋地基，改造烟囱，安装自动关闭阀，万一输气管道爆裂会避免如东京关东大地震中发生的房屋起火的情况。一些更为简单的预防措施，基本上没什么成本，却可以在逃脱与受伤或更糟的情况之间起决定作用。家具、冰箱等重型物件应固定或绑到墙体立柱上。因为地震有三分之一的可能是发生在人们熟睡时。这样做，若房子开始摇晃，可以避免离床较近的物品在短短1秒钟内就掉到床上。换句话说，对我自身而言，如果我生活在地震多发的旧金山而不是住在通常相对稳定的伦敦的一处公寓，如果我还继续保持把厚厚的一堆地球科学书直接放在床头架上的习惯，那我就傻了。

考虑到这种房子内外的抗震防备，人们可能认为地震在加利福尼亚应该是主要谈资。但实际上，大多数加州人，如同大多数日本人都没有细想这个问题。不管出于什么原因，旧金山人在1906年的地震大火（第6章中讨论过）之后表现出势不可挡的"装作无所谓的策略"，在今

---

① 又称"砂火山"。——译者注

天的加利福尼亚也占绝大多数,地震学家、地球物理学家、工程师、建筑师、城市规划者和保险商除外。

加州从不缺乏偶像,加州地震却没有偶像,说来也怪,加州的地震文化也没有多少。马克·吐温1865年在加州曾经历过一次巨大的震动,他对这场地震态度恭敬,印象深刻,并将他的反应向当地一家媒体报道,包括一段按照天气预报胡乱模仿的地震预报,比如:"10月25日,偶发地震,接着是砖块和泥灰墙面的'小阵雨',注意留心,远离飞物。"[32] 弗朗西斯·斯科特·菲茨杰拉德(F. Scott Fitzgerald)的小说《最后的大亨》(The Last Tycoon)中包含好莱坞影城的一场地震,将小说的主要人物串联起来。在流行音乐方面,感恩而死乐队(The Grateful Dead)在一张让人记忆不太深的专辑——《加州地震》(A Whole Lotta Shakin' Goin' On)中提到过1989年的旧金山地震。但沙滩男孩乐队(The Beach Boys)最著名的歌曲《美妙共振》("Good Vibrations")并没有丝毫地震的迹象。

更令人惊讶的是,在这样一个州,有正当理由吸引人们注意这里的景观,但政府几乎没有进行任何尝试把圣安德烈斯断层作为一种就其自身而言十分重要的自然地貌,好比亚利桑那州的大峡谷一样来指示给游客。在整个断层线上仅有3处这样的显示。长期定居在加利福尼亚的记者菲利普·弗拉德金(Philip Fradkin)在20世纪90年代游历圣安德烈斯并在他生动的叙述《8级地震》(Magnitude 8)中写到自身的经历。他问人们:"住在这般巨大力量的附近或住在其上是一种什么感觉?"并直言不讳地总结了他们的回应:

> 大多数人并没有意识到它的存在,这里几乎没有任何标志,破坏性的事件又不是常有发生。他们很少考虑它的存在。这是我沿断层线得到的主流想法,人生在世,生命短暂,不利于对它形成长期记忆。[33]

一如既往靠公众情绪赚钱的好莱坞电影制片人也一定感觉到了公

众的这种漠然态度。关于加州地震的灾难影片有3部——《大地震》(Earthquake, 1974),《洛杉矶大逃亡》(Escape from L.A., 1996),《圣安德列斯地震》(San Andreas, 2015),这基本上就是过去100年中好莱坞所有关于地震的剧情片了。更贴近现实一点,好莱坞环球影城的主题乐园中(影片《大地震》的制片厂),久负盛名的旅游景点"大地震"(Earthquake: The Big One)让人体验的是稳居旧金山的大地震,而非洛杉矶。直接凌驾于好莱坞断层带之上或位于它正北的日落大道(Sunset Boulevard),并没有任何标志显示断层幽灵般的存在。据洛杉矶会议及旅游局管理的游客信息中心称"这并非一个景点"。面对如此大的风险,又无法确定这场"大地震"何时会袭击洛杉矶,人类便只能否认或至少试图忘记与圣安德烈斯断层系共栖的持续风险。尽管有1994年北岭地震发出的严肃警告(这场地震中圣安德烈斯断层仅滑移了1米),但洛杉矶的高层建筑也几乎没怎么进行抗震改造,只因涉及的成本太高而导致缺乏政治意愿,不像1995年神户地震后东京的建筑都进行了翻修改造。

老百姓对未来地震的忽视要解释起来并不简单,尤其当我们想到考古学家和历史学家对地震也是普遍的忽视时。大地震往往会被遗忘,渗入到了人类行为与体验的沉浮变迁中,如战争、经济周期、瘟疫和环境破坏。或许历史上的所有大地震中被世人广泛铭记的也只有1906年的旧金山大地震。

其中一个原因在于大地震只是偶发事件。令人庆幸的是世界上绝大多数人口都永远不会经历这样一场地震。即便在加利福尼亚,该州某地在任何一年中发生7.5级或更高震级地震的概率估计只有2%,概率太低而无法成为居民每天关注的话题。

另一个较为隐蔽的原因是,那些面临巨大风险的人,比如说住在旧金山和洛杉矶市内及周边,东京和日本多地以及智利海岸线上的人们在无助时出于焦虑大概都会压抑自身对地震的意识。因为不同于洪水、火灾、火山、飓风甚至龙卷风和海啸等其他自然力量,大地震的爆发几乎连最低限度的预警也没有,往往也没有任何有效的防卫措施。即便在 21 世纪,大地震基本上还是"天灾",换句话说就是完全在人的控制之外。

或许这也暗示了对于地震人类不愿想太多的主因。我们本能地视自身为自由人,掌控自己的命运,而非受制于自然力量的受害者。正如人类学家爱德华·辛普森(Edward Simpson)对 2001 年古吉拉特邦地震及其幸存者所进行的沉思:

> 我们无法理解事件的严重性。当我们意识到,而且确实意识到已经达到自我理解力的极限时,我们在头脑中想象着小规模的地震。这些较小的地震让我们得意,因为是我们创造的,我们能够理解。但在这个过程中,真正的地震,那种毁物害命的地震就从视野中消失了。[34]

对此村上春树肯定赞同。他的《地震之后》中所有的故事都没有发生在神户。故事的戏剧性并不在于真正的地震毁灭,而在于地震在日本其他地区人群中造成的困扰型精神创伤,比如一个东京小孩做了一场噩梦,梦见被一个神秘的地震老人塞进一个小箱子里。

不难理解的是,这种遗忘症造成了史料的匮乏。正如本书所示,这些震天动地的事件从古至今在世界很多国家和地区的政治、经济和文化方面都扮演着极具影响力和吸引力的作用。通过研习其历史,现代文明将不会再继续"受制于地质的应允而存在,顺应变化而不自知",而是学会如何更加安全妥善、更富创见地与地震灾害并立共存。[35]

附录

地震年表

该列表中仅涵盖最致命、破坏性最大或书中提到的重要的地震,还有一些其他明显严重的地震。这里省略了震级,因为直到20世纪中期才能获得准确的震级数据。

年份	受灾地区和/或城市
公元前	
1831 年	中国山东
约 1200 年	地中海东部
约 464 年	希腊斯巴达
461 年	意大利罗马
31 年	巴勒斯坦耶利哥
公元	
62/63 年	意大利那不勒斯湾,包括庞贝
115 年	土耳其安提阿
138 年	中国陇西
363 年	地中海东部,包括西西里岛、君士坦丁堡和耶路撒冷
458 年	土耳其安提阿
526 年	土耳其安提阿
551 年	黎巴嫩
856 年	希腊科林斯
869 年	日本三陆海岸
1138 年	叙利亚阿勒颇
1290 年	中国直隶
1349 年	意大利中部,包括罗马
1531 年	葡萄牙里斯本
1556 年	中国陕西
1611 年	日本三陆海岸
1692 年	牙买加罗亚尔港
1693 年	意大利卡塔尼亚
1746 年	秘鲁利马
1750 年	英格兰,包括伦敦
1755 年	葡萄牙里斯本
1755 年	美国马萨诸塞安角和波士顿
1783 年	意大利卡拉布里亚
1793 年	日本三陆海岸
1811 年	美国密苏里州新马德里
1812 年	委内瑞拉包括加拉加斯
1819 年	印度卡奇沼泽地
1835 年	智利康塞普西翁
1855 年	日本江户(东京)
1856 年	日本三陆海岸
1857 年	美国加利福尼亚特琼堡
1857 年	意大利巴西利卡塔
1868 年	美国加利福尼亚海沃德
1880 年	日本东京和横滨
1884 年	英国科尔切斯特
1886 年	美国南卡罗来纳州查尔斯顿
1891 年	日本美浓-尾张
1896 年	日本三陆海岸
1897 年	印度阿萨姆
1906 年	美国加利福尼亚旧金山
1908 年	意大利墨西拿
1912 年	土耳其米雷夫泰
1915 年	意大利阿韦扎诺
1920 年	中国甘肃海原
1923 年	日本关东,包括东京和横滨
1927 年	巴勒斯坦耶利哥
1933 年	日本三陆海岸
1933 年	美国加利福尼亚长滩
1934 年	尼泊尔和印度比哈尔

1935年	巴基斯坦奎达	1990年	伊朗里海
1939年	土耳其埃尔津詹	1990年	菲律宾吕宋岛
1944年	阿根廷圣胡安	1992年	美国加利福尼亚兰德斯
1949年	塔吉克斯坦盖尔姆州	1992年	埃及开罗
1950年	印度阿萨姆和中国西藏	1993年	印度拉杜尔
1956年	印度安贾尔	1994年	美国加利福尼亚州北岭
1960年	摩洛哥阿加迪尔	1995年	日本神户
1960年	智利	1998年	新几内亚巴布亚岛
1964年	美国阿拉斯加威廉王子湾	1999年	土耳其伊兹米特
1970年	秘鲁安卡什	2001年	印度古吉拉特邦
1971年	美国加利福尼亚圣费尔南多	2003年	伊朗巴姆
1972年	尼加拉瓜马那瓜	2004年	印度尼西亚苏门答腊和印度洋
1975年	中国海城	2005年	巴基斯坦克什米尔
1976年	危地马拉	2008年	中国四川
1976年	中国唐山	2009年	意大利拉奎拉
1977年	罗马尼亚弗朗恰	2010年	海地太子港
1980年	阿尔及利亚阿斯南	2010年	智利
1980年	意大利南部	2010年	新西兰坎特伯雷
1985年	墨西哥米却肯,包括墨西哥城	2011年	日本东北部
1988年	澳大利亚北部地方	2012年	印度尼西亚苏门答腊和印度洋
1988年	亚美尼亚斯皮塔克	2015年	尼泊尔
1989年	美国加利福尼亚普列塔山		

注释和参考文献

以下作品在引用时用了缩写形式,有关作品的出版细节详见参考书目。

引言 地震与历史
[1] McNutt:1397.
[2] McGarr et al.:830.
[3] 引自 Galchen:38—39.
[4] 引自 Mike Soraghan, "Oklahoma Agency Linked Quakes to Oil in 2010, but Kept Mum Amid Industry Pressure", 3 Mar. 2015, http://www.eenews.net/stories/1060014342.
[5] Witze, "Artificial Quakes Shake Oklahoma":419.
[6] 引自 Mike Soraghan, "Oklahoma Agency Linked Quakes to Oil in 2010, but Kept Mum Amid Industry Pressure", 3 Mar. 2015, http://www.eenews.net/stories/1060014342.
[7] Hough and Bilham:7.
[8] Darwin:232.
[9] William Shakespeare, *Romeo and Juliet*: act I, scene iii.
[10] Haining:86.
[11] Smith:24.
[12] "Earthquakes, Tsunamis, and the Related Vulnerability in South America and the Caribbean—An Overview", in Ismail-Zadeh, Fucugauchi, Kijko, Takeuchi and Zaliapin eds.:146.
[13] 引自 Herbert-Gustar and Nott:133.
[14] Rozario:3.
[15] 引自 Kendrick:132.
[16] M.K. Gandhi, "Superstition v. Faith", *The Collected Works of Mahatma Gandhi*(New Delhi, 1958—), Vol.63:165.
[17] Jackson:1911.
[18] 出处 Durant in *The Oxford Dictionary of American Quotations*, Hugh Rawson and Margaret Miner eds.(New York, 2005):600.
[19] Nur with Burgess:228.
[20] 同上:107.
[21] 同上:259.
[22] 引自 Tania Branigan, Earthquake and Tsunami, "Japan's Worst Crisis Since Second World War", *Guardian*, 14 March, 2011.

注释和参考文献

1 地震学之前的地震

[1] 引自 W.H.D. Rouse, *The Story of Achilles: A Translation of Homer's "Iliad" into Plain English* (London, 1938): 389.
[2] Matthew, 27: 50—52; 28: 2, *The New English Bible*(Oxford and Cambridge, 1970).
[3] I Kings, 19:11—12,引自 Nur with Burgess: 85.
[4] Nur with Burgess: 85.
[5] Genesis, 13: 13, *The New English Bible*(Oxford and Cambridge, 1970).
[6] 同上,19: 24—25, 28.
[7] Strabo: 297.
[8] Nur with Burgess: 219.
[9] 同上:235.
[10] Drews: 38.
[11] Diodorus Siculus: 289.
[12] Cartledge: 26.
[13] 引自 Heiken, Funiciello and De Rita: 99.
[14] Heiken, Funiciello and De Rita: 97.
[15] 引自 Heiken, Funiciello and De Rita: 100.
[16] Mallet, vol.2: 157—158.
[17] 引自 Roberts: 274.
[18] Pliny the Younger, *The Letters of Pliny the Younger*, Betty Radice Trans. (London, 1963): 170.
[19] Roberts: 274.
[20] Edward Gibbon, *The History of the Decline and Fall of the Roman Empire*, David Womersley ed.(London, 2000): 279.
[21] Smits, "Shaking Up Japan": 1046.
[22] 同上:1072.

2 地震年:伦敦(1750)

[1] Stukeley: 732.本章中的地震日期指的是儒略历(旧式)日期,而不是 1752 年英国采用并沿用至今的格里历(新式)日期。伦敦的两次地震分别发生在 1750 年的 2 月 19 日和 3 月 19 日。
[2] Walpole: 193.
[3] 同上:198—199.
[4] Folkes: 615.
[5] Davison: 335.
[6] Walpole: 199.
[7] 同上:201.
[8] 同上:202—203.
[9] *Gentleman's Magazine*, 20(1750): 185.

[10] Davison:336.
[11] Walpole:200.
[12] 引自 Dvorak:18.
[13] John and Charles Wesley, *Hymns Occasioned by the Earthquake*, March 8, 1750, 2nd edn(Bristol:1756).
[14] 引自 Kendrick:1.
[15] 引自 Kendrick:9.
[16] 引自 Kendrick:12.
[17] 引自 *Gentleman's Magazine*, 20(1750):123.
[18] 引自 Kendrick:5.
[19] 引自 Kendrick:20.
[20] Kendrick:21.
[21] Davison:2.
[22] *Gentleman's Magazine*, 20(1750):89.
[23] 引自 Willmoth:25.
[24] Willmoth:28.
[25] Walpole:207.
[26] Stukeley:739.
[27] 同上:738.
[28] 同上:745.
[29] 引自 Bolt:8.
[30] Stukeley:745.
[31] Walpole:207.
[32] 引自 Robert G. Ingram, "Earthquakes, Religion and Public Life in Britain during the 1750s", in Braun and Radner eds.:115.

3 上帝的愤怒:里斯本(1755)

[1] Coen:107.
[2] *Illustrated London News*(30 Mar. 1850):222.
[3] Charles Dickens, "Lisbon", *Household Words*(25 Dec.1858):89.
[4] Paice:xvi.
[5] Gould:402.
[6] Kendrick:29.
[7] 引自 Maxwell:17.
[8] C.R. Boxer, *The Portuguese Seaborne Empire*, 1415—1825(London, 1977):189.
[9] 引自 Paice:65.
[10] 引自 Paice:73.
[11] 引自 Paice:115—116.
[12] 引自 Paice:131.

［13］Hough and Bilham：42.
［14］引自 Paice：82.
［15］Charles Davison, *Great Earthquakes* (London, 1936)：3.
［16］引自 Maxwell：2.
［17］Maxwell：2.
［18］引自 Kendrick：45.
［19］Maxwell：24.
［20］引自 Paice：192.
［21］Alexander Pope, *An Essay on Man*, Epistle I, II. 285—294.
［22］Voltaire, *Candide and Other Stories*, Roger Pearson trans. (Oxford, 2006)：13.
［23］引自 Kendrick：149.
［24］引自 Maxwell：20.
［25］Rozario：17—18.
［26］"Lison", *Household Words* (25 Dec. 1858)：88.

4　民族的诞生：加拉加斯(1812)

［1］引自 Lynch：1.
［2］引自 Harvey：82—83.
［3］Rogelio Altez, "New Interpretations of the Social and Material Impacts of the 1812 Earthquake in Caracas, Venezuela", in Sintubin, Stewart, Niemi and Altunel eds.：49.
［4］Humboldt and Bonpland：451.
［5］引自 Arana：109.
［6］Arana：110.
［7］引自 Arana：122.
［8］引自 Arana：126.
［9］Harvey：91.
［10］同上：97.
［11］Lynch：64.
［12］Bolívar：3.
［13］同上：7—8.
［14］引自 Arana：59.
［15］Bolívar：6.
［16］同上：5.
［17］引自 Hough, *Earthshaking Science*：67.
［18］Hough, *Earthshaking Science*：67.
［19］Humboldt and Bonpland：449.
［20］引自 Hough and Bilham：54.
［21］Hough and Bilham：55.
［22］引自 Zeilinga de Boer and Sanders：129.

[23] Humboldt and Bonpland：473.
[24] 引自 Arana：74.
[25] 引自 Arana：175.
[26] Bolívar：7.
[27] Arana：5.
[28] Introduction to Bolívar：xliii.

5　地震学开始：那不勒斯(1857)

[1] 引自 Walker：50.
[2] Mallet, vol.1：vii—viii.
[3] 同上：ix.
[4] Ferrari and McConnell：51.
[5] 引自 Ferrari and McConnell：51—52.
[6] Mallet, vol.2：3.
[7] 同上：vol.1：35—36.
[8] 同上：410—411.
[9] Hough and Bilham：93.
[10] Ferrari and McConnell：62.
[11] Mallet, vol.2：380—381.
[12] Dewey and Byerly：195.
[13] 引自 Herbert-Gustar and Nott：71.
[14] 引自 Herbert-Gustar and Nott：52.
[15] 引自 Herbert-Gustar and Nott：58.
[16] 引自 Clancey：64.
[17] 引自 Clancey：65.
[18] Clancey：101.
[19] 引自 Herbert-Gustar and Nott：91.
[20] 引自 Talwani：1372.
[21] 引自 Talwani：1370.
[22] 引自 Talwani：1371.
[23] Talwani：1372.
[24] *San Francisco Call*，5 Aug. 1906.

6　弹性回跳：旧金山(1906)

[1] 引自 Fradkin：102.
[2] Hough and Bilham：244.
[3] 引自 Hansen and Condon：15.
[4] 引自 Hansen and Condon：15—16.
[5] 引自 Hansen and Condon：27.

[6] 引自 Hansen and Condon：27.
[7] 引自 Hansen and Condon：33，36.
[8] James：1215—1216.
[9] 同上：1218.
[10] 引自 Hansen and Condon：70.
[11] Hansen and Condon：94.
[12] 同上：27.
[13] 引自 Fradkin：136.
[14] 引自 Fradkin：81.
[15] 引自 Hansen and Condon：111.
[16] 引自 Hansen and Condon：110.
[17] 引自 Hansen and Condon：108—109.
[18] Hansen and Condon：108—109.
[19] 引自 Hansen and Condon：124.
[20] 引自 Hansen and Condon：124.
[21] Hansen and Condon：127.
[22] *New York Times*，23 Apr. 1906.
[23] Coen：224.
[24] Odell and Weidenmier：1024.
[25] 引自 Hansen and Condon：135.
[26] Hansen and Condon：135.
[27] Thomas C. Hanks and Helmut Krawinkler，"The 1989 Loma Prieta Earthquake and Its Effects：Introduction to the Special Issue"，*Bulletin of the Seismological Society of America*，81(1991)：1420—1421.
[28] Richter：498.
[29] McWilliams：41—42.文章首先发表在 *American Mercury* 上，29(1933)：199—201.
[30] 引自 Fradkin：120.

7 日本浩劫：东京和横滨(1923)

[1] 引自 Zeilinga de Boer and Sanders：185.
[2] [Bureau of Social Affairs]，*Great Earthquake*：137.
[3] Kurosawa：50.
[4] 同上：52—54.
[5] Clancey：218.
[6] 引自 Clancey：218.
[7] 引自 Clancey：220.
[8] 引自 Clancey：220.
[9] *The Age*(Melbourne)，4 Sept. 1923.
[10] 引自 Bolt：20.

[11] Clancey：221.
[12] 引自 Hadfield：2—3.
[13] 引自 Hadfield：3.
[14] Hadfield：5(基于 1923 年 9 月期间《日本时报》的报道)。
[15] Waley：171—172.
[16] Akutagawa：197.
[17] 引自 Seidensticker：39.
[18] Kawabata：105—108.
[19] 引自 Schencking：307.
[20] 引自 Schencking：307.
[21] 引自 Schencking：282.
[22] [Bureau of Social Affairs]，*Great Earthquakes*：33.
[23] Weisenfeld：310(脚注 7)。
[24] Seidensticker：99.
[25] Samuels：55.
[26] Pilling：72.
[27] 同上：304.
[28] Hammer：259.
[29] Seidensticker：121.

8　甘地故土：古吉拉特邦的悲伤与成长 (2001)

[1] Prantik Mandal and M. Rodkin, "Spatiotemporal Variation of Fractal Properties in the Source Zone of the 2001 *Mw* 7.7 Bhuj Earthquake", *Bulletin of the Seismological Society of America*, 104(2014)：2060.
[2] Robert L. Kovach, Kelly Grijalva and Amos Nur, "Earthquakes and Civilizations of the Indus：A Challenge for Archaeoseismology", in Sintubin Stewart, Niemi and Altunel eds：121.
[3] James Burns, *Narrative of a Visit to the Court of Sinde at Hyderabad on the Indus：With a Sketch of the History of Cutch* (Edinburgh and London, 1839)：66—67.
[4] Simpson：237.
[5] 同上：236.
[6] 引自 Simpson：241.
[7] 同上。
[8] Simpson：242.
[9] 同上：59.
[10] 同上：6.
[11] Victor Mallet, "India：Narendra Modi's Market Model", *Financial Times*, 5 Feb. 2014.
[12] 引自 Victor Mallet, "India：Narendra Modi's Market Model", *Financial Times*, 5 Feb. 2014.

[13] Maitreesh Ghatak and Sanchari Roy, "Did Gujarat's Growth Rate Accelerate under Modi?", *Economic & Political Weekly*, 12 Apr. 2014: 12.
[14] 同上: 15.
[15] 引自 Jinoy Jose P., "Disruption Is Needed After Disasters", *The Hindu*, 22 Sept. 2014.
[16] Simpson: 13.
[17] 引自 Preeti Panwar, "Why Did Narendra Modi Choose Bhuj to Give His Independent Day Speech?", 16 Aug. 2013, http://www.oneindia.com/feature/2013/why-did-narendra-modi-choose-bhuj-to-give-his-independent-day-speech-1284693.html.
[18] Preeti Panwar, "Why Did Narendra Modi Choose Bhuj to Give His Independent Day Speech?", 16 Aug. 2013, http://www.oneindia.com/feature/2013/why-did-narendra-modi-choose-bhuj-to-give-his-independent-day-speech-1284693.html.
[19] 引自"Modi Shares Nepal's Grief", *The Hindu*, 27 Apr. 2015.
[20] Patel and Revi, eds.: 391.
[21] 同上: 393.
[22] Gautam Bhatia, "The Great Delhi Earthquake of 2017", *Outlook*, 12 May 2015.
[23] Ibid.: 393.
[24] Gautam Bhatia, "The Great Delhi Earthquake of 2017", *Outlook*, 12 May 2015.

9 海啸带来的战争与和平: 印度洋(2004)

[1] Stein: 100.
[2] Titov, Rabinovich, Mofjeld, Thomson and González: 2047.
[3] Nield: 262—263.
[4] Deraniyagala: 32—33.
[5] 引自 Karan and Subbiah, eds.: 241.
[6] 引自 Pisani: 176—177.
[7] 在 *Stories of Recovery, 10 Years after the Tsunami* (2014)中对马赫迪的采访, 这是 Jolyon Hoff 的影片, 见网址 http://www.youtube.com/watch?v=fXpBgdAon9E.
[8] Pisani: 249.
[9] Christopher Jasparro and Jonathan Taylor, "Transnational Geopolitical Competition and Natural Disasters: Lessons from the Indian Ocean Tsunami", in Karan and Subbiah, eds.: 283.
[10] 引自 Hyndman: 26.
[11] 引自 Hyndman: 26.
[12] 引自 Hyndman: 114.
[13] Pisani: 229.
[14] Hyndman: 15.
[15] 同上: 28.
[16] Harrison: 227.
[17] Witze, "Tsunami Alerts Fall Short": 152.

10　熔毁之后：日本福岛（2011）

[1] Kenji Satake, "The 2011 Tohoku, Japan, Earthquake and Tsunami", in Ismail-Zadeh, Fucugauchi, Kijko, Takeuchi and Zaliapin eds.：311.
[2] 同上：316.
[3] Lafcadio Hearn, *Gleanings in Buddha-Fields：Studies of Hand and Soul in the Far East*（London, 1897）：16. 本文首次出现在 1896 年 12 月的《大西洋月刊》(*Atlantic Monthly*）上。
[4] Smits, *When the Earth Roars*：33—34.
[5] 同上：119.
[6] Pilling：6.
[7] 引自 Smits, *When the Earth Roars*：123.
[8] Musson：139.
[9] 源自 Pico Iyer 的个人信息，其匿名报道出现在：http://dalailama.com/news/post/768-the-transformation-of-pain.
[10] 引自 Tania Branigan, "Earthquake and Tsunami 'Japan's Worst Crisis Since Second World War'", *Guardian*, 14 March 2011.
[11] Lochbaum, Lyman and Stranahan：11—12.
[12] 引自 Lochbaum, Lyman and Stranahan：94.
[13] Lochbaum, Lyman and Stranahan：109.
[14] Stein and Stein：27.
[15] 引自 Lochbaum, Lyman and Stranahan：53.
[16] Lochbaum, Lyman and Stranahan：51.
[17] Samuels：38.
[18] Smits, *When the Earth Roars*：23.
[19] 引自 Samuels：131.
[20] Samuels：191.
[21] 引自 Kieffer：262.
[22] Samuels：52.
[23] 引自 Samuels：x.
[24] 引自 Samuels：180.

卷尾语　地震、国家与文明

[1] Vale and Campanella eds.：347.
[2] Anselm Smolka, "Extreme Geohazards：Risk Management from a (Re)insurance Perspective", in Ismail-Zadeh, Fucugauchi, Kijko, Takeuchi and Zaliapin eds.：367.
[3] Hough, *Earthshaking Science*：123.
[4] 引自 Herbert-Gustar and Nott：163—164.
[5] Richter：386—387.
[6] 引自 Hough, *Richter's Scale*：265.

注释和参考文献

[7] Musson: 165.
[8] Introduction to Frank Press, "Earthquake Prediction", *Scientific American*, 232 (1975): 14.
[9] Hough, *Predicting the Unpredictable*: 110.
[10] 引自 Tributsch: 15.
[11] Hough, *Predicting the Unpredictable*: 126.
[12] Musson: 153.
[13] Seth Stein, "Seismic Gaps and Grizzly Bears", *Nature*, 356(1992): 388.
[14] William Robbins, "Midwest Quake Is Predicted; Talk Is Real", *New York Times*, 20 Aug. 1990.
[15] 引自 Richard A. Kerr, "The Lessons of Dr Browning", *Science*, 253(1991): 622.
[16] 引自 Robinson, *Earthshock*: 74.
[17] Jacob M. Appel, "A Comparative Seismology", Weber, 18(2001): 92.
[18] Stein. 16.
[19] 引自 Olson: 137.
[20] 引自 Robinson, *Earthshock*: 75.
[21] Ambraseys and Bilham: 153.
[22] Musson: 238.
[23] 引自 Hadfield: 187—188.
[24] Hadfield: 187.
[25] Murakami: 2.
[26] 同上:17.
[27] Gina L. Barnes, "Earthquake Archaeology in Japan: An Overview", in Sintubin, Stewart, Niemi and Altunel eds.: 86.
[28] Hough, *Predicting the Unpredictable*: 217.
[29] Stein: 225—226.
[30] 同上:228.
[31] 同上:234.
[32] 引自 Coen: 58.
[33] Fradkin: 11.
[34] Simpson: 250.
[35] 出处 Will Durant in *The Oxford Dictionary of American Quotations*, Hugh Rawson and Margaret Miner eds.(New York, 2005): 600.

参考书目

Akuragawa, Ryunosuke, *Rashomon and Other Stories*, Jay Rubin trans. (London, 2006)

Ambraseys, N.N., "Value of Historical Records of Earthquake", *Nature*, 232(1971): 375—379

Ambraseys, Nicholas, and Roger Bilham, "Corruption Kills", *Nature*, 469(2011): 153—155

Arana, Marie, *Bolívar: American Liberator* (London, 2013)

Bilham, Roger, "Subterranean Shifts: The Science Behind Earthquakes in the Himalaya", *Himal*, 28(2015): 44—58

Bolívar, Simón, *El Libertador: Writings of Simón Bolívar*, Frederick H. Fornoff trans., David Bushnell ed. (New York, 2003)

Bolt, Bruce A., *Earthquakes and Geological Discovery* (New York, 1993)

Braun, Theodore E. D., and John B. Radner, eds., *The Lisbon Earthquake of 1755: Representations and Reactions* (Oxford, 2005)

Brett, William Bailie, *A Report on the Bihar Earthquake* (Patna, 1935)

[Bureau of Social Affairs, Home Office, Japan], *The Great Earthquake of 1923 in Japan* (Tokyo, 1926)

Cartledge, P. A., "Seismicity and Spartan Society", *Liverpool Classical Monthly*, I (1976): 25—28

Clancey, Gregory, *Earthquake Nation: The Cultural Politics of Japanese Seismicity, 1868—1930* (Berkeley CA, 2006)

Cline, Eric H., *1177 B.C.: The Year Civilization Collapsed* (Princeton NJ, 2014)

Coen, Deborah R., *The Earthquake Observers: Disaster Science form Lisbon to Richter* (Chicago IL, 2013)

Collier, Michael, *A Land in Motion: California's San Andreas Fault* (Berkeley CA, 1999)

Darwin, Charles, *The Voyage of the Beagle*, Janet Browne and Michael Neve eds. (London, 1989)

Davis, Mike, *Los Angeles and the Imagination of Disaster* (London, 1999)

Davison, Charles, *A History of British Earthquake* (Cambridge, 1924)

Deraniyagala, Sonali, *Wave: A Memoir of Life After the Tsunami* (London, 2013)

Dewey, James, and Perry Byerly, "The Early History of Seismometry", *Bulletin of the Seismological Society of America*, 59(1969): 183—227

参考书目

Diodorus Siculus, *Diodorus of Sicily*, vol.4, C. H. Oldfather trans. (Cambridge MA: 1946)

Drews, Robert, *The End of the Bronze Age: Changes in Warfare and the Catastrophe ca.1200 B.C.* (Princeton NJ, 1993)

Dvorak, John, *Earthquake Storms: The Fascinating History and Volatile Future of the San Andreas Fault* (New York, 2014)

Ferrari, Graziano, and Anita McConnell "Robert Mallet and the 'Great Neapolitan Earthquake of 1857'", *Notes and Records of the Royal Society*, 59(2005): 45—64

Folkes, Martin, "The President's Account of the Earthquake in London, March 8", *Philosophical Transactions of the Royal Society*, 46(1749—50): 613—615

Force, Eric R., *Impact of Tectonic Activity on Ancient Civilizations: Recurrent Shake-ups, Tenacity, Resilience, and Change* (Lanham MD, 2015)

Fradkin, Philip L., *Magnitude 8: Earthquakes and Life Along the San Andreas Fault*, pbk edn(Berkeley CA, 1999)

Galchen, Rivka, "Weather Underground", *New Yorker*, 13 Apr. 2015:34—40

Gamburd, Micheal Ruth, *The Golden Wave: Culture and Politics After Sri Lanka's Tsunami Disaster* (Bloomington IN, 2014)

Gould, Peter, "Lisbon 1755: Enlightenment, Catastrophe, and Communication", in *Geography and Enlightenment*, David N. Livingstone and Charles W.J. Withers eds. (Chicago IL, 1999): 399—413

Hadfield, Peter, *Sixty Seconds That Will Change the World: How the Coming Tokyo Earthquake Will Wreak Worldwide Economic Devastation*, rev.edn(London, 1995)

Haining, Peter, *The Great English Earthquake* (London, 1976)

Hammer, Joshua, *Yokohama Burning: The Deadly 1923 Earthquake and the Fire That Helped Forge the Path to World War II* (New York, 2006)

Hansen, Gladys, and Emmet Condon, *Denial of Disaster* (San Francisco CA, 1989)

Harrison, Frances, *Still Counting the Dead: Survivors of Sri Lanka's Hidden War* (London, 2012)

Harvey, Robert, *Liberators: Latin America's Struggle for Independence, 1810—1830* (London, 2000)

Heiken, Grant, Renato Funiciello and Donatella De Rita, *The Seven Hills of Rome: A Geological Tour of the Eternal City* (Princeton NJ, 2005)

Herbert-Gustar, A. L., and P. A. Nott, *John Milne: Father of Modern Seismology* (Tenterden, 1980)

Hindmarsh, Richard, ed., *Nuclear Disaster at Fukushima Daiichi: Social, Political and Environmental Issues* (New York, 2013)

Hough, Susan, *Earthshaking Science: What We Know(and Don't Know) About Earthquakes* (Princeton NJ, 2002)

Richter's Scale: Measure of an Earthquake, Measure of a Man (Princeton NJ, 2007)

Predicting the Unpredictable: The Tumultuous Science of Earthquake Prediction(Princeton NJ, 2010)

Hough, Susan Elizabeth, and Roger G.. Bilham, *After the Earth Quakes: Elastic Rebound on an Urban Planet*(New York, 2006)

Humboldt, Alexander von, and Aimé Bonpland, *Personal Narrative of Travels to the Equinoctial Regions of America*, Thomasina Ross trans., vol.1(London, 1852)

Hyndman, Jennifer, *Dual Disaster: Humanitarian Aid After the 2004 Tsunami*(Sterling VA, 2011)

Ismail-Zadeh, Alik, Jaime Urrutia Fucugauchi, Andrzej Kijko, Kuniyoshi Takeuchi and Ilya Zaliapin, eds., *Extreme Natural Hazards, Disaster Risks and Societal Implications* (Cambridge, 2014)

Jackson, James, "Fatal Attraction: Living with Earthquakes, the Growth of Villages into Megacities, and Earthquake, Vulnerability in the Modern World", *Philosophical Transactions of the Royal Society A*, 364(2006): 1911—1925

James, William, "On Some Mental Effects of the Earthquake", in *William James: Writings, 1902—1910*(New York, 1987): 1215—1222

Karan, Pradyumna P., and Shanmugam P. Subbiah, eds., *The Indian Ocean Tsunami: The Global Response to a Natural Disaster*(Lexington KY, 2011)

Kawabata, Yasunari, *The Dancing Grid of Izu and Other Stories*, J. Martin Holman trans.(Washington DC, 1997)

Kearey, Philip, and Frederick J. Vine, *Global Tectonics*(Oxford,1990)

Kendrick. T. D., *The Lisbon Earthquake*(London, 1956)

Kerr, Richard A., "Weak Faults: Breaking On All Over", *Science*, 255(1992): 1210—1212

Kieffer, Susan W., *The Dynamics of Disaster*(New York, 2013)

King, Geoffrey, and Geoff Bailey, "Tectonics and Human Evolution", Antiquity, 80 (2006): 265—286

Kingston, Jeff, ed., *Natural Disaster and Nuclear Crisis in Japan: Response and Recovery after Japan's 3/11*(London), 2012

Klein, Naomi, *The Shock Doctrine: The Rise of Disaster Capitalism*(London, 2007)

Kondoleon, Christine, *Antioch: The Lost Ancient City*(Princeton NJ, 2000)

Kovach, Robert L., and Amos Nur, "Earthquakes and Archaeology: Neocatastrophism or Science?", Eos, 87(2006): 317—319

Kurosawa, Akira, *Something Like an Autobiography*, Audie E. Bock trans., pbk edn (New York,1983)

Lochbaum, David, Edwin Lyman, Susan Q. Stranahan, and the Union of Concerned Scientists, *Fukushima: The Story of a Nuclear Disaster*(New York, 2014)

Lynch, John, *Simón Bolívar: A Life*(New Haven CT, 2006) McGarr, A., et al., "Coping with Earthquakes Induced by fluid Injection", *Science*, 347(2015): 830—831

McGuire, Bill, Waking the Giant: How a Changing Climate Triggers Earthquakes, Tsunamis, and Volcanoes (Oxford, 2012)

McNutt, Marcia, "Integrity—Not Just a Federal Issue", Science, 347(2015): 1397

McPhee, John, Assembling California (New York, 1993)

McWilliams, Carey, "The Folklore of Earthquakes", in Carey McWilliams, Fool's Paradise: A Carey McWilliams Reader, Dean Stewart and Jeannine Gendar eds. (Berkeley CA, 2001): 41—42

Mallet, Robert, Great Neapolitan Earthquake of 1857: The First Principles of Observational Seismology, 2 vols.(London, 1862)

Maxwell, Kenneth, Pombal: Paradox of the Enlightenment (Cambridge, 1995)

Murakami, Haruki, after the quake, Jay Rubin trans.(London, 2002)

Musson, Roger, The Million Death Quake: The Science of Predicting Earth's Deadliest Natural Disaster (New York, 2012)

Nield, Ted, Supercontinent: Ten Billion Years in the Life of Our Planet (London, 2007)

Nur, Amos, with Dawn Burgess, Apocalypse: Earthquakes, Archaeology, and the Wrath of God (Princeton NJ, 2008)

Odell, Kerry A., and Marc D. Weidenmier, "Real Shock, Monetary Aftershock: The 1906 San Francisco Earthquake and the Panic of 1907", Journal of Economic History, 64 (2004): 1002—1027

Olson, Richard S., The Politics of Earthquake Prediction (Princeton NJ, 1981)

Ouwehand, C., Namazu-e and Their Themes (Leiden, 1964)

Paice, Edward, Wrath of God: The Great Lisbon Earthquake of 1755 (London, 2008)

Patel, Shirish B., and Aromar Revi, eds., Recovering from Earthquakes: Response, Reconstruction and Impact Mitigation in India (New Delhi, 2010)

Pilling, David, Bending Diversity: Japan and the Art of Survival (London, 2014)

Pisani, Elizabeth, Indonesia Etc.: Exploring the Improbable Nation (London, 2014)

Paniatowska, Elena, Nothing, Nobody: The Voices of the Mexico City Earthquake, Aurora Camacho de Schmidt and Arthur Schmidt trans.(Philadelphia PA, 1995)

Reisner, Marc, A Dangerous Place: California's Unsettling Fate (London, 2003)

Richter, Charles, Elementary Seismology (San Francisco CA, 1958)

Roberts, Paul, Life and Death in Pompeii and Herculaneum (London, 2003)

Robinson, Andrew, Earthshock: Hurricanes, Volcanoes, Earthquakes, Tornadoes and Other Forces of Nature, rev.edn (London, 2002)

Earthquake: Nature and Culture (London, 2012)

Rozario, Kevin, The Culture of Calamity: Disaster and the Making of Modern America (Chicago IL, 2007)

Rubinstein, Justin L., and Alireza Babaie Mahani, "Myths and Facts on Wastewater Injection, Hydraulic Fracturing, Enhanced Oil Recovery, and Induced Seismicity", Seismological Research Letters, 86(2015): 1060—1067

Samuels, Richard J., 3.11: Disaster and Change in Japan(Ithaca NY, 2013)

Schencking, J. Charles, The Great Kanto Earthquake and the Chimera of National Reconstruction in Japan(New York, 2013)

Schulz, Kathryn, "The Really Big One", New Yorker, 20 July 2015:52—59

Seidensticker, Edward, Tokyo Rising: The City Since the Great Earthquake(New York, 1990)

Simpson, Edward, The Political Biography of an Earthquake: Aftermath and Amnesia In Gujarat, India (London, 2013)

Sintubin, Manuel, Iain S. Stewart, Tina M. Niemi and Erhan Altunel, eds., Ancient Earthquakes[Geological Society of America Special Paper 471](Boulder CO, 2010)

Smith, Roff, "The Biggest One", Nature, 465(2010): 24

Smits, Gregory, "Shaking up Japan: Edo Society and the 1855 Catfish Picture Prints", Journal of Social History, 39(2006): 1045—1077

When the Earth Roars: Lessons from the History of Earthquakes in Japan(Lanham MD, 2014)

Starrs, Roy, ed., When the Tsunami Came to Shore: Culture and Disaster in Japan (Leiden, 2014)

Stein, Seth, Disaster Deferred: How New Science Is Changing Our View of Earthquake Hazards in the Midwest (New York, 2010)

Stein, Seth, and Emile A. Okal, "Speed and Size of the Sumatra Earthquake", Nature, 434(2005): 581—582

Stein, Seth, and Jerome Stein, Playing Against Nature: Integrating Science and Economics to Mitigate Natural Hazards in an Uncertain World(Chichester, 2014)

Strabo, The Geography of Strabo, vol.7, Horace Leonard Jonestrans.(London, 1930)

Stukeley, William, "The Philosophy of Earthquakes", Philosophical Transactions of the Royal Society, 46(1749—50): 731—750

Talwani, Pradeep, "The Impact of the Early Studies Following the 1886 Charleston Earthquake on the Nascent Science of Seismology", Seismological Research Letters, 85(2014): 1366—1372

Titov, Vasily, Alexander B. Rabinovich, Harold O. Mofjeld, Richard E. Thomson and Frank I. González, "The Global Reach of the 26 December 2004 Sumatra Tsunami", Science, 309(2005): 2045—2048

Tributsch, Helmut, When the Snakes Awake: Animals and Earthquake Prediction (Cambridge MA, 1982)

Tyabji, Azhar, Bhuj: Art, Architecture, History(Ahmedabad, 2006) Vale, Lawrence J., and Thomas J. Campanella eds., The Resilient City: How Modern Cities Recover from Disaster(New York, 2005)

Waley, Paul, Tokyo: City of Stories(New York and Tokyo, 1991)

Walker, Bryce, and The Editors of Time-Life Books, *Earthquake* (Amsterdam, 1982)

Wallace, Robert E., ed., *The San Andreas Fault System: An Overview of the History, Geology, Geomorphology, Geophysics, and Seismology of the Most Well Known Plate-Tectonic Boundary in the World* (Denver CO, 1990)

Walpole, Horace, *The Letters of Horace Walpole*, vol.2, Peter Cunningham ed. (Edinburgh, 1906)

Wang, Kelin, Qi-Fu Chen, Shi-hong Sun and Andong Wang, "Predicting the 1975 Haicheng Earthquake", *Bulletin of the Seismological Society of America*, 96(2006): 757—795

Wegener, Alfred, *The Origin of Continents And Oceans*, 4th edn (New York, 1966)

Weisenfeld, Gennifer, *Imaging Disaster: Tokyo and the Visual Culture of Japan's Great Earthquake of 1923* (Berkeley CA, 2012)

Willmoth, Frances, "Rumblings in the Air: Understanding Earthquakes in the 1690s", Endeavour, 31(2007): 24—29

Winchester, Simon, *A Crack in the Edge of the World: The Great American Earthquake of 1906* (London, 2005)

Witze, Alexandra: "Tsunami Alerts Fall Short", *Nature*, 516(2014): 151—152

"Artificial Quakes Shakes Oklahoma", *Nature*, 520(2015): 418—419

"The Quake Hunters", *Nature*, 523(2015): 142—144

Wright, Alan, ed., *Film on the Faultline* (Bristol, 2015)

Yeats, Robert, *Active Faults of the World* (Cambridge, 2012)

Earthquake Time Bombs (Cambridge, 2015)

Zeilinga de Boer, Jelle, and Donald Theodore Sanders, *Earthquakes in Human History: The Far-Reaching Effects of Seismic Disruptions* (Princeton NJ, 2005)

致　谢

泰晤士 & 赫德逊出版社(Thames & Hudson)的杰米·坎普林(Jamie Camplin)委托我撰写一本关于伟大自然力的书,于是我便开始创作了有关地震的书,1993年《地震》(*Earthshock*)一书出版。而本书(*Earth-Shattering Events*)的出现也要归功于他,2015年他退休以前我开始创作此书。我对杰米·坎普林深表怀念。在过去的近30年里,他作为主编,给了我无限的帮助和启发,允许我向杰米表示由衷的感谢。之后苏菲·汤普森(Sophy Thompson)很快就接过了指挥棒,对书稿进行了完善。凯特·谢泼德(Kit Shepherd)也是工作缜密、善于激发思维的文字编辑。波比·戴维(Poppy David)也非常热心地致力于插图工作。西莉亚·福尔克纳(Celia Falconer)、阿伦·海登(Aron Hayden)、萨拉·弗农-亨特(Sarah Vernon-Hunt)、阿曼达·维克姆(Amanda Vinnicombe),特别是珍·摩尔(Jen Moore)提供了堪称典型的书籍设计和出版服务。

此书援引了数百位专家出版的著作,在这些专家中,我要特别感谢保罗·卡特利奇(Paul Cartledge),他使我了解了斯巴达地震的历史,还要特别感谢埃里克·弗斯(Eric Force)、苏珊·霍夫(Susan Hough)和塞斯·斯坦(Seth Stein)对地震学的历史提出的建议和当前对地震的认识(以及缺乏的认识)。

插图来源

卷首插图　美国地质调查局;**6** 乔瓦尼·卡塞利(Giovanni Caselli);**22** 波士顿美术博物馆2016年4月照片;**40** 绘画收藏家/阿拉米图片社(Print Collector/Alamy);**54** 美联社图片/阿曼多弗兰卡(AP Photo/Armando Franca);**70** 由遗产历史提供的图片,见网址:http://www.heritage-history.com;**100** 美国地质调查局;**116** 东京大学地震研究院;**132** 由苏蒂尔·贾恩(Sudhir Jain)提供;**146** 马克·皮尔森(Mark Pearson)/阿拉米图片社;**162** 数字地球借助盖蒂图片社(Getty Images);**178** 美国地质调查局。

索　引

Abe, Shinzo　安倍晋三, 205
Aceh(Indonesia)　亚齐(印度尼西亚), 21, 177, 179, 179—184, 187—188, 211
Aceh, sultans of　亚齐苏丹人, 182
Adams, John　约翰·亚当斯, 85
after the quake(Murakami)　《地震之后》(村上春树), 226, 234
Ahmedabad(India)　艾哈迈达巴德(印度), 161, 164, 168, 170, 172
Akuragawa, Ryunosuke　芥川龙之介, 135
Alaska　阿拉斯加, 13, 175, 188, 208, 213, 228
Aleppo　阿勒颇, 30
AleutianIslands　阿留申群岛, 129, 188
Algeria　阿尔及利亚, 12, 63
Algiers　阿尔及尔, 63
Allah Bund(India)　安拉大堤(印度), 163—164
Altez, Rogelio　罗赫略·阿尔特兹, 76, 77
Ambraseys, Nicholas　尼古拉斯·安布拉塞斯, 224
Anaxagoras　阿那克萨哥拉, 27
Anaximander　阿那克西曼德, 31
Anaximenes　阿那克西米尼, 27
Anemospilia(Crete)　阿尼莫斯皮里亚(克里特岛), 25
Aneyoshi(Japan)　姊吉(日本), 196
animals(and earthquakes)　动物(和地震), 25—26, 45—46, 62, 215, 217—218
Anjar(India)　安贾尔(印度), 163, 164—165
Ankara　安卡拉, 15
Antakya—*see* Antioch　安塔基亚——见安提阿

Antigua(Guatemala)　安提瓜(危地马拉), 16
Antioch(Turkey)　安提阿(土耳其), 16, 35—36, 37
Arana, Marie　玛丽·阿拉纳, 78, 86
Argentina　阿根廷, 75, 87
Aristotle　亚里士多德, 27, 32, 51
Armageddon(Israel)　阿尔马盖墩(以色列), 17, 19, 30
Ashkelon(Israel)　亚实基伦(以色列), 30
Assam　阿萨姆, 104
Athens　雅典, 15, 16, 32
Australia　澳大利亚, 66, 130, 176, 189
Ayodhya(India)　阿约提亚(印度), 165, 166
Aztecs　阿兹特克人, 25
Bam(Iran)　巴姆(伊朗), 223, 229
Banda Aceh(Indonesia)　班达亚齐(印度尼西亚), 174, 179, 180, 181, 187
Bangladesh　孟加拉国, 176, 177
Barnes, Gina　吉纳·巴恩斯, 227
Basilicata(Italy)　巴西利卡塔(意大利), 90, 92
Beach Boys, The　沙滩男孩乐队, 232
Beijing　北京, 15
Ben-Menahem, Ari　阿瑞·本-梅纳海姆, 29
Bentley, Richard　理查德·本特利, 50
Bharatiya Janata Party　印度人民党, 165—166, 167—168, 171
Bhatia, Gautam　高塔姆·巴提亚, 173
Bhuj(India)　普杰(印度)21, 161, 163, 164, 165, 166—167, 170—171
Bible(Old and New Testament)　《圣经》

(旧约和新约),15—16,18,27—30,31,48,51,78
Bilham, Roger （罗杰·比尔汉姆）,10,66,84,95,109,172,224
Bina, Andrea 安德里亚·比纳,97
Blegen, Carl 卡尔·布雷根,18
Bolívar, Simón 西蒙·玻利瓦尔,20,74—82,86—87
Bolivia 玻利维亚,20,75,87
Boston 波士顿,13,83,89
Boves, José Tomás 何塞·托马斯·波维斯,86
Boxer, C.R. 博克塞,61
Brady, Brain 布莱恩·布雷迪,214,222
Branner, John Casper 约翰·卡斯珀·班纳,116
Brazil 巴西,19,57,60,61,65,72,87
Britain/United Kingdom 不列颠/英国,8,12,41,42—55,60,66,68,82,84,86,87,90,98,99,103,164,166,195,218
British Geological Survey 英国地质调查局,43
Browning, Iben 伊本·布朗宁,221—222
Burma(Myanmar) 缅甸,176
Burnes, James 詹姆斯·伯恩斯,163
Burton, William 威廉·伯顿,102
Bushnell, David 大卫·布什内尔,86
Byerly, Perry 佩里·拜尔利,97
Cairo(Egypt) 开罗（埃及）,15,223,224
Calabria(Italy) 卡拉布里亚（意大利）,89—90,92
Calais, Eric 埃里克·卡莱斯,212
Calcutta 加尔各答,172
California 加利福尼亚,7,13,15,95,96,104,106—123,131,175,211,212,213,216,217,220,221,222,230,231—232
California Institute of Technology 加州理工学院,123,228
Callao(Peru) 卡亚俄（秘鲁）,63

Calvert, Frank 弗兰克·卡尔弗特,30
Campanella, Thomas 托马斯·坎帕内拉,211
Canada 加拿大,8,83,176,204,210
Candide(Voltaire) 《老实人》（伏尔泰)59,70
Caracas 加拉加斯,15,20,74—78,79,80—81,83,84,85,86,87,89,211
Carchemish(Syria) 卡赫美士（叙利亚）,30
Caribbean 加勒比海,12,17,44,66,76,83
Cartagena(Colombia) 卡塔赫纳（哥伦比亚）,78,79,80,82,86
"Cartagena Manifesto"(Bolívar) 《卡塔赫纳宣言》（玻利瓦尔）,80—81,86
Cartledge, Paul 保罗·卡特利奇,32
Caruso, Enrico 恩利科·卡鲁索,111,112
Cascadia subduction zone 卡斯卡迪亚俯冲带,204
Catania(Italy) 卡塔尼亚（意大利）,90
catfish prints—*see namazu-e* 鲇绘（见 *namazu-e*）
Cecchi, P.F. 菲利普·切基,97
Charleston(USA) 查尔斯顿（美国）,13,82,83,103—104
Chile 智利,11,12,13,15,75,87,175,188,196,199,233
China 中国,8,12,13,25,37—39,129,139,181,204,218
Christchurch(New Zealand) 克赖斯特彻奇（新西兰）,22
Cicero 西塞罗,31
Clancey, Gregory 格雷戈里·克兰西,102,128,131
Cline, Eric 埃里克·克莱因,18—19
Cluff, Lloyd 劳埃德·克拉夫,123
Cocos Island 科科斯群岛,176
Coen, Deborah 黛博拉·科恩,57,119
Coldchester(UK) 科尔切斯特（英国）,12
Colombia 哥伦比亚,12,20,75,78,87

索 引

Colombo 科伦坡,21,178,179,186
Colosseum(London) 圆形剧场(伦敦),57,58
Colosseum(Rome) 圆形大剧场(罗马),6,15,33,36,227
Concepción(Chile) 康塞普西翁(智利),11,13
Condon, Emmet 埃米特·康登,114,115,117,118,120
Constantinople—see Istanbul 君士坦丁(见伊斯坦布尔)
Cook, James 詹姆斯·库克,68
dams 大坝/堤坝,16,30,163—164
Darwin, Charles 查尔斯·达尔文,11,13,22,77
Davison, Charles 查尔斯·戴维森,11,46,50,67
Delhi 德里,15,161,166,170,172,173
Delpeche, Louis 路易斯·德尔佩切,77
Denver 丹佛,7,8
Deraniyagala, Sonali 索纳莉·德拉尼亚加拉,178
Dewey, James 詹姆斯·杜威,97
Dholavira(India) 朵拉维腊(印度),25,162
di Tiro, Hasan 哈桑·迪罗,183
Diamond, Jared 贾雷德·戴蒙德,17
Diaz, José Domingo 何塞·多明戈·迪亚兹,75—76,77,78
Dickens, Charles 查尔斯·狄更斯,58,73
Dikötter, Frank 弗兰克·迪克特,159
Diodorus Siculus 狄奥多罗斯·西库路斯,31—32
Dominican Republic 多米尼加共和国,212
dos Santos, António Ribeiro 安东尼奥·里贝罗·多斯桑托斯,68
Dover 多佛,11,50
Drews, Robert 罗伯特·德鲁斯,31
Durant, Will 威尔·杜兰特,17
Dutthagamani 杜多伽摩尼,185
Dwyer, Jeremiah 耶利米·德威尔,110,111
earthquake 地震
　economics 经济学,7—10,13—14,65,113,115—20,121,137,138—139,166—169,181,189,197,201,211,212,213,221,224,230
　epicenters 震中,23,39,43,55,65—66,84,96,98,103,131,161,170,172,175,176,179,181,187,189,191,213,216,223,225,226
　fatalities 死难者/遇难者,12,16,17,20,21,22,36,38,39,62,63,65,69,76—78,93,102,112,114—115,121,125,130,161,162,164,167,172,175,177,178,179,180—181,188,197,215,223,225,229
　insurance 保险,115,118,122—123,221
　intensity scales 烈度表,90,95—96,229—230
　intraplate 板内,83,162,223,230
　magnitude scales 震级表,13,95—96
　prediction 预测,38,47,79,84,128—130,131,143—146,212—223
　proofing(of building) 防震(建筑),22,33,72,100,101,120—121,123,172,173,204,224,225,227—230,231,233
　storms 风暴,19
　waves 海浪 54—55,62,89,91,94,98,104,107,131,195,198,216
Earthquake(movie) 《大地震》(电影),232
earthquake 地震
　Alaska 阿拉斯加,(1964)175
　Anjar 安贾尔,(1956)164—165
　Ansei 安政,(1855)39—40,98,102,128,130
　Antioch 安提阿,(526)36
　Bam 巴姆,(2003)223,229
　Cairo 开罗,(1992)15,223—224
　Calabria 卡拉布里亚,(1783)89—90,92

223

Caracas 加拉加斯,(1812)20,74—87,89,211
Chile 智利,(1835)11
Chile 智利,(1960)13,175,188,196,199
Chile 智利,(2010)13,196
Christchurch 克赖斯特彻奇,(2010)22
Fort Tejon 特琼堡,(1857)29
Great Kanto 关东大地震,(1923)16,20,22,41,60,62,102,124—141,173,191,205—207,211,213,216,218,224,226—227,231
Great Neapolitan 那不勒斯大地震,(1857)33,88,90—95,100,211
Gujarat 古吉拉特邦,(2001)21,160—172,234
Haicheng 海城,217
Haiti 海地,(2010)22,211—212,224
Hayward 海沃德(1868)220
Jericho 耶利哥,(1927)16
Kashmir 克什米尔,(2005)162
Kobe 神户,(1995)206,225—226,233,234
L'Aquila 拉奎拉(2009)214—215
Lisbon 里斯本,(1755)14,16,19—20,50,54,55,56—73,77,83,89,90,131,179,195,211,218
London 伦敦,(1750)12,42—55,62,67,89
Long Beach 长滩,(1933)121—122
Meiji Sanrika 明治三陆,(1896)193,195,202
Messina 墨西拿,(1908)105
Mino-Owari 美浓-尾张(1891)102,105,128
Nepal 尼泊尔,(2015)171,172,173
Nepal-Bihar 尼泊尔-比哈尔,(1934)14,172
New Madrid 新马德里,(1811—1812)82—84,162,221—222,223,229—231
Niigata 新潟县,(1964)216

Northbridge 北岭,(1994)212,233
Pompeii 庞贝,(62 or 63)16,34
Port Royal 罗亚尔港,(1692)17,44
Rann of Kutch 卡奇沼泽地,(1819)163—164
San Fernando 圣费尔南多,(1971)216,228
San Francisco 旧金山,(1906)14,22,95,104—105,106—123,125,131,138,162,175,211,231,233
Sparta 斯巴达,(c.464 BC)31—32,33,218
Sumatra-Andaman 苏门答腊-安达曼,(2004)14,21,174—189,193
Tohoku 日本东北地区,(2011)22,189,190—207,211,225,226
Tokyo-Yokohama 东京-横滨,(1880)99,100—101
East Pacific Rise 东太平洋海隆,176
Ecuador 厄瓜多尔,20,75,87
Edo—see Tokyo 江户(见东京)
Egypt 埃及,25,31,36,223—224
Elala 埃拉拉,184
elastic rebound theory 弹性回跳理论,108—109,215,222
Enkomi(Cyprus) 恩科米(塞浦路斯),30
Escape from L.A.(movie) 《洛杉矶大逃亡》(电影),232
Eassy on Man, An(Pope) 《人论》(蒲柏),70
Euripides 欧里庇得斯,18
Evans, Arthur 阿瑟·埃文斯,18
Ewing, James 詹姆斯·尤因,99,103,131
faults(geological) 断层(地质)7,8,25,108—109,128,129,194—195,202,212,214,222,231,224,228
Ferrari, Graziano 拉齐亚诺·法拉利,92,95
Finland 芬兰,66,83,195
fires 大火/火灾,15,20,25,27,28—29,

索　引

36，39，53，54，57，59，63，64，65，67，100，103，113—119，120，121，125，127，128，131，132—135，137，138，173，179，226，233
fissures/ruptures　裂缝/断裂，29，53，67，78，95，96，106—108，132，213，215
Fitzgerald, F.Scott　弗朗西斯·斯科特·菲茨杰拉德，232
Flamsteed, John　约翰·弗兰斯蒂德，52，54
Folkes, Martin　马丁·福尔克斯，45
fracking　水力压裂法，8
Fradkin, Philip　菲利普·弗拉德金，232
Franklin, Benjamin　本杰明·富兰克林，52
Free Arch Movement(GAM)　自由亚齐运动，21，179，183，184，187
Fukushima(Japan)　福岛（日本），191，192，198，199，202
Fukushima Daiichi nuclear power plant(Japan)　福岛第一核电站（日本），22，190，198—204，226
Galle(Sri Lanka)　加勒（斯里兰卡），179
Gandhi, Mahatma　圣雄甘地，14，160，164，165，167，169
Gandhi, Rajiv　拉吉夫·甘地，185，186
Gandhi, Sonia　索尼娅·甘地，165
Germany　德国，8，103，139，204
Ghatak, Maitreesh　麦特瑞斯·加塔克，168—169
Gibbon, Edward　爱德华·吉本，35
Gibraltar　直布罗陀，65，66
Gilbert, Grove Karl　葛洛夫·卡尔·吉尔伯特，107，116
Ginza district(Tokyo)　银座区（东京），100
Global Positioning System(GPS)　全球定位系统，162，212，217，223，230，231
Goethe, Johann Wolfgang von　约翰·沃尔夫冈·冯·歌德，71
Gould, Peter　皮特·古尔德，59
Gould, Randall　兰德尔·古尔德，132

Grateful Dead, The　感恩而死乐队，232
Gray, Thomas　托马斯·格雷，99，103，131
Greece　希腊，12，15，17—18，25，26，30，33，36，82，219
Guatemala　危地马拉，16，26
Gujarat　古吉拉特邦，21，25，160—173，211，216
Hadfield, Peter　彼得·海德菲尔德，225
Hagia Sophia(Istanbul)　圣索菲亚大教堂（伊斯坦布尔），227—228
Haiti　海地，22，75，87，211—212，224
Hales, Stephen　斯蒂芬·黑尔斯，52
Hambantota(Sri Lanka)　汉班托特（斯里兰卡），179
Hamm, Harold　哈罗德·哈姆，10
Hammer, Joshua　约书亚·哈默，140
Hansen, Gladys　格拉迪斯·汉森，114—115，117，118
Harrison, Frances　弗朗西斯·哈里森，187
Harvey, Robert　罗伯特·哈维，79—80
Hattusas(Turkey)　哈图沙什（土耳其）30，35
Hawaii　夏威夷，188
Hayden, Edward Everett　爱德华·埃弗里特·海登，104
Haydn, Joseph　约瑟夫·海顿，57
Hearn, Lafcadio　小泉八云（原名拉法卡迪奥·赫恩），193
Helots　希洛人，31—32
Herculaneum　赫库兰尼姆，34，57
Herod the Great　希律王，16，27，35
Himalaya(mountains)　喜马拉雅（山脉），162，172，175
Hirohito　裕仁天皇，125，132，138
Hiroshima　广岛，13，57，59，63，198
Hollywood　好莱坞，232—233
Homer　荷马，17，26
Hong Kong　香港，15
Honjo district(Tokyo)　本所区（东京），

133—134,135—136,137
Hooke, Robert 罗伯特·胡克,51—52,54
Hoover, Herbert 赫伯特·胡佛,147
Hough, Susan 苏珊·霍夫,10,66,83,84,95,109,212,217,219,227
Humboldt, Alexander von 亚历山大·冯·洪堡,77,78,83,85
Hyndman, Jennifer 詹妮弗·辛德曼,184,186
Iitate(Japan) 饭馆村(日本),201
Imamura, Akitsune 今村明恒,124,126,128—129,130—131,134,194—195,213
Incas 印加,10
India 印度,12,14,21,25,36,96,104,160—173,175,176,177—178,181,184,185,189,204
Indonesia 印度尼西亚/印尼,12,174—177,179—184,185,187—188
Indus civilization 印度河文明,25,162
Inquisition 宗教法庭,60,63,69,71,85
Iran/Persia 伊朗/波斯,12,16,32,223,229
isoseismal map 等震线图,94
Israel 以色列,12,28
Istanbul(Turkey) 伊斯坦布尔(土耳其),8,15,16,19,36,227—228
Italy 意大利,12,15,25,33—34,52,88—95,97,102,105,129,214
Iyer, Pico 皮柯·耶尔,197
Jackson, James 詹姆斯·杰克森,14
Jaffna(Sri Lanka) 贾夫纳(斯里兰卡),178,185
Jakarta 雅加达,15,84
James, William 威廉·詹姆斯,111—112
Japan 日本,12,13,15,20,22,25,26,39—41,95,97—103,104,105,123,124—140,181—182,189,190—207,211,213,216,224—227,233,234
Japan Meteorological Agency 日本气象厅,26,189,191—192,196,199
Jefferson, Thomas 托马斯·杰弗逊,85
Jericho 耶利哥,15—16,18,27,29—30
Jerusalem 耶路撒冷,19,27,37,50
Jesuits 耶稣会士,19,61,67,68,71—72
João V 若昂五世,61
José I 若泽一世,61,64—65,68,71,72
Julian the Apostate 叛教者尤里安,35
Julius Caesar 尤利乌斯·凯撒,35
Kan, Naoto 菅直人,198,204,205,206
Kanamori, Hiroo 金森,123
Kant, Immanuel 伊曼纽尔·康德,14,71,218
Kanyakumari(India) 坎亚库马瑞(印度),177—178
Karachi 卡拉奇,15
Kashima(god) 鹿岛明神(神),24,26,40
Kashmir 克什米尔,162,172
Kathmandu 加德满都,171,172
Kawabata, Yasunari 川端康成,135—137
Kelvin, Lord 凯尔文勋爵,105
Kendrick, T.D. 肯德里克,50,60
Kenya 肯尼亚,176,177
Kiyoshi, Muto 武藤清,227
Klein, Naomi 娜奥米·克莱恩,14
Knight, Gowin 戈温·奈特,43
Knossos 克诺索斯,17,18,19,25,30
Kobe 神户,206,225—226,233,234
Korea 朝鲜,20,126—127,151,140,206,210
Krakatoa 喀拉喀托火山,175—176,188
Kurosawa, Akira 黑泽明,125—127,134,135,211,226
Kutch(India) 卡奇(印度)21,161—164,166—167,168,170
Lachish(Israel) 莱基(以色列),30
L'Aquila(Italy) 拉奎拉(意大利),215
Lawson, Andrew 安德鲁·劳森,108
LeConte, Joseph 约瑟夫·勒孔特,103
Leibniz, Gottfried 戈特弗里德·莱布尼茨,69,70

索 引

Lienkaemper, Jim 詹姆斯·里恩克蒙珀, 220
Lima 利马, 15, 63, 214
Lisbon 里斯本, 15, 16, 19, 55, 56—73, 77, 89, 131, 179, 211
Livy 李维, 33
Lochbaum, David 大卫·洛克博姆, 199, 201, 203
London 伦敦, 11, 12, 42—55, 57—58, 60, 61, 62, 64, 65, 67, 68, 70, 91, 92, 89, 113, 134, 140, 167, 231
Long Beach(USA) 长滩(美国), 121—122
Los Angeles 洛杉矶, 13, 15, 29, 121, 123, 212, 213, 217, 232—233, 234
Lyell, Charles 查尔斯·莱尔, 92, 93
Lyman, Edwin 艾德温·莱曼, 199, 201, 203
Lynch, John 约翰·林奇, 75, 80
McConnell, Anita 安尼塔·麦克康奈尔, 92, 95
McWilliams, Carey 凯瑞·麦克威廉姆斯, 121
Madeira 马德拉, 66
Madison, James 詹姆斯·麦迪逊, 85
Madrid 马德里, 67
Mahdi, Saiful 赛义夫·马赫迪, 180
Malagrida, Gabriel 加布里埃尔·马拉格里达, 71—72
Maldives 马尔代夫, 176
Mallet, Robert 罗伯特·马利特, 33, 88, 90—95, 97, 100, 102, 104, 105, 108, 120
Managua(Nicaragua) 马那瓜(尼加拉瓜), 16
Manchuria 满洲里, 20, 139
Manila 马尼拉, 15
Maori 毛利人, 26
Marina district(San Francisco) 马里纳区(旧金山), 121
Maxwell, Kenneth 肯尼斯·麦克斯韦尔, 68

Maya 玛雅, 10, 25, 26
Megiddo—see Armageddon 美吉多(见阿尔马盖墩)
Mercalli, Giuseppe 朱塞佩·麦加利, 96, 229
Merneptah 麦伦普塔赫法老, 31
Messina(Italy) 墨西拿(意大利), 105
Mexico 墨西哥, 12, 25, 75
Mexico City 墨西哥城, 15
Michell, John 约翰·米歇尔, 54—55, 89
Mid-Atlantic Ridge 大西洋中脊, 176
Miletus(Turkey) 米利都(土耳其), 30, 35
Mill, John Stuart 约翰·斯图亚特·穆勒, 14
Milne, John 约翰·米尔恩, 14, 99—103, 105, 108, 128, 131, 214, 218
Minamisanriku(Japan) 南三陆町镇(日本), 197
Miranda, Francisco de 弗朗西斯科·德·米兰达, 75, 78, 79—80, 85, 86
Missouri 密苏里, 13, 82—83, 221, 223, 230—231
Modi, Narendra 纳伦德拉·莫迪, 21, 166—171
Mongolia 蒙古, 25
Monteverde, Domingo de 多明戈·蒙特韦德, 78—79
Morocco 摩洛哥, 12, 63, 65
Murakami, Haruki 村上春树, 226, 234
Musson, Roger 罗杰·穆森, 197, 215, 219, 224
Mycenae 迈锡尼, 17, 18, 19, 30, 31
Nabataeans 纳巴泰, 36—37
Nallavadu(India) 纳拉瓦都(印度), 178
namazu/namazu-e 鲇/鲇绘, 24, 26, 39, 40—41, 128, 140, 218
Naples 那不勒斯, 15, 16, 33—34, 60, 89, 90, 91
Napoleon I 拿破仑一世, 81—82, 86
Nehru, Jawaharlal 贾瓦哈拉尔·尼赫鲁, 164, 165

227

Nepal 尼泊尔,12,14,161,171,172
Nero 尼禄,16,33,34
New Madrid(USA) 新马德里(美国),82—84,221,223,230—231
New Zealand 新西兰,12,22,27
Newberry, John Strong 约翰·斯特朗·纽贝利,104
Newton, Isaac 艾萨克·牛顿,43,44,48,51,54
Nield, Ted 泰德·尼尔德,177
Niigata(Japan) 新潟县(日本),216
Noda, Yoshihiko 野田佳彦,205
Northridge(USA) 北岭(美国),212,233
Nur, Amos 阿莫斯·努尔,18,19,20,28,30,227
Odell, Kerry 克里·奥德尔,120
Ofunato(Japan) 大船渡港,192,193
Ogawa, Junya 小川淳也,207
oil industry 石油产业,8—10,161,167,168,182—183
Okamura, Yukinobu 冈村行信,202
Oklahoma 俄克拉荷马,7—10
Okuma(Japan) 大隈镇(日本),200
Omori, Fusakichi 大森房吉,98,104—105,128—131,195
Osaka 大阪,15
Oshima, Noboru 大岛升,132
Paice, Edward 爱德华·佩斯,59,65
Pakistan 巴基斯坦,12,161,170
Palestine 巴勒斯坦,15,27—30,31
Pallett Creek(USA) 帕莱特-克里克(美国),217,218
Palmer, James 詹姆斯·帕尔默,150,151,53,154,155,156,157,158
Panama 巴拿马,87
Pairs 巴黎,60,67,70,77,81
Parkfield(USA) 帕克斯菲尔德(美国),213
Pasadena(USA) 帕萨迪纳(美国),123,228
Patel, Keshubai 舒巴哈·帕特尔,165—166

Perry, Matthew 马修·培理,40,98
Peru 秘鲁,12,20,63,75,87,176,214
Petra(Jordan) 佩特拉(约旦),19,36—37
Petrarch 彼特拉克,33
Pickering, Roger 罗杰·皮克林,48
Pignataro, Domenico 多梅尼科·皮格纳塔罗,90
Pilling, David 戴维·皮林,140,196
Pisani, Elizabeth 伊丽莎白·皮萨妮,180,181,184
plates(tectonic) 板块(构造),15,66,83,95,108,162,172,175,219,223,226,230—231
Pliny the Elder 老普林尼,218
Pliny the Younger 小普林尼,34
Plume, Edward 爱德华·普卢姆,110,111,112
Plutarch 普鲁塔克,218
Pombal, marquess of 庞巴尔侯爵,19,67—69,71—72,81
Pompeii 庞贝,16,34,57,58,59,60
Pope, Alexander 亚历山大·蒲柏,70
Port Royal(Jamaica) 罗亚尔港(牙买加),17,44
Port-au-Prince(Haiti) 太子港(海地),22,211—212,224
Portugal 葡萄牙,12,19,41,56—73,75,81,85,211
Poseidon(god) 波塞冬(神),26,31
Prabhakaran, Velupillai 韦卢皮莱·普拉巴卡兰,185,187
Premadasa, Ranasinghe 拉纳辛哈·普雷马达萨,186
Price, Lance 兰斯·普莱斯,171
Pylos(Greece) 皮洛斯(希腊),30,31
Rajapakse, Mahinda 马欣达·拉贾帕克萨,187,188
Ramesses III 拉美西斯三世,31
Rashtriya Swayamsevak Sangh 民族卫队,164,165,166

索 引

Rebeur-Paschwitz, Ernst von　恩斯特·冯·雷伯·帕什维茨,103
Reid, Harry Fielding　哈里·菲尔丁·里德,108, 109
Revi, Aromar　阿罗玛·列维,171, 172
Richter, Charles　查尔斯·里克特,13, 96, 121, 215
Rikuzentakata(Japan)　陆前高田(日本),197
Rome　罗马,6, 15, 16, 33, 34, 35, 36, 85, 227
Romeo and Juliet(Shakespeare)　《罗密欧与朱丽叶》(莎士比亚),12
Rousseau, Jean-Jacques　让·雅克·卢梭,70
Roy, Sanchari　桑贾利·罗伊,168—169
Royal Society　皇家学会,12, 43, 45, 48, 49, 50—55, 67, 68, 89, 90, 91—92, 218
Rozario, Kevin　凯文·罗萨里奥,14, 72
Rumania　罗马尼亚,12
Russia　俄罗斯,12, 204
Sagami Bay(Japan)　相模湾(日本),99, 128, 131, 213
Samuels, Richard　理查德·塞缪尔斯,140, 203, 205, 206
San Andreas(movie)　《圣安德烈斯地震》(电影),232
San Andreas fault　圣安德烈斯断层,7, 14, 15, 106, 108—109, 175, 194, 213, 216, 217, 220, 223, 231, 232—233
San Francisco　旧金山,13, 14, 15, 22, 104—105, 106—121, 122, 123, 125, 129, 138, 179, 211, 213, 220, 221, 227, 231, 232, 233
Sanriku(Japan)　三陆(日本),191, 193—194, 195—196, 202
Santiago　圣地亚哥,15
Satake, Kenji　佐竹键治,191, 192, 193
Schmitz, Eugene　尤金·施密兹,114
Schumpeter, Joseph　约瑟夫·熊彼特,211

seiches　湖啸,66, 195
Seidensticker, Edward　爱德华·塞登施蒂克,139, 140
Seikei, Sekiya　関古清景,98
seismic bands　地震频带,95
seismic electrical signal　地震电信号,219
seimic gap　地震空白区,128, 129, 171, 173, 220
seismographs/seismometers　地震仪/测震仪/地震计,7, 13, 19, 66, 89, 95, 96—98, 99, 101, 103, 105, 107, 129, 130—131, 175, 189, 191—192, 226
Seismological Society(of America)　美国地震学会,120, 162
Seimological Society(of Japan)　日本地震学会,99, 101
Sendai(Japan)　仙台(日本),193, 197—198
Seneca　辛尼卡,34
Shafter, Payne　佩恩·沙夫特,107
shake table　振动台,228—229
Shakespeare, William　威廉·莎士比亚,12
Shanghai　上海,15
shear wall　剪力墙,228
Sherlock, Thomas　托马斯·舍洛克,49—50, 55
Shide(UK)　夏德(英国),99
Shinpei, Goto　后藤新平,137—138
Sieh, Kerry　西凯瑞,220
Silicon Valley　硅谷,14
Simpson, Edward　爱德华·辛普森,164, 165, 166, 170, 234
Sindh(Pakistan)　信德省(巴基斯坦),161, 162
Singapore　新加坡,15, 167, 178
Smits, Gregory　格雷戈里·史密茨,40, 41, 194, 195, 203
Smolkam Anselm　安塞尔姆·斯莫尔卡,212
Sodom(and Gomorrah)　所多玛(和蛾摩

拉),28—29,78

South Africa 南非,176,189

Southern Pacific railroad company 东南太平洋铁路公司,117,118

Spain 西班牙,20,65,66,75,78—79,85,86—87

Sparta 斯巴达,31—32,33,218

Sri Lanka 斯里兰卡,21,175,176,177,178—179,181—182,184—189,189

Stanford University 斯坦福大学,107,111,112,116,122,227

Stein, Seth 塞斯·斯坦,109,175,201,220,222,229—231

Strabo 斯特拉博,28—29

Stukeley, William 威廉·斯蒂克利,43,52—54,55

subduction zones 俯冲带,15,176,189,201,204

Sueronius 苏维托尼乌斯,33

Suharto 苏哈托,182

Sukarno 苏加诺,182

Sukarnoputri, Megawati 梅加瓦蒂·苏加诺普特丽,183

Switzerland 瑞士,8

Syria 叙利亚,30,35

Tacitus 塔西佗,34

Taipei 台北,15

Taiwan 台湾,12

Tajikistan 塔吉克斯坦,216

Talwani, Pradeep 普拉迪普·塔尔沃尼,104

Tamil Nadu 泰米尔纳德邦,177

Tamil Tigers(LTTE) 泰米尔伊拉姆猛虎解放组织(LTTE),21,179,185—187

Tangier 丹吉尔,63

Taro(Japan) 太郎村(日本),196—197

Tecumseh 特库姆塞,84

Teheran 德黑兰,15,16,223,224

Thailand 泰国,176,177,181

Thales 泰勒斯,27

Thiruvalluvar 泰鲁瓦卢瓦,177

Thucydides 修昔底德,27,31,32

Tohoku 日本东北地区,191,192,205,206,207

Tokyo 东京,15,16,20,22,26,32,39—41,59,60,96,98—99,100—101,102,103,123,124—141,151,173,179,191,192,200,201,204,205,206,211,216,218,224—226,227,231,233,234

Tokyo Electric Power Company 东京电力公司,199,200,201,202—205

Tokyo Imperial University 东京帝国大学,98—99,101,102—103,124,129,130—131

Trajan 图拉真,16,36

Trans-Alaska Pipeline 阿拉斯加输油管,208,228

Tributsch, Helmut 赫尔穆特·崔伯许,217

Trincomalee(Sri Lanka) 亭可马里(斯里兰卡),185

Troy 特洛伊/特洛伊亚,17,18,19,27,30,35,63

tsunamis 海啸,14,21,22,25,27,31,39,54,55,57,63,65,67,125,174—189,190—200,201—202,204,205,206,207,234

Turkey 土耳其,12,13,16,19,35,227

Turku(Finland) 图尔库(芬兰),66

Twain, Mark 马克·吐温,232

Tyabji, Azhar 阿扎尔·提亚布吉,167

Ugarit(Syria) 乌加里特(叙利亚),30

United States of America 美国,7—10,12,13,14,40,81,82—85,89,103—105,106—123,131,137,139,166,180,181,198,200,204,206,212,216,221—223,229—233

United States Federal Reserve 美国联邦储蓄体系,120

United States Geological Survey 美国地质调查局,7,8,9,104,213,221,222,

索　引

230

Vajpayee Atal Bihari　阿塔尔·比哈里·瓦杰帕伊,166

Vale, Lawrence　劳伦斯·威尔,211

VAN method (of earthquake prediction) VAN　地震预测法,218—219

Venezuela　委内瑞拉,20,74—82,84—87,211

Vesuvius, Mount　维苏威火山,16,34,57,59

Vishwa Hindu Parishad　世界印度人理事会,164,166

Vivekananda, Swami　斯瓦米·维韦卡南达,177

volcanoes　火山,16,17,27,34,51,57,83,99,175,188,233

Voltaire　伏尔泰,20,59,69—71,211

Voyage of the Beagle, The (Darwin)　《贝格尔号航行日记》(达尔文),6

Waley, Paul　保罗·韦利,134

Walpole, Horace　霍勒斯·沃波尔,44,45,46—47,49,50,52,55

Warburton, William　威廉·沃伯顿,48,49,55

Washington, DC　华盛顿特区,84,200,214

Weidemier, Marc　马克·威登密尔,120

Weisenfeld, Geonifer　珍妮弗·威森菲尔德,138

Wells(UK)　威尔士(英国),11

Wesley, Charles　查尔斯·卫斯理,47

Wesley, John　约翰·卫斯理,48

Whiston, William　威廉·惠斯顿,48,50

Willmoth, Frances　法郎士·威尔茅斯,52

Winthrop, John(IV)　约翰·温斯罗普四世,89

Wolfall, Richard　理查德·沃尔福尔,63—64

Yokobama(Japan)　横滨(日本),16,20,59,99,100—101,125,126,131—132,137,138,139,206

Yoshida, Masao　吉田昌郎,199

Yudhoyono, Susilo Bambang　苏西洛·班邦·尤多约诺,183,184,188

Zhang Heng　张衡,37—38,97

图书在版编目(CIP)数据

大地的呼啸：地震、国家与文明/(英)安德鲁·罗宾逊(Andrew Robinson)著；曲云英译.—上海：上海社会科学院出版社，2019

书名原文：Earth-Shattering Events：Earthquakes，Nations and Civilization

ISBN 978-7-5520-2588-0

Ⅰ.①大… Ⅱ.①安… ②曲… Ⅲ.①世界史-研究 Ⅳ.①K107

中国版本图书馆 CIP 数据核字(2018)第 299689 号

Published by arrangement with Thames & Hudson Ltd, London,
Earth-Shattering Events © 2016 Thames & Hudson Ltd, London
Text © 2016 Andrew Robinson
This edition first published in China in 2019 by Shanghai Academy of Social Sciences Press, Shanghai
Chinese edition © 2019 Shanghai Academy of Social Sciences Press

合同登记号：09-2016-763

大地的呼啸
地震、国家与文明

Earth-Shattering Events：
Earthquakes，Nations and Civilization

著　　者：[英]安德鲁·罗宾逊(Andrew Robinson)
译　　者：曲云英
策　　划：庄晓明
特约编辑：孙　洁
责任编辑：王　勤
封面设计：陆红强
出版发行：上海社会科学院出版社
上海顺昌路 622 号　邮编 200025
电话总机 021-63315947　销售热线 021-53063735
http：//www.sassp.org.cn　E-mail：sassp@sassp.cn
照　　排：南京理工出版信息技术有限公司
印　　刷：上海天地海设计印刷有限公司
开　　本：890×1240 毫米　1/32 开
印　　张：7.25
字　　数：200 千字
版　　次：2019 年 10 月第 1 版　2019 年 10 月第 1 次印刷

ISBN 978-7-5520-2588-0/K·495　　　　定价：69.80 元

审图号：GS(2019)2507 号
版权所有　翻印必究